D0680525

COLLECTION
TOURISME

*C*ette collection s'adresse à un vaste public : étudiants, professeurs, chercheurs, gestionnaires, professionnels et travailleurs du domaine du tourisme.

Elle vise à présenter une image plus scientifique du tourisme au-delà des grands mythes fondateurs des loisirs touristiques. Elle a pour objectif d'établir les bases d'une science du tourisme qui reste à faire : la téorologie. Cette discipline en émergence étudie le tourisme sous ses multiples facettes par le biais des sciences sociales, de l'histoire et de la géographie, du droit, des sciences de la gestion, etc.

Une véritable connaissance du tourisme ne peut faire l'économie de recherches rigoureuses et systématiques permettant de formuler des théories, de vérifier des hypothèses, d'établir des faits qui serviront dans les actions à mener par les gouvernements en place et dans la gestion quotidienne des entreprises touristiques.

Cette collection se propose donc de présenter un large panorama de livres fondamentaux, de recherches empiriques et d'idées en ce qui concerne le tourisme et son développement au Québec et dans le monde.

Jean Stafford

LA PRÉVISION-PROSPECTIVE EN GESTION

PRESSES DE L'UNIVERSITÉ DU QUÉBEC
Le Delta I, 2875, boulevard Laurier, bureau 450
Québec (Québec) G1V 2M2
Téléphone : (418) 657-4399 • Télécopieur : (418) 657-2096
Courriel : puq@puq.ca • Internet : www.puq.ca

Diffusion / Distribution :

CANADA et autres pays

PROLOGUE INC.
1650, boulevard Lionel-Bertrand
Boisbriand (Québec) J7H 1N7
Téléphone : (450) 434-0306 / 1 800 363-2864

FRANCE
AFPU-DIFFUSION
SODIS

BELGIQUE
PATRIMOINE SPRL
168, rue du Noyer
1030 Bruxelles
Belgique

SUISSE
SERVIDIS SA
5, rue des Chaudronniers
CH-1211 Genève 3
Suisse

LA PRÉVISION-PROSPECTIVE EN GESTION
EN GESTION
TOURISME · LOISIR · CULTURE

JEAN STAFFORD
ET BRUNO SARRASIN

2008

Presses de l'Université du Québec
Le Delta I, 2875, boul. Laurier, bur. 450
Québec (Québec) Canada   G1V 2M2

Catalogage avant publication de Bibliothèque et Archives Canada

Stafford, Jean

    La prévision-prospective en gestion : tourisme, loisir, culture

    2ᵉ éd., rev. et corr.

    Publ. à l'origine dans la coll. : Collection Tourisme (Sainte-Foy, Québec).
    Comprend des réf. bibliogr.

    ISBN 2-7605-1334-3

    1. Tourisme – Prévision. 2. Tourisme – Marketing. I. Sarrasin, Bruno. II. Titre.

G155.A1S723 2005   338.4'791'00112   C2004-942020-8

Nous reconnaissons l'aide financière du gouvernement du Canada
par l'entremise du Programme d'aide au développement
de l'industrie de l'édition (PADIE) pour nos activités d'édition.

Mise en pages : PRESSES DE L'UNIVERSITÉ DU QUÉBEC

Couverture : CARON & GOSSELIN COMMUNICATION GRAPHIQUE

1 2 3 4 5 6 7 8 9 PUQ 2008 9 8 7 6 5 4 3 2 1

Dépôt légal – 1ᵉʳ trimestre 2005
Bibliothèque nationale du Québec / Bibliothèque nationale du Canada
Imprimé au Canada

« Nous sommes dans le devenir, et le devenir comporte passé, présent, futur. Rappelons une dernière fois que chacun vit une pluralité de vies, sa vie propre, la vie des siens, la vie de sa société, la vie de l'humanité, la vie de la vie. Chacun vit pour garder le passé en vie, vivre le présent donner vie au futur. »

Edgar Morin, *Pour sortir du XXe siècle*, Paris,
Fernand Nathan, 1981, p. 373.

« Le futur n'existe pas. Comment pourrait-on connaître quelque chose qui n'existe pas ? Cette question n'est que trop justifiée. Au sens strict du mot, il ne peut y avoir connaissance que du passé. Le futur est toujours en train de se faire, mais il se compose en grande partie de matériaux déjà existants, dont on peut avoir une grande connaissance. Le futur est, par conséquent, en grande partie prévisible, si l'on possède une solide et vaste connaissance du passé ; en grande partie mais en aucun cas totalement car, dans l'élaboration du futur, intervient ce facteur mystérieux et irrésistible qu'on appelle la liberté humaine. »

E.F. Schumacher, *Small is beautiful*, Paris,
Contretemps/Le Seuil, 1978, p. 236.

Remerciements

Nous tenons à remercier monsieur Haja Ramahatra
pour sa précieuse contribution à la révison
et à la mise à jour de cette édition,
et madame Line Lapierre
pour la saisie des textes du manuscrit de ce livre.

Table des matières

Liste des figures

Liste des tableaux

Introduction

En ces temps troublés, la « veille économique », ce que les Anglo-Saxons appellent « l'intelligence », est à l'honneur. Chacun et chacune veulent détecter, dans un domaine quelconque, les tendances dominantes dans l'avenir immédiat. Nous croyons qu'il est impossible de bien cerner ces tendances sans une collecte sérieuse des données et un questionnement sur la validité de ces informations. Une fois rassuré par la qualité des données recueillies, il devient possible de faire une analyse rigoureuse de celles-ci.

Toutes les formes de sciences (sciences humaines, sciences sociales, sciences de la gestion) doivent confronter leurs hypothèses, aussi minimales soient-elles, à l'épreuve des faits ! Sinon ces hypothèses, ces tendances demeurent un exercice de rhétorique peu fondé et critiquable. L'absence de données valables dans la formulation des tendances introduit des risques majeurs. Dans la suite des choses, ces pseudo-tendances mènent à des stratégies faussées, à des politiques nébuleuses, à des échecs retentissants.

Le tourisme est une industrie encore dans l'enfance. C'est une industrie fragile, soumise aux influences politiques, économiques, sociales et climatiques. La connaissance des invariants du système touristique est essentielle ; le besoin de connaître les tendances des différents marchés devient un objectif vital à la survie de ce système. Malheureusement, dans le domaine du tourisme, les données sont parfois contradictoires, la mesure souvent incertaine. Dans ce contexte, la prudence est de rigueur : toute information doit être contrôlée, questionnée avant de servir de base à des hypothèses prévisionnelles. En d'autres mots, la qualité des tendances, leur validité scientifique, va dépendre étroitement de la qualité des données et du traitement de ces données.

Le principal objectif de ce livre est de présenter des façons de penser le futur grâce à des méthodes rigoureuses. Nous proposons des méthodes de présentation et d'analyse des données qui fournissent un cadre à la réflexion sur l'avenir. Cette réflexion tente d'établir des passerelles entre le connu et l'inconnu, entre le possible et le souhaitable. Connaître l'avenir est une démarche intellectuelle périlleuse et exigeante. Elle demande de la rigueur et du bon sens mais aussi de l'imagination et une sensibilité à l'Histoire en train de se faire. Notre approche repose sur quelques axiomes : pas de bonnes prévisions sans de bonnes données, pas d'analyses prospectives valables sans de bonnes prévisions.

Chapitre 1

La prévision
et la prospective
du tourisme

Dans ce chapitre nous abordons la place de la prévision-prospective dans
le système des connaissances du phénomène touristique. Nous exposons
aussi les problèmes épistémologiques et méthodologiques propres à la
prévision-prospective qui s'appuie sur des notions et des définitions permettant de présenter et de comparer des données homogènes. Enfin, nous
présentons des techniques d'évaluation des erreurs prévisionnelles ainsi
qu'une typologie des différentes méthodes utilisées.

1. LA PRÉVISION ET LA PROSPECTIVE DU TOURISME

Nous pouvons définir temporairement la prévision et la prospective
comme la réalisation d'un désir, à la fois personnel et collectif, de
connaître l'avenir. Pour nous, la prévision et la prospective sont des processus de recherche intimement liés ; aussi nous proposons le néologisme :
prévision-prospective. La démarche de prévision-prospective se fait donc

en deux temps : il s'agit d'abord de colliger des données comparables dans le temps, et de faire des projections ; on doit ensuite s'interroger sur le réalisme de ces projections.

L'étape prévisionnelle nous amène, par le biais d'une démarche quantitative, à construire des indicateurs chiffrés et, à l'aide de ces indicateurs, cerner les principales tendances d'un marché ou d'un produit touristique. L'étape prospective est qualitative : elle vise à s'interroger sur la qualité, la pertinence et la viabilité des tendances quantitatives.

Pour l'industrie du tourisme, l'évolution de la demande est une préoccupation constante[1]. Le tourisme est une activité très sensible aux changements politiques, économiques, sociaux et climatiques. L'histoire récente nous donne beaucoup d'exemples : les attentats terroristes (aux États-Unis en 2001, à Bali en 2002, en Espagne en 2004, etc.) ; la guerre en Irak, la recrudescence des maladies infectieuses (SRAS, la maladie de la vache folle ou l'ESB, le virus du Nil, etc.), les catastrophes naturelles (inondations et tornades en Europe et aux États-Unis, tremblements de terre au Moyen Orient et en Afrique du Nord, éruptions volcaniques, etc.) nous montrent la forte sensibilité du tourisme aux phénomènes politiques. La demande est aussi fortement influencée par les cycles économiques ; ces fluctuations, comme nous le verrons plus loin, sont beaucoup plus fortes en tourisme que dans les autres secteurs de l'économie. Certains problèmes sociaux peuvent aussi perturber la demande : grèves, insécurité liée à la criminalité, perceptions sociales négatives, etc. Les phénomènes climatiques peuvent servir de moteur ou de frein à la croissance de la demande touristique ; pour le Québec et le Canada, les rigueurs du climat font qu'une grande partie de l'industrie touristique ne fonctionne que quelques mois par année.

Dans le contexte, la prévision-prospective du tourisme joue donc un rôle important. Dans ce rôle particulier on peut distinguer trois niveaux :

- Dans un premier niveau (le plus apparent) la prévision-prospective va servir à cerner les principales tendances des marchés touristiques ; formuler de façon rigoureuse ces tendances va permettre l'élaboration de scénarios de développement.

---

1. Cette préoccupation apparaît déjà chez les « pères » de l'économie touristique ; voir à ce sujet : René BARETJE (1968), *La demande touristique*, thèse de doctorat en sciences économiques, Université d'Aix-Marseille et : Gérard GUIBILATO (1983), *Économie touristique*, Denges, Éditions Delta-Spes.

- Dans le deuxième niveau la prévision-prospective va avoir comme objectif (plus ou moins avoué) de montrer l'importance du tourisme dans l'économie globale. Ce processus de justification n'est pas innocent et vise à défendre, auprès de l'État, l'existence d'organismes voués au développement touristique. De cette façon, on associe plus étroitement la force publique au secteur touristique tout en assurant la pérennité de ces organismes.

- Enfin, dans le troisième niveau, la prévision-prospective va avoir une fonction plus psychologique : celle de rassurer le milieu touristique sur ses propres forces, de confirmer les orientations choisies et se protéger face aux inquiétudes de l'avenir.

2. LES PROBLÈMES ÉPISTÉMOLOGIQUES ET MÉTHODOLOGIQUES DE LA PRÉVISION ET DE LA PROSPECTIVE

Toute discipline qui se veut scientifique vise, directement ou indirectement, à prédire l'évolution future. La vie de l'homme, selon l'expression de René Dubos[2], est « téléologique », c'est-à-dire centrée sur la recherche de buts ; pour René Dubos : « Il y a un avenir logique qui est l'expression de forces naturelles et d'événements précédents. Par ailleurs, il y a aussi un avenir voulu qui vient à l'existence parce que l'homme fait l'effort de l'imaginer et de le construire[3]. » Le propre de la prévision-prospective est d'être orientée directement vers la construction du futur, ce qui entraîne des problèmes philosophiques particuliers.

2.1. *LES PROBLÈMES ÉPISTÉMOLOGIQUES SPÉCIFIQUES DE LA PRÉVISION-PROSPECTIVE*

La prévision-prospective s'inscrit dans un paradigme résolument « holiste » (du grec *holos* : le tout). Pour celui-ci : « il existe des propriétés globales non réductibles aux actions et relations individuelles…[4]. »

---

2. René DUBOS (1971), « Vers une science prospective », dans *Prospective et politique* publié sous la direction de E. JANTSCH, Paris, OCDE.
3. *Op. cit.*, p. 164.
4. Charles PROU et Bernard WALLISER (1988), *La science économique*, Paris, Seuil, p. 109.

Pour le paradigme opposé : « l'individualisme méthodologique », c'est tout le contraire, la société est composée d'acteurs qui font et défont les structures[5].

Dans l'étude prévisionnelle, il est impossible de ne tenir compte seulement des désirs ou des besoins des acteurs sociaux ; il faut travailler avec des entités globales (les mêmes qui définissent la demande dans d'autres domaines) telles que les « arrivées », les « nuitées » ou les « dépenses touristiques ».

La prévision-prospective, comme processus de connaissance, est ancrée profondément dans l'histoire des sociétés. En effet, on peut dire qu'il y a de tout temps chez l'homme une grande peur et un grand désir de connaître l'avenir. Très tôt, les hommes se sont rendus compte qu'aux périodes d'abondance succédaient des périodes de disette : qu'il y avait là un cycle quasi naturel comme celui des saisons. Pour faire face à ce cycle, les hommes se sont lentement, très lentement organisés. Le résultat de cette organisation sociale s'appelle « l'accumulation primitive ».

L'accumulation primitive est un processus mis à jour par les anthropologues et les historiens de l'économie. Elle fonctionne de la façon suivante :

- une partie, plus ou moins grande, de la richesse annuelle sera épargnée, conservée pour l'année ou la période suivante ;

- la non-consommation immédiate est donc une forme d'épargne. À la longue, la portion épargnée tend à augmenter lentement, ainsi l'accumulation tend à s'institutionnaliser ; il s'agit de se prémunir, de prévoir contre les aléas possibles dans le futur. On accumule des denrées et des capitaux, on préserve aussi des façons de faire et des connaissances, on protège la mémoire des gens et des choses.

L'accumulation primitive s'est consolidée sur plusieurs centaines d'années. Si on considère l'histoire récente, la période charnière se situe en 1929, la « grande crise économique » ayant provoqué un véritable traumatisme dans les sociétés occidentales. À partir de là, on est passé d'un État paternaliste à un État dirigiste ; on a élaboré (dans l'ordre) des politiques économiques, sociales et culturelles : c'est la naissance de l'État

---

5. Le « père » de ce courant dans les sciences économiques est Friedrich Von Hayek ; voir à ce sujet : Friedrich VON HAYEK (1986), *Scientisme et sciences sociales*, Paris, Plon, collection Agora.

providence. Depuis 1980, on conteste l'efficacité de certaines de ces politiques et on tente de réduire le rôle de l'État tout en conservant (contradictions !) l'exigence que l'avenir de la société doit être prévisible !

2.2. *LE FUTUR N'EXISTE PAS*

Une des caractéristiques particulières de la prévision-prospective est que le futur n'existe pas : «Le futur n'existe pas. Comment pourrait-on connaître quelque chose qui n'existe pas ? Cette question n'est que trop justifiée. Au sens strict du mot, il ne peut y avoir connaissance que du passé. Le futur est toujours en train de se faire mais il se compose en grande partie de matériaux déjà existants, dont on peut avoir une grande connaissance[6]. » Nous disposons d'informations sur le passé et sur le présent ; le travail de la prévision-prospective sera, en fonction de ces données, de tenter de construire une (ou des) image(s) du futur. Cette construction se doit d'être plausible, c'est-à-dire acceptable par l'ensemble des utilisateurs possibles !

Cette construction théorique des données doit avoir trois qualités : 1. être logique, 2. empirique, 3. significative. Cette démarche sera logique dans la mesure où l'on distinguera des étapes : un début, une fin. Ainsi, « Le prisme conceptuel permet à l'analyste d'imposer à l'ordre des faits un ordre logique[7]. »

La prévision-prospective doit reposer sur des données concrètes : des définitions, des chiffres. Cet aspect est essentiel. Ces données proviennent elles-mêmes d'une méthodologie rigoureuse ; «On s'imagine volontiers que la statistique fabrique spontanément et naturellement une image du réel que le raisonnement peut ensuite utiliser telle quelle, en négligeant la phase méthodologique de la statistique, on néglige la relation entre les instruments de mesure et le cadre théorique et idéologique dans lequel ils ont été conçus ; on saute l'étape lors de laquelle la théorie s'incarne dans l'instrument[8]. »

La démarche de la prévision-prospective doit aussi être significative au niveau de l'interprétation des données. C'est une étape qualitative où l'on tente d'évaluer les impacts économiques, politiques ou sociaux des prévisions. Dans la prévision-prospective, l'avenir est construit ; il

---

6. E. SCHUMACHER (1978), *Small is Beautiful*, Paris, Seuil, collection Points, n° 105, p. 236.
7. D. BELL (1973), *Vers la société post-industrielle*, Paris, Robert Laffont, p. 46.
8. Michel VOLLE (1980), *Le métier de statisticien*, Paris, Hachette, p. 34.

n'est ni vrai ni faux, il est seulement probable. Dans ces conditions, la prévision-prospective ne recherche pas une vérité impossible mais des approximations de celle-ci !

2.3. *LA NOTION D'INCERTAIN*

Il existe de multiples niveaux entre le déterminé et l'indéterminé ; on peut résumer ces niveaux à quatre options possibles :

1. la prévisibilité totale : ce sont les phénomènes de la physique et des mathématiques, ce sont des lois universelles et difficilement applicables à la vie sociale ;

2. la prévisibilité quasi totale : établie, habituellement, à partir d'une décision humaine : par exemple un horaire de chemin de fer ;

3. une prévisibilité relative et probabiliste : un certain nombre de personnes voyagent à tel endroit, mangent tel produit, achètent tel type de voiture, etc. ;

4. une prévisibilité faible ou nulle : le nombre de personnes dans un quartier, d'une ville à un moment donné (cela dépend de beaucoup de décisions individuelles complexes).

La plupart des travaux de prévision et de prospective se font à partir d'une prévisibilité relative ; la prévisibilité totale ne se retrouve jamais dans les analyses économiques et sociales. La prévisibilité quasi totale peut elle-même être battue en brèche puisque, par exemple, le trafic ferrovière peut être interrompu par une grève du personnel ou une panne technique. De toute façon, la prévisibilité quasi totale est le plus souvent le résultat normatif d'une recherche prévisionnelle car la prévision mène nécessairement à la planification.

La diminution de l'incertain se fait par touches successives. Elle ne peut qu'être approximative et limitée dans le temps et dans l'espace. La réduction de l'incertain, au niveau de la société, ne sera jamais complète car comme le signale E.F. Schumacher : « le futur est en grande partie prévisible, si l'on possède une solide et vaste connaissance du passé ; en grande partie mais en aucun cas totalement car, dans l'élaboration du futur intervient ce facteur mystérieux et irrésistible qu'on appelle la liberté humaine[9]. »

---

9.   E. SCHUMACHER *op. cit.*, p. 236.

2.4. LE BESOIN DE CONNAÎTRE L'AVENIR

La demande face à la connaissance de l'avenir se divise en deux niveaux très différents : une demande populaire et une demande plus rigoureuse au plan de la forme et du fond.

La demande populaire de connaissance sur l'avenir est, en grande partie, étanchée par l'astrologie et la science fiction. Ce type de connaissance correspond à un besoin évident d'être informé sur l'avenir et surtout d'être rassuré sur le présent. Ce besoin se fait d'autant plus pressant que ce présent est, dans la vie quotidienne, plus difficile à vivre et à comprendre.

L'autre niveau de la demande, qui correspond à la prévision-prospective telle que nous l'entendons, comprend surtout trois groupes : les scientifiques, les gestionnaires et les politiciens. Les scientifiques (et les spécialistes de la technologie) ont une compréhension très vive du décalage, de plus en plus grand, entre la vitesse des changements techniques et la lenteur des changements sociaux et politiques. L'adaptation des techniques à la vie quotidienne est un problème majeur qui exige une grande connaissance de l'évolution économique et sociale.

Le deuxième groupe est formé des dirigeants et des cadres des entreprises privées et publiques. Ces gestionnaires doivent prendre beaucoup de décisions et très rapidement sans avoir les données nécessaires. La connaissance de l'environnement économique et social est pour eux une exigence fondamentale. Dans le troisième groupe se retrouvent les hommes politiques : ils ont besoin de données et de réflexions sur l'avenir pour préparer, définir ou réformer la législation. Les politiciens sont des acteurs importants du système politique, ils ont besoin d'avoir une connaissance fouillée de la conjoncture pour contrôler leur troupe et assurer leur élection.

Ces différents groupes de demandeurs attendent, il faut bien le dire, des recherches sur le futur des éléments qui vont servir leurs intérêts, leurs projets, leurs formations politiques. En ce sens, la recherche est une arme dans la guerre continuelle entre les groupes sociaux. La prévision-prospective est une tentative de mise en ordre du monde ; elle n'est pas à l'abri des idéologies et des enjeux qui agitent continuellement nos sociétés.

2.5. LA PRÉVISION-PROSPECTIVE DANS L'ENTREPRISE

Le principal rôle de la prévision-prospective dans l'entreprise est d'apporter un meilleur éclairage à la prise de décision. L'objectif visé est de parvenir à une démarche plus rationnelle. Les principaux pionniers dans ce domaine, Steven Wheelwright et Spyros Makridakis écrivent : « L'accent mis de plus en plus sur le management systématique a eu pour conséquences naturelles l'étude extensive du domaine de la projection et de la prévision, et le développement de méthodes conduisant à des prévisions plus objectives et plus sûres[10]. »

La prévision-prospective dans l'entreprise touche surtout l'évolution de la demande et la prévision des ventes de l'entreprise. Comme le souligne Renaud de Maricourt : « [...] toute action, dans une entreprise ou une organisation vendant des produits ou des services, postule une hypothèse au moins implicite d'évolution de ces ventes. L'élaboration de prévision formalisée ne peut qu'améliorer l'efficacité de cette action[11]. » Aujourd'hui la prévision-prospective dans l'entreprise aborde bien d'autres domaines ; par exemple, la préparation des plans et budgets ainsi que la planification financière vont s'appuyer de plus en plus sur ces prévisions[12].

Avec le temps, la prévision-prospective dans l'entreprise va couvrir tous les secteurs propres à l'organisation :

- la prévision de la production ;
- la prévision de la distribution ;
- la gestion prévisionnelle du personnel[13].

Comme le souligne Albert Merlin : « À mesure que progresseront les experts, la maîtrise de l'outil prévisionnel deviendra, pour l'entreprise, l'avantage stratégique décisif, le dispositif propre à décider de la victoire et de l'échec dans la compétition industrielle, d'ores et déjà planétaire[14]. » D'autres auteurs sont plus modestes, pour eux la force de la prévision-

---

10. Spyros MAKRIDAKIS et Steven WHEELWRIGHT (1983), *Méthodes de prévision pour la gestion*, Paris, Les Éditions d'Organisation, p. 17.
11. Renaud DE MARICOURT (1985), *La prévision des ventes*, Paris, Presses universitaires de France, p. 7 ; voir aussi : Gordon BOLT (1982), *Market and Sales Forecast Manual*, New Jersey, Prentice-Hall.
12. Voir à ce sujet : Robert OBERT (1991), *La prévision dans l'entreprise. Plans de financement, budgets et trésorerie*, Paris, Dunod.
13. Voir à ce sujet : Jean-François REGNARD (1993), *La prévision c'est simple*, Paris, Top Éditions.
14. Albert MERLIN (1989), « La prévision dans l'entreprise », dans Patrick JOFFRE et Yves SIMON, *Encyclopédie de gestion*, tome II, Paris, Économica, p. 2266.

prospective réside surtout dans sa capacité d'intégrer des éléments dynamiques ; ainsi pour Philippe Lorino : « Il s'agit moins de mieux prévoir que d'être plus apte à traiter l'imprévisible[15]. »

2.6. *LA NOTION DE TEMPS DANS LA PRÉVISION-PROSPECTIVE*

La notion de temps (de durée) est au cœur même de la prévision-prospective. Toute conception du temps doit s'inscrire dans un pluralisme temporel. Ainsi, « La vie sociale s'écoule dans des temps multiples toujours divergents, souvent contradictoires[16]. » Le temps est toujours le produit d'une rationalité, d'une logique sociale. Cette logique temporelle est imposée très tôt aux jeunes enfants[17] et va ainsi varier d'une société, d'une culture à l'autre[18]. La perception que les individus auront du passé et de l'avenir dépendra donc fortement des séquences temporelles jugées importantes par le groupe d'appartenance[19].

Il faut bien comprendre que le temps est un produit de la raison. Au point de vue individuel, comme le montre bien Bachelard : « Notre histoire personnelle n'est que le récit de nos actions décousues et, en la racontant, c'est par des raisons, non par de la durée, que nous prétendons lui donner de la continuité[20]. »

La prévision et la prospective du tourisme passent, nécessairement, par la découverte et la compréhension de ces « axes rationnels » qui servent de charpente à notre perception et à notre compréhension du temps qui passe et du temps qui vient.

Il faut bien admettre que « Le temps des sciences humaines et des sciences sociales est hétérogène, c'est-à-dire qu'il ne comporte pas de

---

15. Philippe LORINO (1989), *L'économiste et le manager*, Paris, Éditions La Découverte, p. 113.
16. Voir à ce sujet : G. GURVITCH (1963), *La vocation actuelle de la sociologie*, tome II, Paris, Presses universitaires de France, p. 325.
17. Voir à ce sujet : P. BERGER et T. LUCKMAN (1967), *The Social Construction of Reality*, New York, Doubleday – Anchor Book, p. 182.
18. Voir à ce sujet : O. KLINEBERG (1963), *Psychologie sociale*, Paris, Presses universitaires de France, p. 242.
19. Voir à ce sujet : M. HALBWACKS (1952), *Les codes sociaux de la mémoire*, Paris, Presses universitaires de France.
20. Gaston BACHELARD (1963), *La dialectique de la durée*, Paris, Presses universitaires de France, p. 90.

périodes au terme desquelles les phénomènes se reproduisent identiquement[21]. » Cette perception des temps sociaux imposent certaines règles, selon Jean Fourastié :

1. la première règle est « d'identifier les corps purs de l'économie », c'est-à-dire qu'il faut parler non pas d'une crise mais des crises, que le tourisme avec un grand « T » n'existe pas, que chacune des régions, chacune des entreprises a des problèmes particuliers, spécifiques qu'il faut identifier et analyser.

2. la deuxième règle : « C'est de renoncer à une exactitude que la nature des choses interdit à notre cerveau en l'état actuel de l'humanité. La précision est hors de notre durée. La certitude est hors de notre atteinte. Nous serons donc approximatifs et probabilistes[22]. »

La recherche des phénomènes autonomes et particuliers permet de sortir des grands débats théologiques sur les systèmes politiques quitte à replacer, plus tard, ces phénomènes spécifiques dans des ensembles plus larges. L'acceptation du caractère approximatif de la prévision et de la prospective favorise une distanciation critique face aux résultats obtenus ; ceux-ci apparaissent comme exploratoires et non comme des prédictions définitives.

Dans la prévision-prospective, le temps est construit ; comme le souligne Jean Fourastié : « Une réalité doit être inventée avant d'être découverte. Mais elle doit être découverte, elle doit être perçue[23]. » Dans la prévision-prospective le temps est une variable explicative commode (dans la plupart des cas c'est la seule variable indépendante) qui résume toutes les autres ; c'est une façon pratique et rapide de réduire la recherche de la causalité historique.

On peut résumer en un tableau les différents termes de la prévision et de la prospective en tenant compte de l'horizon temporel, de la fonction exercée et du type de démarche utilisé :

---

21. Jean FOURASTIÉ (1966), « La prévision de l'évolution économique contemporaine », dans *Idées majeures*, Paris, Éditions Gonthier/Médiations, p. 20.

22. Jean FOURASTIÉ, *op. cit.*, p. 22.

23. Jean FOURASTIÉ (1978), *La réalité économique*, Paris, Robert Laffont, p. 259.

Tableau 1.1

LES DIFFÉRENTS TERMES DE LA PRÉVISION-PROSPECTIVE

Horizon temporel	Type de démarche	Fonction exercée
Jour/semaine/mois (de 1 à 6 mois)	Prévision à très court terme	Gestion organisationnelle et commerciale pas à pas
De 6 mois à 1 an	Prévision à court terme	Gestion et études d'impact
De 1 à 5 ans	Prévision à moyen terme et prospective	Formulation d'objectifs et étude de faisabilité
De 6 ans et plus	Prévision à long terme et prospective	Planification stratégique ou recherches exploratoires

Dans le secteur du tourisme, pour le très court terme, le court terme et le moyen terme, les prévisions vont servir surtout à « fixer des objectifs annuels aux recettes (fondés sur les nuitées par lit, les flux touristiques ou autres facteurs importants) ; préparer un budget des dépenses et élaborer des programmes opérationnels et d'achats à court terme pour atteindre ces objectifs. Établir ensuite des prévisions des pertes et des profits[24]. »

Dans le long terme, des prévisions doivent être faites, dans le cadre d'une planification nationale (le Québec par exemple) ou régionale, « afin de déterminer dans quelle mesure les ressources qui sont destinées au tourisme, ou une certaine partie d'entre elles, devraient être accrues ou réduites[25]. » Les prévisions servent aussi à imaginer, d'une façon plus spécifique le développement et/ou l'aménagement, sur une longue période, de centres de villégiature, d'équipements aéroportuaires, d'équipements de loisir et de parcs naturels.

2.7. LES SÉRIES TEMPORELLES

Les séries temporelles (appelées aussi séries chronologiques ou chroniques) sont l'ossature même des études prévisionnelles et prospectives. Elles se définissent comme une suite de nombres étalée dans le temps. La définition du temps se fait selon le découpage accepté depuis longtemps par l'ensemble des sociétés[26] :

---

24. A. EDWARDS (1978), *Manuel sur les méthodes de prévisions applicables au tourisme*, Madrid, Organisation mondiale du tourisme, p. 3.
25. *Ibid.*, p. 4.
26. Ce découpage usuel du temps est une idée (relativement) neuve dans l'histoire du monde ; voir à ce sujet : Jacques ATTALI (1982), *Histoires du temps*, Paris, Fayard.

- heures ;
- jours ;
- semaines ;
- mois ;

- trimestres ;
- semestres ;
- années ;
- « blocs » de 2, 3, 5 ou 10 années.

Le choix de la périodisation va dépendre des données secondaires disponibles.

Ces données peuvent être macroéconomiques (les entrées de visiteurs dans une grande région du monde ou dans un pays ou une région d'un pays) ou microéconomiques (les chambres occupées dans un hôtel de cent chambres). Le principal travail de prévision se fait dans la comparaison des données observées et des données prévues. La comparaison entre ces types de données apparaît dans la figure 1.1.

Figure 1.1

LES VALEURS OBSERVÉES ET LES VALEURS PRÉVUES

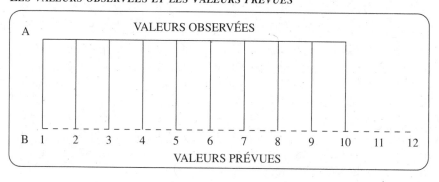

La série « A » représente ici les données observées (les données historiques) sur le terrain ; la série « B » regroupe, pour les mêmes périodes, les données prévisionnelles. Ici, la prévision se fait pour deux années, les années onze et douze. Nous verrons, dans la partie 4, que l'écart entre les valeurs observées et les valeurs prévues, pour les années considérées (les années un à dix) est une bonne mesure de la qualité des prévisions effectuées.

3. LA MESURE DU TOURISME

Une bonne partie du travail de recherche en prévision-prospective repose sur la définition, la collecte, la « mise en forme » et l'interprétation des données empiriques. Ce long et minutieux processus de production des données n'est pas le produit du hasard (même si le hasard y joue un certain rôle) mais d'une lente maturation où les dimensions scientifiques (théoriques, méthodologiques et techniques) et les dimensions idéologiques (politiques, économiques et sociales) se mêlent pour créer le « fait » statistique.

3.1. STATISTIQUES ET STATISTIQUES TOURISTIQUES

Pour la plupart des gens le mot « statistique » et le mot « fait » sont des notions interchangeables, mais l'épistémologie contemporaine nous a montré que le fait brut n'existe pas, que le fait tel qu'on le perçoit habituellement est une construction de la pensée[27]. Le monde réel existe en dehors de la pensée mais pour exister dans la pensée il doit être construit : « [...] la pensée ne peut appréhender le réel qu'au moyen de structure logico-mathématiques, même très élémentaires ; sans elle le réel serait pour la pensée rigoureusement informe, chaotique[28]. »

Il semble bien qu'il soit très difficile de séparer les faits des théories qui les supportent : il peut y avoir des théories sans faits mais il n'y a jamais de faits sans théories préalables. Les faits sont issus d'une théorie ; il est vrai que cette théorie peut être minimale ou implicite, simple ou complexe, univoque ou polyvalente. Ainsi : « L'information statistique ne tombe pas du ciel comme un pur reflet d'une " réalité " antérieure à elle. Bien au contraire, elle peut être vue comme le couronnement provisoire et fragile d'une série de conventions d'équivalence entre des êtres qu'une multitude de forces désordonnées cherche continuellement à différencier et à disjoindre[29]. »

Dans l'histoire récente de la statistique, on retrouve beaucoup d'exemples de l'influence de certaines idéologies dans la construction de faits statistiques supposés objectifs. Donald Mackenzie a montré que les découvertes du grand mathématicien Karl Pearson étaient motivées par

---

27. Voir à ce sujet : G. FOUREZ (1992), *La construction des sciences*, Montréal, ERPI – Science et : L. DASTON (1998), « L'invention de l'objectivité », dans *Les Cahiers de Science et Vie*, n° 48, Paris, p. 16-23.

28. C. MOUCHOT (1990), « Décisions et sciences sociales », dans MARTINET, A. (et autres), *Épistémologie et sciences de gestion*, Paris, Économica, p. 45.

29. Alain DESROSIÈRES (1993), *La politique des grands nombres : histoire de la raison statistique*, Paris, Éditions La Découverte, p. 397 ; voir aussi du même auteur : Alain DESROSIÈRES (1996), « L'administrateur et le savant : les métamorphoses du métier de statisticien », dans *Séminaires sur les statistiques officielles*, New York, Nations Unies.

son insertion dans un programme de recherche axé sur l'eugénisme[30]. Les premières recherches sur la construction du Quotient Intellectuel (QI) avaient des objectifs carrément racistes[31].

Un fait est donc une donnée pratique (et utilisable) formulée à partir d'une certaine réflexion théorique. Par exemple, parler d'un phénomène aussi banal que la température suppose que l'on ait une certaine conception chaud/froid ; la mesure construite tiendra compte de cette perception. Ainsi, on s'aperçoit que « la science ne commence pas par des énoncés d'observation parce qu'il faut une théorie avant tout énoncé d'observation et les énoncés d'observation, parce qu'ils sont faillibles, ne constituent par une base sûre sur laquelle la connaissance scientifique peut être fondée[32]. »

Une théorie, c'est l'élaboration d'un ou de plusieurs « problèmes » autour d'un thème. Par exemple, avant 1900, la notion de chômage n'existait pas comme catégorie statistique ; ce n'était pas un « problème » pour la théorie économique (cela n'empêchait pas les chômeurs d'exister). Ce n'est que lorsque le chômage apparaîtra comme problème qu'il pourra être conceptualisé et intégré à la science économique[33].

3.2. LES STATISTIQUES TOURISTIQUES

Les statistiques touristiques, dans leur construction, obéissent aux mêmes contraintes que les statistiques économiques et sociales ! La définition d'un touriste est le problème principal d'une science du tourisme (ou plus modestement d'une approche « scientifique » du phénomène touristique). Les premiers penseurs du tourisme avaient déjà une perception assez précise du tourisme : « Pour que le tourisme puisse exister, il doit y avoir l'élément déplacement. Celui-ci doit être lié au séjour dans une localité hors du domicile propre. Le séjour doit avoir un caractère temporaire[34]. »

---

30.   Voir à ce sujet : D. MacKenzie (1991), « Comment faire une sociologie de la statistique... », dans M. Callon et B. Latour, *La science telle qu'elle se fait*, Paris, Éditions La Découverte.

31.   Voir à ce sujet : S. Jay Gould (1983), *La mal mesure de l'homme*, Paris, Ramsey, chapitre V.

32.   A. Chalmers (1987), *Qu'est-ce que la science ?*, Paris, Éditions la Découverte, p. 54.

33.   Voir à ce sujet : R. Di Ruzzà (1988), *Éléments d'épistémologie pour économiste*, Grenoble, Les Presses universitaires de Grenoble, p. 128-129 ; et aussi : M. Comte (1992), « Trois millions de chômeurs », dans la revue *Autrement*, le numéro 5 portant le titre : « La Cité des chiffres ou l'illusion des statistiques », Paris, Les Éditions Autrement.

34.   A. Sessa (1971), « Pour une nouvelle notion de tourisme », dans la *Revue de tourisme*, vol. 26, n° 1, St-Gallen (Suisse).

Cette vision du tourisme apparaît dans la classification des différents types de voyageurs élaborée par l'Organisation mondiale du tourisme (voir la figure 1.2). Cette nomenclature très complète est aujourd'hui acceptée par deux cents pays ; elle fait la distinction entre les visiteurs – touristes et les visiteurs excursionnistes. Si cette classification internationale tend à s'imposer, d'autres définitions coexistent avec celle-ci dans plusieurs pays. Par exemple, les États-Unis et le Canada ajoutent un critère basé sur la distance du voyage : 80 kilomètres ou plus du domicile habituel[35].

Certains pays vont tenir compte, dans le calcul des nuitées, uniquement des modes d'hébergement reconnus par l'État[36]. La France va tenir compte des « vacanciers » : « [...] quatre nuits consécutives en dehors de chez soi...[37]. » Chacune de ces définitions se rapporte à des réalités différentes[38].

Un autre exemple : en tourisme au Québec, la notion de congrès a été utilisée de façon très large ; une première définition en faisait un véritable fourre-tout, elle incluait les réunions d'organisation des clubs de hockey locaux, les mariages, etc. L'ABCQ (l'Association des bureaux de congrès du Québec) a opté, à partir d'une certaine théorisation du tourisme de congrès, pour une définition plus stricte et plus opérationnelle. Ainsi la comptabilisation d'un congrès doit répondre à certains critères :

1. cinquante personnes ou plus ;

2. réunion qui génère 50 nuitées (séjour d'une durée supérieure à 24 heures) et plus ;

3. membre d'une association ou d'une compagnie reconnue ;

4. dont l'objet doit être d'échanger des idées ou de se communiquer des informations sur des sujets d'intérêt commun.

---

35. Voir à ce sujet : S. SMITH (1989), *Tourisme Analysis*, London, Longman Group, p. 18-23 ; aussi : R. CHADWICK (1994), « Concepts, Definitions and Measures Used in Travel and Tourism Research », dans J. BRENT-RITCHIE et C. GOELDNER, *Travel, Tourism and Hospitality Research*, New York, John Wiley and Sons.

36. Voir à ce sujet (un grand nombre de définitions) : R. BAR-ON (1984), « Tourism Terminology and Standard Definitions », dans la *Revue de tourisme*, vol. 39, n° 1, St-Gallen (Suisse).

37. B. PREEL (1990), « Portrait chiffré du vacancier français », dans *Les vacances*, revue *Autrement*, série Mutations n° 111, Paris, p. 79.

38. De là l'importance de lire les définitions et les notes de bas de pages !

Figure 1.2

LA CLASSIFICATION DES VISITEURS DE L'ORGANISATION MONDIALE DU TOURISME

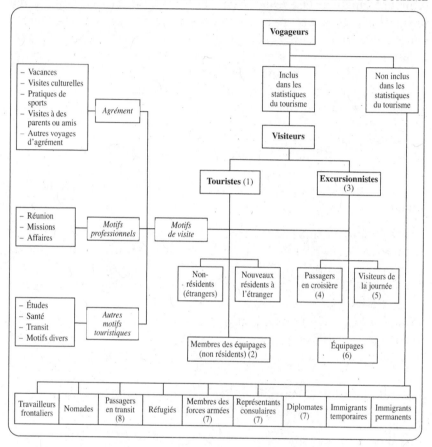

(1) Visiteurs qui passent au moins une nuit dans le pays visité.

(2) Les équipes des navires ou des avions étrangers en réparation ou faisant escale dans le pays qui utilisent les moyens d'hébergement du pays.

(3) Visiteurs qui ne passent pas la nuit dans le pays visité quoiqu'ils puissent visiter le pays pendant un ou plusieurs jours et revenir sur leur bateau ou dans le train pour y dormir.

(4) Inclus normalement dans excursionnistes. Une classification séparée de ces visiteurs est toutefois recommandée.

(5) Visiteurs qui arrivent et repartent le même jour.

(6) Les équipages qui ne sont pas résidents du pays visité et qui y séjournent pour la journée.

(7) Lorsqu'ils se déplacent de leur pays d'origine au pays où ils sont en poste et inversement (y compris les domestiques et les personnes à charge qui les accompagnent ou les rejoignent).

(8) Qui ne quittent pas l'aire de transit de l'aéroport ou du port. Dans certains pays, le transit peut comporter un séjour de un ou plusieurs jours. Dans ce cas, il faut les inclure dans les statistiques des visiteurs.

Source : Organisation mondiale du tourisme.

Cette nouvelle définition (d'ailleurs perfectible) est moins critiquable que les anciennes définitions. Elle apparaît comme la construction
d'une information rigoureuse et spécialisée susceptible d'être utilisable
dans des hypothèses et des modèles de la réalité touristique. La connaissance scientifique en tourisme vise donc à déterminer des éléments spécifiques et particuliers qui s'opposent aux connaissances communes.

3.3. LES SÉRIES TEMPORELLES DU TOURISME

Selon Raymond Bar-On, les séries temporelles du tourisme posent des
problèmes particuliers[39] :

- la création de nouveaux produits et de nouvelles destinations rend difficiles les études tendancielles ;

- le caractère fragmenté et la grande variété de la prestation touris-tique (en transport, hébergement, restauration, etc.) amènent la création d'un grand nombre de séries chronologiques souvent peu compatibles entre elles ;

- la vulnérabilité du tourisme aux changements économiques, poli-tiques et sociaux ;

- l'influence des phénomènes économiques sur le tourisme est rarement mesurable (effet réel des taux de change, des revenus, des taxes, du cycle des affaires, etc.) ;

- l'importance de la saisonnalité ;

- la difficulté d'agréger tous les éléments *de la demande touris-tique.*

Ainsi, malgré toutes les tentatives d'en arriver à des définitions
claires du phénomène touristique et de son évolution, des ambiguïtés
persistent ; il faut se dire qu'il n'y aura jamais de DÉFINITION TRANS-
PARENTE ET DÉFINITIVE. Les sociétés changent, se transforment ;
en même temps les perceptions du temps libre, des loisirs et du tourisme
se modifient et l'ajustement entre ces deux éléments de la vie sociale ne
peut être que temporaire et toujours à refaire.

---

39. Voir à ce sujet : R. BAR-ON (1989), *Travel and Tourism Data. A Comprehensive Research Handbook on the World Travel Industry*, New York, Oryx Press, p. 70 ; et du même auteur R. BAR-ON (1984), « Forecasting Tourism and Travel Series », dans la revue *Problemy Turystyki*, vol. 7, n° 3, Warszawa.

4. LES ÉTAPES DE LA PRÉVISION-PROSPECTIVE, LA TYPOLOGIE DES MÉTHODES ET LES ERREURS DE PRÉVISION

La production de données prévisionnelles et prospectives doit suivre certaines étapes méthodologiques ; certaines de ces étapes font appel à des techniques quantitatives assez lourdes à manier alors que d'autres étapes sont qualitatives et font plus appel à la réflexion. De la même façon, certaines méthodes sont empiriques et statistiques alors que d'autres reposent sur des approches interprétatives que l'on retrouve dans toutes les sciences sociales. La qualité des prévisions va dépendre de l'ampleur et de l'intensité des erreurs des modèles formulés.

4.1. LES ÉTAPES DE LA PRÉVISION-PROSPECTIVE

L'élaboration de modèles prévisionnels et prospectifs comprend habituellement plusieurs étapes[40]. Afin de simplifier les choses, nous proposons un cheminement en huit étapes (voir dans le tableau 1.2).

Tableau 1.2

LES PRINCIPALES ÉTAPES DE LA PRÉVISION-PROSPECTIVE

Étapes	Contenu
1	Problème initial
2	Recherche des données
3	Méthodologie prévisionnelle
4	Prévisions quantitatives
5	Analyse prospective
6	Formulation de scénarios
7	Interprétation des scénarios
8	Socialisation de la prévision-prospective dans la société et l'entreprise

La première étape consiste à définir clairement le problème initial de la recherche prévisionnelle : baisse des nuitées dans un hôtel, étude de

---

40. Voir à ce sujet le modèle très élaboré pour la prévision dans l'entreprise : J. CLEARY et H. LEVENBACH (1982), *The Professional Forecaster : The Forecasting Process Through Data Analysis*, Belmont (California), Lifetime Learning Publications, p. 1 et 2 ; voir aussi pour le tourisme : R. BAR-ON (1989), *Travel and Tourism Data*, New York, Oryx Press, p. 4.

la saisonnalité dans la fréquentation d'un musée, prévisions factuelles dans le cadre des études d'impact ou de faisabilité, les problèmes sont multiples et variés. Il faut, dans chacun des cas, faire ressortir le caractère spécifique de la demande de prévision de façon à apporter des réponses aux attentes face à l'avenir de l'entreprise ou de l'activité considérée.

La deuxième étape sert à recueillir et à ordonner les données propres au problème à étudier. Il faut posséder des informations sur au moins dix années et, si on travaille à partir de trimestres, cinq années ou vingt trimestres sont nécessaires. Il faut aussi vérifier si ces données sont valides, c'est-à-dire qu'elles doivent conserver la même définition dans le temps. Cette dimension historique est la base même de l'analyse prévisionnelle.

La troisième étape est orientée d'une part vers l'élaboration d'une méthodologie prévisionnelle qui tienne compte du type de données utilisées et d'autre part dans la construction d'un support informatique servant au traitement des données. Un grand éventail de méthodes et de techniques existent et il faut faire un choix en rapport avec les objectifs de la recherche. Le traitement informatique des données n'est pas obligatoire mais il permet d'effectuer des calculs simples et /ou complexes et d'obtenir ainsi des résultats prévisionnels rigoureux et avec une grande rapidité.

La quatrième étape se résume à la production des prévisions elles-mêmes ; celles-ci doivent être assorties d'intervalles de confiance et de commentaires élaborés qui vont servir à l'utilisation pratique de ces prévisions.

La démarche prospective démarre avec l'étude des prévisions quantitatives ; celles-ci sont interprétées en fonction de dimensions historiques, sociologiques, économiques et politiques. Il faut en quelque sorte vérifier la cohérence de ces prévisions et voir jusqu'à quel point elles se complètent ou s'opposent sur certains aspects.

Dans la cinquième, l'analyse prospective, il faut mettre à jour les facteurs structurants et déstructurants spécifiques au problème traité et déterminer lesquels sont et seront dominants dans les prochaines années. Cette compatibilité qualitative permettra de définir les faits porteurs d'avenir les plus intéressants et les plus fiables pour la connaissance du futur. La démarche prospective, dans l'optique que nous défendons ici, va se greffer à la démarche prévisionnelle quantitative ; ces prévisions quantitatives vont servir de barrière, de garde-fou à l'approche plus proprement qualitative qu'est la prospective.

Dans la sixième étape, il s'agit de formuler des scénarios ; ces scénarios sont la suite de l'analyse prospective, ce sont les conséquences empiriques des tendances perçues à travers le filtre de l'analyse prospective. Les scénarios constituent une mise en forme de l'avenir, qui fait ressortir d'une façon détaillée et chronologique les variables majeures du développement économique et social.

La septième étape consiste à interpréter ces scénarios, à tester les possibilités qu'ils ont de se réaliser et à envisager une planification normative qui traduise ces scénarios en termes de phases pour atteindre un ou plusieurs objectifs.

Enfin la dernière étape, la huitième, va surtout servir à faire connaître les prévisions et les prospectives demandées et à faciliter leur interprétation pour l'ensemble des intervenants du domaine étudié. Pour qu'une information sur le futur soit utilisée empiriquement, sur le terrain, il faut qu'elle soit connue, apprise et comprise par les utilisateurs potentiels ; ce travail très important de socialisation des résultats ne doit pas être négligé.

4.2. *TYPOLOGIE DES MÉTHODES DE LA PRÉVISION ET DE LA PROSPECTIVE*

Pour faire une synthèse, on peut diviser les méthodes de la prévision et de la prospective en trois grands types : les méthodes empiriques, les méthodes quantitatives et les méthodes qualitatives. Les méthodes empiriques, qui sont les plus utilisées, font appel à des calculs simples et à un mode de présentation qui facilite la lecture de données trop complexes ou trop volumineuses. Les méthodes quantitatives dépendent surtout des outils mathématiques et l'utilisation de ces techniques doit obéir à des contraintes qui en limitent l'emploi. Enfin, les méthodes qualitatives (par exemple la prospective) se basent pour connaître l'avenir à la fois sur les prévisions quantitatives ou empiriques et sur l'analyse des phénomènes historiques, politiques et sociologiques. Les méthodes qualitatives visent à appréhender le futur en tenant compte des valeurs, des idéologies et de l'évolution de l'ensemble des structures économiques et sociales.

Ces méthodes sont très diverses au plan épistémologique, au plan théorique et au plan méthodologique[41]. Elles vont aussi varier en fonction

---

41. Voir à ce sujet des développements récents dans la prévision touristique : B. FAULKNER et P. VALERIO (1995), « An Integrative Approach to Tourism Demand Forecasting », dans la revue *Tourism Management*, vol. 16, n° 1, London, Elsevier Science Ltd. ; et : A. ATHIYAMAN (1997), « Knowledge Development in Tourism : Tourism Demand Research », dans la revue *Tourism Management*, vol. 18, n° 4, London, Elsevier Science Ltd.

de leur validité à court, à moyen ou à long terme. Par exemple, les méthodes empiriques sont valables seulement à court terme et l'approche prospective ne peut vraiment se déployer que dans les études à long terme. Ces méthodes ont aussi des exigences différentes au niveau des applications concrètes. Certaines demandent des séries temporelles relativement longues, d'autres des séries plus courtes, etc. Les coûts et les délais d'exécution vont aussi changer d'une méthode à l'autre. Cette grande variété des méthodes va permettre à la prévision de s'adapter à un grand nombre de problèmes !

Tableau 1.3

TYPOLOGIE DES MÉTHODES DE LA PRÉVISION ET DE LA PROSPECTIVE

A) Méthodes empiriques

Méthodes	Indices	Moyennes mobiles (lissage)	Décomposition
Description et objectifs	Étude d'une variable dans le temps et comparaison.	Plusieurs types de moyennes sont utilisés afin de : • comprendre le sens des tendances ; • faire des prévisions à court terme.	Décomposition d'une tendance en ses principaux éléments afin de mesurer l'impact de chacun et porter un diagnostic sur la validité des prévisions.
Validité Court terme 1-2 années	+	+	+
Moyen terme 3-5 années	+ −	+ −	−
Long terme 6 ans et plus	−	−	−
Données nécessaires	3 années ou 12 trimestres	Varie selon les moyennes mobiles – en général 24 mois	16 trimestres minimum
Coût	Faible 100 $ à 1 000 $	Faible 100 $ à 1 000 $	Faible 100 $ à 1 000 $
Temps requis	1 journée à une semaine	2 journées à une semaine	2 journées à une semaine

Tableau 1.3

TYPOLOGIE DES MÉTHODES DE LA PRÉVISION ET DE LA PROSPECTIVE *(suite)*

B) Méthodes quantitatives

Méthodes	*Ajustements mathématiques*	*Modèles de régression et économétriques*
Description et objectifs	Recherche des tendances et prévisions par les ajustements mathématiques. Trouver le meilleur modèle prévisionnel, faire des projections.	Analyse des relations entre variables temporelles et projection du meilleur modèle. Système d'équations interreliées. Évolution : • revenu disponible ; • taux d'inflation ; • taux de départ.
Validité Court terme 1-2 années	+	+
Moyen terme 3-5 années	+	+
Long terme 6 ans et plus	+	–
Données nécessaires	Au moins 10 à 20 périodes en années 24 en mois	Idem
Coût	Moyen 500 $ à 1 000 $	Élevé 1 000 $ à 50 000 $
Temps requis	1 à 2 semaines	2 mois à une année

Tableau 1.3

TYPOLOGIE DES MÉTHODES DE LA PRÉVISION ET DE LA PROSPECTIVE (SUITE)

C) Méthodes qualitatives prospectives

Méthode	*Analyse prospective*	*Scénario*	*« Delphi »*
Description et objectifs	Analyse des facteurs favorables et défavorables à l'évolution de la tendance. Diagnostic sur la faisabilité des prévisions.	Modèles qualitatifs et quantitatifs de l'évolution future privilégiant l'étude des conséquences diverses de cette évolution.	Opinion d'experts en tourisme sur l'évolution du tourisme. Comprendre l'avenir à partir des experts.
Validité Court terme 1-2 années	+	+	+
Moyen terme 3-5 années	+	+	
Long terme 6 ans et plus	+	+	–
Données nécessaires	Dépend du problème et du chercheur.	Très variable	Dépend des experts.
Coût	500 $ et plus	500 $ et plus	5 000 $ et plus
Temps requis	1 semaine à 3 mois	1 jour à 1 an	1 semaine

Source : Adaptation de CHAMBERS, SATINDER et MULLICK, 1971 ; HANKE et REITSCH, 1981 ; LEVENBACH et CLEARY, 1981 ; CHERON, PERRIEN et ZINS, 1983 ; MARICOURT, 1985 ; GEORGOFF et MURDICK, 1991 ; FRECHTLING, 1996.

4.3. LES ERREURS DE PRÉVISION

Une partie des erreurs prévisionnelles est due à des problèmes de définitions reliés aux difficultés de cerner correctement l'ensemble des éléments de l'industrie touristique et des activités des touristes. D'autres erreurs proviennent de la manipulation et du traitement des données[42].

---

42. Voir à ce sujet : S. WEBER (1991), « Problem Areas and Sources of Errors in Tourism Demand Research », dans la *Revue de Tourisme*, vol. 46, n° 2, St-Gallen (Suisse) ; et : R. BAR-ON (1991), « Improving the Reliability of International Tourism Statistics », dans la *Revue de Tourisme*, vol. 46, n° 2, St-Gallen (Suisse).

Ces erreurs restent très difficiles à mesurer en termes quantitatifs. Par contre il est relativement facile de se faire une idée claire de l'efficacité (relative) des modèles prévisionnels.

Le seul moyen qui permette d'évaluer la qualité des modèles et donc la qualité des prévisions est de calculer et de comparer les erreurs prévisionnelles de chacun d'eux. Comme le signale J. Rossi : « Bien souvent pour une même distribution statistique, plusieurs méthodes de prévision peuvent êtres utilisées, ce qui permet de sélectionner la plus adéquate, c'est-à-dire celle dont la distribution colle le plus à la distribution observée[43]. »

Donnons un exemple : celui des arrivées des touristes dans un pays que nous nommerons le pays Z. Dans le tableau 1.4, nous avons les années considérées, les arrivées observées et les prévisions effectuées avec les tendances les plus performantes : la tendance linéaire et la tendance cubique. Nous allons nous concentrer ici sur l'analyse des erreurs des modèles utilisés[44].

*T*ableau 1.4

LES PRÉVISIONS DES ARRIVÉES DES TOURISTES ÉTRANGERS DANS LE PAYS Z
DE LA PÉRIODE 1 À LA PÉRIODE 12

Période	Touristes (000)	Touristes : tendance linéaire (000)	Touristes : tendance cubique (000)
1	250	114	227
2	300	341	307
3	440	568	477
4	670	795	713
5	1 018	1 022	988
6	1 350	1 249	1 277
7	1 600	1 476	1 553
8	1 716	1 703	1 792
9	1 908	1 930	1 968
10	2 106	2 157	2 055
11	–	2 385	2 027
12	–	2 612	1 858

Source : Données des auteurs.

---

43. J. ROSSI (1975), *Les statistiques du tourisme international : méthodologie de rassemblement, de traitement et de prévisions des séries statistiques*, Genève, Giral, p. 167.

44. Nous verrons dans le chapitre 4 comment fonctionnent ces modèles au plan mathématique.

*F*igure 1.3

LES PRÉVISIONS* DES ARRIVÉES DES TOURISTES ÉTRANGERS DANS LE PAYS Z
DE LA PÉRIODE 1 À LA PÉRIODE 12

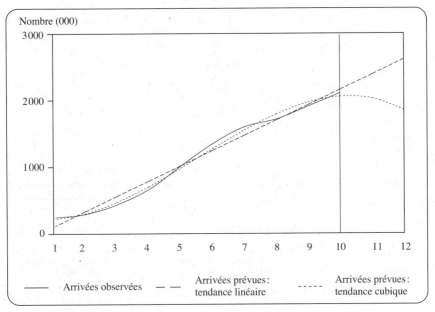

* Une tendance linéaire et une tendance cubique.

On remarque dans le tableau 1.4 des différences assez importantes pour les prévisions des deux modèles des années 1 à 4 et des années 11 à 12; les prévisions pour les années 5 à 10 sont assez semblables. La comparaison entre les arrivées observées et les prévisions se fait aisément à partir de la figure 1.3; on voit dans cette figure que pour la période historique étudiée, les deux tendances projetées par les deux modèles se rapprochent des données observées; pour les années futures (11 à 12), on a affaire à deux hypothèses très différentes. La tendance linéaire suppose une progression constante des arrivées de touristes étrangers alors que la tendance cubique suggère une baisse graduelle des arrivées – qui baisseraient au niveau de celles observées à l'année 8.

Quatre indicateurs peuvent nous aider à effectuer une comparaison entre les deux tendances[45]:

---

45.   Voir à ce sujet (les formules et les calculs): J. HANKE et A. REITSCH (1998), *Business Forecasting*, New Jersey, Prentice-Hall, p. 111-115.

- la moyenne de l'erreur en valeur absolue (sans tenir compte du signe plus ou moins) ;

- le carré moyen de l'erreur ;

- la moyenne de l'erreur en valeur absolue définie en pourcentage ;

- la moyenne de l'erreur en valeur absolue définie en pourcentage mais tenant compte du signe plus ou moins.

Dans le tableau 1.5 nous avons effectué les calculs de l'erreur pour la tendance linéaire.

*T*ableau 1.5

LES ARRIVÉES DES TOURISTES ÉTRANGERS DANS LE PAYS Z (EN MILLIERS)
PAR PÉRIODE, DE 1 À 10 ; LE CALCUL DES ERREURS DE LA TENDANCE LINÉAIRE

1	2	3	4	5	6		
Période	Touristes	Touristes tendance linéaire	Erreurs avec signes	Erreurs sans signes	Erreurs au carré	5/2 × 100 %	4/2 × 100 %
1	250	114	136	136	18 496	54,4	54,4
2	300	341	−41	41	1 681	13,7	−13,7
3	440	568	−128	128	16 384	29,1	−29,1
4	670	795	−125	125	15 625	18,7	−18,7
5	1 018	1 022	−4	4	16	0,4	−0,4
6	1 350	1 249	101	101	10 201	7,5	7,5
7	1 600	1 476	124	124	15 376	7,8	7,8
8	1 716	1 703	13	13	169	0,8	0,8
9	1 908	1 930	−22	22	484	1,2	−1,2
10	2 106	2 157	−51	51	2 601	2,4	−2,4
Total			0	745	81 033	135,8	5,0

Source : Données des auteurs.

Dans la colonne 4 nous avons le calcul des erreurs du modèle prévisionnel. Ce calcul se fait de la façon suivante :

Erreur = Valeur observée − Valeur prévue

Dans la colonne 5 du tableau nous avons l'erreur absolue (sans tenir compte du signe plus ou moins) ; la formule est la suivante pour la moyenne de l'erreur absolue (MEA) :

$$\text{MEA} = \sum_{t=2}^{n} \frac{(\text{VO} - \text{VP})}{n} = \frac{745}{10} = 74,5$$

où :

VO = Valeur observée ;

VP = Valeur prévue ;

n = Taille de la série chronologique.

Le carré moyen de l'erreur se calcule par la formule (CME) :

$$\text{CME} = \sum_{t=2}^{n} \frac{(\text{VO} - \text{VP})^2}{n} = \frac{81\,033}{10} = 8\,103,3$$

(à partir du total de la colonne 6).

La moyenne de l'erreur absolue définie en pourcentage (sans tenir compte du signe) se calcule par la formule (MEAP1) :

$$\text{MEAP1} = \sum_{t=2}^{n} \frac{\left| \dfrac{(\text{VO} - \text{VP})^2}{\text{VO}} \right|}{n} = \frac{135,8}{10} = 13,6\,\%$$

(à partir du total de la colonne 7).

Enfin la moyenne de l'erreur définie en pourcentage et en tenant compte du signe se calcule par la formule (MEAP2) :

$$\text{MEAP2} = \sum_{t=2}^{n} \frac{\left| \dfrac{(\text{VO} - \text{VP})^2}{\text{VO}} \right|}{n} = \frac{4,7}{10} = 0,5\,\%$$

(à partir du total de la colonne 8).

Avant d'interpréter tous ces indicateurs, nous ferons les mêmes calculs pour la tendance cubique. Ces données sont présentées dans le tableau 1.6.

Tableau 1.6

LES ARRIVÉES DES TOURISTES ÉTRANGERS DANS LE PAYS Z (EN MILLIERS) PAR PÉRIODE, DE 1 À 10 ; LE CALCUL DES ERREURS DE LA TENDANCE CUBIQUE

1	2	3	4	5	6		
Période	*Touristes*	*Touristes tendance cubique*	*Erreurs avec signes*	*Erreurs sans signes*	*Erreurs au carré*	*5/2 × 100 %*	*4/2 × 100 %*
1	250	227	23	23	529	9,2	9,2
2	300	307	− 7	7	49	2,3	− 2,3
3	440	477	− 37	37	1 369	8,4	− 8,4
4	670	713	− 43	43	1 849	6,4	− 6,4
5	1 018	988	30	30	900	2,9	2,9
6	1 350	1 277	73	73	5 329	5,4	5,4
7	1 600	1 553	47	47	2 209	2,9	2,9
8	1 716	1 792	− 76	76	5 776	4,4	− 4,4
9	1 908	1 968	− 60	60	3 600	3,1	− 3,1
10	2 106	2 055	51	51	2 601	2,4	2,4
Total			0	448	24 211	47,6	− 1,8

Source : Données des auteurs.

On obtient donc les indicateurs des erreurs de la tendance cubique :

MEA = 44,7 ;

CME = 2 421,1 ;

MEAP1 = 4,8 % ;

MEAP2 = 0,2 %.

Dans le tableau 1.7, nous avons effectué une comparaison des indicateurs des erreurs des deux approches prévisionnelles (la tendance linéaire et la tendance cubique).

La MEA nous donne une mesure des erreurs absolues de chacun des modèles ; nous voyons dans le tableau 1.7 que l'ampleur des erreurs de la tendance linéaire est plus élevée que celle de la tendance cubique. Le CME va tendre (en mettant les erreurs au carré) à pénaliser fortement les erreurs importantes des modèles et à minimiser les erreurs faibles : dans le tableau 1.7 on peut voir que les erreurs de la tendance linéaire sont de 8 103,2 par rapport à 2 434,9 pour la tendance cubique. Enfin le MAEP1 et le MAEP2 nous indiquent le pourcentage d'erreurs du modèle par rapport à la tendance observée. Dans tous les cas l'indicateur doit être le plus petit possible car de faibles écarts montrent un fort ajustement entre valeurs observées et valeurs prévues et nous donnent une idée de la qualité du modèle à utiliser pour faire des prévisions.

Tableau 1.7

COMPARAISON DES INDICATEURS DES ERREURS
DES DEUX TENDANCES ÉTUDIÉES

Indicateurs	*Tendance linéaire*	*Tendance cubique*
MEA	74,5	44,7
CME	8 103,3	2 421,1
MEAP1	13,6 %	4,8 %
MEAP2	0,5 %	0,2 %

Source : Données des auteurs.

Nous avons présenté plusieurs indicateurs mais souvent un seul suffira pour se faire une idée de la force d'un modèle prévisionnel. Dans certains cas, un simple graphique peut nous permettre de trancher entre deux modèles concurrents.

Dans la figure 1.4 par exemple, nous voyons bien que les erreurs de la tendance cubique sont serrées autour de 0 (entre +73 et −76) alors que les erreurs de la tendance linéaire ont une amplitude plus grande : elles vont de +136 à −128.

En résumé, le calcul des erreurs est le seul moyen de juger de la qualité des prévisions actuelles (portant sur les séries temporelles observées) et surtout la validité des prévisions futures. « On fait ici l'hypothèse, qui est la base même de toute recherche prévisionnelle, que si l'ajustement est valable pour les valeurs observées, il sera valable aussi pour les projections futures[46]. Le calcul des erreurs permet aussi, on l'a vu, de comparer et de choisir le modèle le plus adéquat et à ce titre c'est une mesure de la performance des modèles[47] ». Quoi qu'il en soit de l'étude des erreurs (nous verrons cela plus en profondeur dans les chapitres suivants) nous devons conclure avec une citation de P. Wack : « *Errors in futures studies usually result from poor observation rather than poor reasoning*[48] ».

Figure 1.4

LES ARRIVÉES DES TOURISTES ÉTRANGERS DANS LE PAYS Z DE LA PÉRIODE 1 À LA PÉRIODE 10. LES ERREURS DES MODÈLES

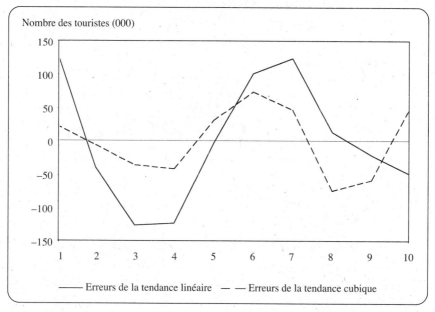

* Les données de ce graphique sont tirées : du tableau 1.5 colonne 4 (page 28) pour la tendance linéaire et du tableau 1.6 colonne 4 (page 30) pour la tendance cubique.

46. Selon l'expression bien connue des économistes : « Toutes choses étant égales par ailleurs ».

47. Voir à ce sujet : N. FARNUM et L. STANTON (1989), *Quantitative Forecasting Methods*, Boston, PWS-Kent Publishing Company, p. 22.

48. P. WACK (1991), « Scenarios Uncharted Waters Ahead », dans *Accurate Business Forecasting*, Boston, Harvard Business Review Paperbook, n° 90069, p. 39.

Chapitre 2

L'analyse de l'évolution par des méthodes empiriques

Dans ce chapitre, nous allons voir comment il est possible de comprendre l'évolution d'une série temporelle (les arrivées des touristes, les chambres occupées, etc.) à partir de méthodes empiriques. Ces méthodes sont très faciles à utiliser. Nous pouvons, tout d'abord, faire appel aux techniques statistiques de base : la moyenne, l'écart-type, l'étendue et le coefficient de variation. Les indices mathématiques sont aussi des outils intéressants pour mesurer, comparer et comprendre l'évolution d'une série chronologique. Le taux d'accroissement nous permet de bien saisir les fluctuations d'une variable dans le temps et la moyenne mobile nous aide, au contraire, à ne pas tenir compte de ces variations en nous donnant un portrait de l'évolution de la variable choisie.

1. LES STATISTIQUES USUELLES

Avant d'aborder l'utilisation des statistiques usuelles, il est bon de rappeler certaines contraintes liées aux séries temporelles. La première de ces contraintes est que la variable choisie doit conserver la même définition tout au long de la période (par exemple : tout voyage de vingt-quatre heures ou plus hors du domicile habituel). Dans certains cas, la définition de la variable va avoir aussi une dimension territoriale ; il peut arriver que, durant la période choisie, la définition géographique change. Dans ce cas la comparaison devient impossible et la variable inutilisable !

Un autre aspect très particulier des séries temporelles est la période de temps considérée ; si l'on travaille en mois, il faut avoir au moins trente-six mois – en trimestre : au moins seize ou vingt trimestres – en années : une dizaine d'années, etc. Enfin, il peut arriver aussi que certaines valeurs soient manquantes ; dans ce cas, on peut remplacer la valeur manquante par une moyenne des autres périodes adjacentes. Donnons un exemple : nous disposons des données suivantes dans le tableau 2.1 ; la valeur (les arrivées) est manquante pour l'année 7.

Tableau 2.1

LES ARRIVÉES DES TOURISTES DANS LE PAYS X (EN MILLIERS) PAR PÉRIODE, DE 1 À 10 ; LE REMPLACEMENT D'UNE VALEUR MANQUANTE

Périodes	Arrivées (en milliers)	Moyenne des années 5-6 et 8-9
1	344	
2	391	
3	400	
4	437	
5	444	$\dfrac{444 + 476 + 523 + 557}{4} = 500$
6	476	
7	**500**	
8	523	
9	557	
10	567	

Source : Données des auteurs.

Dans cet exemple, la nouvelle valeur pour l'année 7 sera de 500 000 arrivées des touristes[1].

---

1.   Voir à ce sujet : P. GAYNOR et R. KIRPATRICK (1994), *Introduction to Time-Serves Modeling and Forecasting in Business and Economics*, New York, McGraw-Hill, p. 132-133.

1.1. PRÉSENTATION D'UN TABLEAU ET D'UN GRAPHIQUE

La formulation des tableaux statistiques suit des règles minimales ; cette formulation doit comprendre :

1. le numéro du tableau ;

2. un titre qui résume bien le contenu du tableau ;

3. les éléments du tableau : les périodes et la (ou les) variable(s) utilisée(s) ;

4. la source des données (s'il y a lieu) ;

5. le (ou les) mode(s) de calcul (s'il y a lieu).

Cette présentation « classique » d'un tableau apparaît dans le tableau 2.2.

Tableau 2.2

LES ARRIVÉES DE CERTAINS TOURISTES EUROPÉENS AU QUÉBEC,
PAR ANNÉE, DE 1981 À 2003

Années	Allemagne	France	Royaume-Uni
1981	24 174	86 720	50 023
1982	25 663	82 700	42 278
1983	22 110	64 445	34 080
1984	21 831	79 009	35 480
1985	19 939	74 509	31 509
1986	22 852	93 727	36 223
1987	27 754	128 164	42 025
1988	31 298	162 245	48 196
1989	29 708	172 324	49 864
1990	32 438	180 633	57 418
1991	33 142	216 810	48 716
1992	35 817	211 981	49 958
1993	40 075	246 940	52 151
1994	39 640	270 696	57 112
1995	51 025	277 908	63 418
1996	53 571	278 072	67 215
1997	47 765	270 433	70 681
1998	51 302	252 990	75 909
1999	59 778	266 229	77 148
2000	57 705	263 916	85 333
2001	49 691	246 509	80 401
2002	48 773	216 733	72 560
2003	41 550	202 538	66 536

Source : Nos calculs, à partir des données de Statistique Canada.

Dans la figure 2.1, nous avons les mêmes variables que dans le tableau 1.3 où l'axe horizontal (en abscisse) représente le temps et l'axe vertical (en ordonnée), l'évolution quantitative des variables étudiées.

*F*igure 2.1

LES ARRIVÉES DE CERTAINS TOURISTES EUROPÉENS AU QUÉBEC, PAR ANNNÉE, DE 1981 À 2003

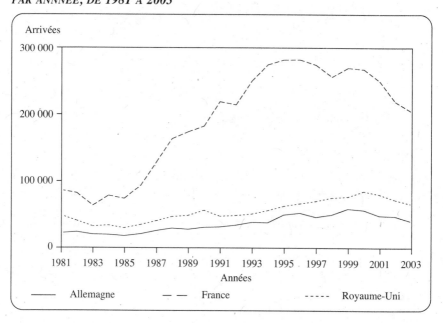

Nous pouvons remarquer, dans la figure 2.1, que la croissance des touristes français « écrase » (parce qu'elle est plus importante) l'évolution des arrivées des touristes d'Allemagne et du Royaume-Uni. Nous avons l'impression que la croissance de ces deux derniers pays est très faible. La figure 2.2 présente l'évolution de ces deux pays (à l'exception de la France) ; on peut constater qu'il y a une croissance réelle depuis 1985, mais que depuis 2001, on assiste à une décroissance avec un niveau d'arrivées qui se rapproche de celui de 1993.

*F*igure 2.2

LES ARRIVÉES DES TOURISTES D'ALLEMAGNE ET DU ROYAUME-UNI
AU QUÉBEC, PAR ANNÉE, DE 1981 À 2003

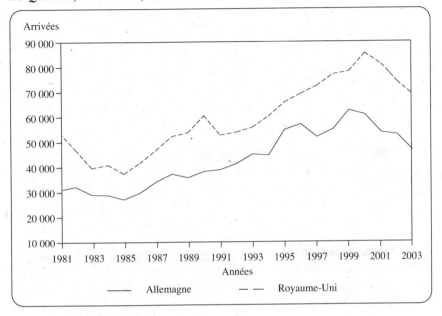

Les données présentées dans le tableau 2.2 (et les figures 2.1 et 2.2) proviennent de Statistique Canada.

1.2. *LES STATISTIQUES USUELLES*

Dans le tableau 2.3, nous avons les principales statistiques de base utilisées dans l'étude des séries chronologiques :

- l'étendue ;
- le minimum et le maximum ;
- la moyenne ;
- l'écart-type.

*T*ableau 2.3

LES STATISTIQUES USUELLES DES ARRIVÉES DE CERTAINS TOURISTES EUROPÉENS AU QUÉBEC, PAR ANNÉE, DE 1981 À 2003

	Étendue	*Minimum*	*Maximum*	*Moyenne*	*Écart-type*
Allemagne	39 839	19 939	59 778	37 721,78	12 628,31
France	213 627	64 445	278 072	188 966,57	76 887,35
Royaume-Uni	53 824	31 509	85 333	56 271,04	15 950,66

Source : Nos calculs, à partir des données de Statistique Canada.

L'étendue exprime la différence entre la valeur minimale et la valeur maximale de la série ; par exemple, pour l'Allemagne, nous avons la valeur maximale 59 778 moins la valeur minimale 19 939 nous donne 39 839 ; c'est une donnée assez rudimentaire qui indique seulement l'importance relative de chacune des clientèles touristiques du Québec.

Les minimum et maximum de la série désignent la valeur la plus faible et la valeur la plus élevée pour chacune des variables. La moyenne est une mesure globale de la variable choisie ; elle permet aussi de faire des comparaisons entre les variables (ici les clientèles étrangères du Québec). La moyenne se calcule ici par la somme des arrivées de chacune des années divisée par le nombre de périodes. La formule est la suivante :

$$\text{Moyenne (ou } \bar{x}) = \frac{P_1 + P_2 + P_3 \dots P_n}{n}$$

où :

P :   le nombre des arrivées à la période considérée ;

n :   le nombre de périodes.

Dans le tableau 2.3, la moyenne annuelle permet un classement rapide des pays :

1. la France (188 966) ;

2. le Royaume-Uni (56 271) ;

3. l'Allemagne (37 722).

L'écart-type est une mesure qui nous donne une première idée des variations que peut connaître une série chronologique. La formule de l'écart-type est :

$$\text{Écart-type} = \sqrt{\frac{\Sigma\left(x_i - \bar{x}\right)^2}{n_i}} \; ;$$

il s'agit de soustraire la valeur observée pour chacune des périodes de la moyenne de la période et ensuite de diviser cette somme par le nombre de périodes et d'extraire la racine carrée. L'intérêt de l'écart-type est de relier cette mesure à la moyenne de la série et de produire un coefficient de variation qui nous donnera une image assez nette des fluctuations de chacune des clientèles touristiques étudiées.

Le coefficient de variation se calcule de la façon suivante :

$$\text{Coefficient de variation} = \frac{\text{Écart-type}}{\text{Moyenne}} \times 100$$

Ainsi, pour chacune des clientèles étrangères (à partir des données du tableau 2.3), nous aurons les coefficients suivants :

- Allemagne :   33,5 % ;
- France :   40,7 % ;
- Royaume-Uni :   28,3 %.

Nous voyons ici que la clientèle française a conne des fluctuations plus importantes entre 1981 et 2003 comparativement aux deux autres clientèles dont les coefficients de variation sont beaucoup plus faibles. La principale qualité du coefficient de variation est : « Qu'il permet donc de comparer les dispersions de distributions qui ne sont pas exprimées dans la même unité (comme des distributions de salaires de pays différents), ou de distributions dont les moyennes sont différentes (comme des distributions de salaires pour différentes qualifications)[2]. »

---

2.   Bernard GOLDFARB et Catherine PARDOUX (1993), *Introduction à la méthode statistique*, Paris, Dunod, p. 29.

2. LES PRINCIPAUX INDICATEURS DU TOURISME

L'indicateur touristique sera défini comme une information, pouvant être qualitative ou quantitative, et portant sur la situation du tourisme (ou d'un aspect ou d'un secteur du tourisme) à une période donnée. La notion d'indicateur est un terme générique incluant plusieurs types et plusieurs niveaux d'informations. La notion d'indice est plus restrictive et doit obéir à certaines propriétés mathématiques. Selon Jacqueline Fourastié : « Le mot indice est employé dans beaucoup de sens différents. Il l'est de plus en plus dans un sens statistique[3]. » Ainsi, un indice est un indicateur mais un indicateur n'est pas nécessairement un indice. Dans le langage courant, on utilise surtout le terme inclusif d'indicateur et nous adopterons cette formulation.

Les indicateurs touristiques vont surtout servir à :

- mesurer la performance d'un secteur, d'un domaine, d'un produit ;
- établir un diagnostic sur la situation touristique du pays, de la région ou de l'entreprise ;
- comparer des secteurs, des domaines, des produits ;
- analyser l'évolution actuelle.

Les indicateurs touristiques existent au niveau macroéconomique (l'État) et au niveau microéconomique (l'entreprise). Nous ne pouvons ici donner un tableau exhaustif de ces indicateurs ; nous nous contenterons de mentionner les plus intéressants.

2.1. *LA PHILOSOPHIE DE BASE DES INDICATEURS TOURISTIQUES*

L'étude du tourisme à l'aide d'indicateurs suppose une compréhension du changement et une certaine idée de la force et de l'intensité de celui-ci. Dans cette étude, la première chose à déterminer est le point de départ de l'évolution ; il faut définir clairement ce qui change avant de le mesurer. Par exemple, il peut y avoir dans une entreprise ou une région une baisse (ou une hausse) subite des entrées de touristes, des nuitées ; c'est ce qui deviendra le point de départ de la recherche.

---

3.   Jacqueline FOURASTIÉ (1984), *Les indices statistiques*, Paris, Masson, p. 5.

Il faut aussi trouver une façon de qualifier ce changement : il est fort, moyen ou faible au niveau de l'intensité, du volume et de la durée. Toute démarche de création d'indicateurs demande une réflexion théorique préalable car : « La statistique n'a d'influence possible sur l'action, sur la pratique, qu'après avoir transité par une médiation théorique, qui peut parfois être implicite mais toujours présente[4]. » C'est-à-dire qu'il faut élaborer des hypothèses à la fois sur le point de départ de l'évolution mais aussi sur le rythme particulier de son déroulement.

Les indicateurs économiques ont pris une place très importante dans les sociétés actuelles. Ils sont devenus, grâce aux médias, une façon commode d'évaluer rapidement l'efficacité des politiques économiques et sociales des gouvernements et le caractère compétitif des entreprises[5]. L'engouement pour les indicateurs repose, en grande partie, sur leur simplicité et leur capacité de synthèse. L'indicateur demeure malgré tout une construction théorique ; selon André Piatier : « C'est le résultat d'un calcul, c'est une sorte de convention : l'indice ne nous renseigne donc pas sur la grandeur absolue des phénomènes. De plus, par la synthèse ou fusion des éléments qu'il réalise, il donne une " épaisseur " à des phénomènes globaux dont l'étude directe serait impossible autrement (la production industrielle, le coût de la vie), et dont on ne sait souvent pas très bien s'ils sont création de l'objet ou réalité[6]. »

La construction d'indicateurs est souvent le principal travail de l'économie appliquée à la gestion. Avec le temps (depuis les années 1880) s'est développée une véritable « théorie des indicateurs », ceux-ci devenant à peu près le seul moyen d'avancer, de vérifier ou de critiquer des hypothèses théoriques concernant le développement économique et social, le changement et l'évolution des sociétés. Selon Schumpeter : « La matière des indices fournit un bon exemple de la façon dont la recherche théorique et la recherche statistique sont en fait reliées et en particulier comment les méthodes peuvent être engendrées par les travaux des théoriciens[7]. »

---

4. M. VOLLE (1980), *Le métier de statisticien*, Paris, Hachette, p. 207.
5. Voir à ce sujet : C. JOHNSON et S. BRISCOE (1995), *Measuring the Economy*, London, Penguin Books.
6. A. PIATIER (1961), *Statistiques et observations économiques*, Paris, Presses universitaires de France, p. 240.
7. J. SCHUMPETER (1983), *Histoire de l'analyse économique*, tome III, Paris, Gallimard, p. 445.

2.2. *L'INDICE ÉLÉMENTAIRE*

L'indice élémentaire, ou indice simple, montre l'évolution d'une grandeur (quantité, volume, prix, etc.) d'une certaine période par rapport à une autre période appelée période de base ou période de référence. Par exemple, le changement du nombre de visiteurs sur un site touristique.

Tableau 2.4

LES ENTRÉES DES VISITEURS SUR UN SITE TOURISTIQUE,
DE L'ANNÉE 0 À L'ANNÉE 3 ; L'ÉVOLUTION INDICIELLE

Périodes	Nombre de visiteurs	Indice de base 100 = période 0
0	98 342	100,00
1	103 832	105,58
2	118 068	120,06
3	125 515	127,63

Source : Données des auteurs.

Si les entrées des visiteurs est à l'année 0 de 98 342 et augmente à 103 832 à l'année 1, on aura donc le rapport :

$$\frac{103\,832}{98\,342} = 1,0558 \times 100 = 105,58$$

La formule de l'indice élémentaire (de base 100) se lira :

$$\frac{\text{Quantité à la date } t+1\,(\text{année 1})}{\text{Quantité à la date } t_0\,(\text{année 0})} \times 100 = \text{Indice élémentaire}\,(\text{base 100} = \text{année 0})$$

Plus formellement, on écrira :

$$Q_{n/0} = \frac{(Q_n)}{Q_0} \times 100$$

où $Q_{n/0}$ représente l'indice élémentaire base 100, Q_0 la quantité à la période 0 et Q_n la quantité d'une des périodes postérieures à Q_0.

L'indice élémentaire doit obéir à certaines contraintes qui correspondent aux propriétés de ce type de nombres-indices. Ces propriétés sont les suivantes[8] :

1. La propriété d'identité, cela veut dire qu'il faut toujours que lorsque la période de base et la période d'observation coïncident, le résultat de l'indice soit égal à 1. Si on reprend l'exemple du tableau 2.4, on aura :

$$\frac{P_0}{P_0} = \frac{98\,342}{98\,342} = 1$$

2. La propriété de réversibilité : ce principe de réversibilité du temps indique qu'un indice doit être interchangeable avec son inverse. On vérifie ce principe de la façon suivante (en conservant le même exemple) :

$$\frac{103\,832}{98\,342} = 1,05582559$$

$$\frac{98\,342}{103\,832} = 0,94712613$$

ou $1,05582559 \times 0,94712613 = 1$

3. La propriété de circularité : la circularité d'un indice élémentaire base 100 va permettre de faire des comparaisons entre des périodes différentes de la période de base. La propriété de circularité peut se démontrer ainsi (voir le tableau 2.4).

On se rend compte, d'une part, que :

$$\left[\frac{103\,832}{98\,342} \times \frac{118\,068}{103\,832}\right] \times 100 = 120,06$$

et que, d'autre part :

$$\left[\frac{103\,832}{98\,342} \times \frac{118\,068}{103\,832} \times \frac{125\,512}{118\,068}\right] \times 100 = 127,63$$

---

8. Voir à ce sujet : J.-L. BOURSIN (1979), *Les indices de prix*, Paris, Presses universitaires de France, collection Que sais-je ? n° 1777, p. 11-19 ; et B. GOLDFARB et C. PARDOUX (1993), *Introduction à la méthode statistique*, Paris, Dunod, p. 40-41.

En pratique, la circularité d'un indice élémentaire va faciliter le changement de l'année de base quand il devient nécessaire de le faire. Par exemple, si l'année 1 devient l'année de base 0, l'indice de l'année 3 deviendra:

$$\frac{127,63}{105,58} = 1,21\left(\text{ou } 121\right)$$

$$\text{ou } \frac{125\,515}{103\,832} = 1,21\left(\text{ou } 121\right).$$

On peut donc facilement calculer un indice en fonction d'une nouvelle base sans revenir aux données brutes (les entrées de visiteurs).

Tableau 2.5

L'ÉVOLUTION INDICIELLE DES ARRIVÉES DES TOURISTES D'ALLEMAGNE, DE FRANCE ET DU ROYAUME-UNI AU QUÉBEC, PAR ANNÉE, DE 1981 À 2003 ; BASE 100 = 1981

Années	Indice Allemagne	Indice France	Indice Royaume-Uni
1981	100,00	100,00	100,00
1982	106,16	95,36	84,52
1983	91,46	74,31	68,13
1984	90,31	91,11	70,93
1985	82,48	85,92	62,99
1986	94,53	108,08	72,41
1987	114,81	147,79	84,01
1988	129,47	187,09	96,35
1989	122,89	198,71	99,68
1990	134,19	208,29	114,78
1991	137,10	250,01	97,39
1992	148,16	244,44	99,87
1993	165,78	284,76	104,25
1994	163,98	312,15	114,17
1995	211,07	320,47	126,78
1996	221,61	320,65	134,37
1997	197,59	311,85	141,30
1998	212,22	291,73	151,75
1999	247,28	307,00	154,23
2000	238,71	304,33	170,59
2001	205,56	284,26	160,73
2002	201,76	249,92	145,05
2003	171,88	233,55	133,01

Source : Nos calculs, à partir des données de Statistique Canada.

L'indice simple va surtout servir à faire des comparaisons. Par exemple, en nous inspirant des données du tableau 2.2, nous avons calculé l'évolution indicielle des arrivées des touristes d'Allemagne, de France et du Royaume-Uni au Québec de 1981 à 2003 (base 100 = 1981) ; ces calculs apparaissent dans le tableau 2.5. La figure 2.3 montre l'évolution indicielle des visiteurs selon les pays et nous voyons que l'arrivée plus massive de ces visiteurs européens démarre vraiment dans les années 1987-1988.

Tableau 2.6

L'ÉVOLUTION INDICIELLE DES ARRIVÉES DES TOURISTES D'ALLEMAGNE, DE FRANCE ET DU ROYAUME-UNI AU QUÉBEC, PAR ANNÉE, DE 1990 À 2003 ; BASE 100 = 1990

Années	Indice Allemagne	Indice France	Indice Royaume-Uni
1990	100,00	100,00	100,00
1991	102,17	120,03	84,84
1992	110,42	117,35	87,01
1993	123,54	136,71	90,83
1994	122,20	149,86	99,47
1995	157,30	153,85	110,45
1996	165,15	153,94	117,06
1997	147,25	149,71	123,10
1998	158,15	140,06	132,20
1999	184,28	147,39	134,36
2000	177,89	146,11	148,62
2001	153,19	136,47	140,03
2002	150,36	119,99	126,37
2003	128,09	112,13	115,88

Source : Nos calculs, à partir des données de Statistique Canada.

*F*igure 2.3

**L'ÉVOLUTION INDICIELLE DES ARRIVÉES DE CERTAINS TOURISTES
EUROPÉENS AU QUÉBEC, PAR ANNÉE, DE 1981 À 2003 ; BASE 100 = 1981**

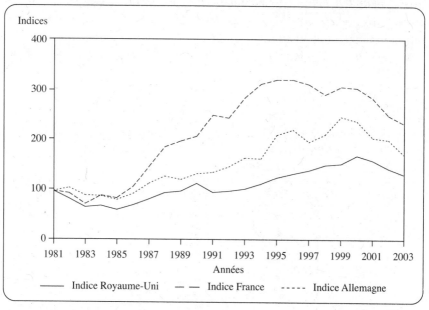

On remarque aussi la progression très forte de la France, de l'Allemagne et en dernier, des visiteurs du Royaume-Uni. Il arrive souvent qu'une période trop longue (ici 1981-2003) rend l'image de l'évolution un peu floue. Dans le tableau 2.6, nous choisissons une nouvelle année de base 100 = 1990. À partir des données du tableau 2.2, le nouvel indice sera calculé sur les visiteurs, pour chacun des pays, de cette année :

	Allemagne	France	Royaume-Uni
base 100 = 1990 =	32 438	180 633	57 418

Pour l'année 1991, nous aurons les indices suivants (voir tableau 2.6) :

Période	Allemagne	France	Royaume-Uni
1991	$\dfrac{33\,142}{32\,438} \times 100 = 102$	$\dfrac{216\,810}{180\,633} \times 100 = 120$	$\dfrac{48\,716}{57\,418} \times 100 = 85$

Figure 2.4

L'ÉVOLUTION INDICIELLE DES ARRIVÉES DE CERTAINS TOURISTES EUROPÉENS AU QUÉBEC, PAR ANNÉE, DE 1990 À 2003 ; BASE 100 = 1990

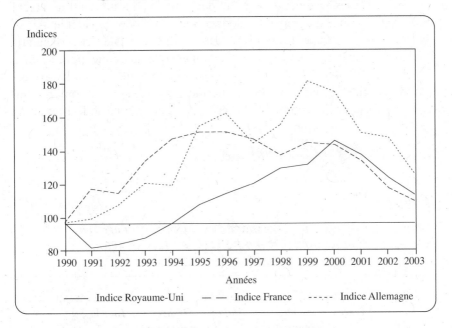

Les indices du tableau 2.6 apparaissent dans la figure 2.4. On voit que la clientèle française a connu une croissance suivie d'une légère baisse jusqu'en 1998 ; toutefois, il y a eu une légère reprise en 1998-1999 suivie d'une baisse de plus en plus marquée depuis 2000. Les visiteurs du Royaume-Uni ont progressé de manière constante depuis 1992 avant de connaître également une baisse depuis 2000. Finalement, les visiteurs allemands ont connu une forte progression avec de légères baisses entre 1990 et 1999 ; par la suite, on assiste également à une baisse constante depuis 2000. Nous remarquons ici qu'un changement de base amène nécessairement une autre lecture de l'évolution de ces clientèles européennes ! En général, une dizaine de périodes donnent une bonne lecture de l'évolution indicielle.

Habituellement, l'année de base est la première de la série chronologique étudiée. On peut aussi choisir l'année de base en fonction de certaines considérations ; par exemple :

- le lancement d'un nouveau produit ;
- l'application d'une nouvelle politique de prix ou d'un nouveau programme ;

- après une campagne publicitaire ;
- des changements dans la structure de l'offre ou de la demande, etc.

L'année de base peut aussi être déterminée en fonction d'un calcul établi à partir de la moyenne des données de la période considérée. Ainsi, dans le tableau 2.7, on trouve à la colonne 2, les arrivées de voyageurs étrangers venant des États-Unis par avion avec la moyenne, pour l'année 1 à l'année 10, de 379 039 visiteurs. Dans la colonne 3, on a la proportion des visiteurs pour chacune des périodes par rapport au nombre total de visiteurs pour l'ensemble de la série ; ainsi pour la période 1 on aura :

$$\text{Ratio} = \frac{347\,755}{3\,790\,393} = 0,092, \text{etc.}$$

Tableau 2.7

ARRIVÉES DES VOYAGEURS ÉTRANGERS ENTRANT AU QUÉBEC PAR LES ÉTATS-UNIS, DE L'ANNÉE 1 À L'ANNÉE 10, PAR AVION. ÉVOLUTION INDICIELLE ÉTABLIE À PARTIR DE LA MOYENNE

1	2	3	4	5	6
Années	*Nombre de touristes*	*Ratio*	*Indices en décimales*	*Indices en %*	*+ −*
1	347 755	0,092	0,92	92	− 8
2	352 117	0,093	0,93	93	− 7
3	363 502	0,096	0,96	96	− 4
4	372 394	0,098	0,98	98	− 2
5	388 002	0,102	1,02	102	+ 2
6	385 801	0,102	1,02	102	+ 2
7	379 483	0,100	1,00	100	0
8	354 389	0,093	0,93	93	− 7
9	402 902	0,106	1,06	106	+ 6
10	444 048	0,117	1,17	117	+ 17
TOTAL	3 790 393	1,000	10	1 000	
MOYENNE	379 039		1	100	

Source : Nos calculs, à partir des données de Statistique Canada.

La colonne 4 (du tableau 2.7) renferme les indices, en décimales, établis à partir de la moyenne ; par exemple :

$$\frac{\text{Période 1}}{\overline{X}}\quad \frac{347\,755}{379\,039} = 0,917 \text{ ou } 0,92.$$

La colonne 5 donne les indices en pourcentage pour la période 1 : 0,92 × 100 = 92. Dans la colonne 6, on retrouve les gains et les pertes pour chacune des périodes en fonction de la base 100. La base 100 se situerait hypothétiquement donc entre l'année 4 et l'année 5.

2.3. LES INDICES DES PRIX

Les indices des prix peuvent être importants dans l'analyse économique du tourisme. Le secteur du tourisme est un domaine plus « inflationniste » que d'autres. Dans l'économie globale, l'indice des prix à la consommation reste assez faible depuis plusieurs années (entre 2 % et 3 %)[9].

Il existe un indice élémentaire des prix qui tient compte des prix de chacun des produits et un indice synthétique (pondéré ou non) qui résume l'ensemble des prix des différents produits. L'indice élémentaire des prix fonctionne de la façon suivante (voir le tableau 2.8) :

Tableau 2.8

PRIX ET INDICES ÉLÉMENTAIRES DES PRIX (ÉVOLUTION INDICIELLE) DE CERTAINS ÉLÉMENTS DE CONSOMMATION À L'HÔTEL BELLEVUE, POUR LES ANNÉES 1 À 3 (BASE 100 = ANNÉE 1)

Éléments	Unité	Prix en $ courants			Indices des prix		
		Année 1	Année 2	Année 3	Année 1	Année 2	Année 3
Repas (menu à prix fixe)	Un	25	28	32	100	112	128
Vin	Une bouteille 75 CL	19	23	26	100	121	137
Chambre	Une nuit	67	73	82	100	109	112

Au tableau 2.8, on voit que le prix du vin a évolué beaucoup plus rapidement que celui des deux autres éléments ; il est suivi par le prix du repas et celui d'une chambre d'hôtel.

---

9. Voir l'évolution de cet indice et les prévisions pour les années 2000-2001 dans *Cycles et tendances*, rapport mensuel publié par la Caisse de dépôt et placement du Québec, Montréal, juin 1999.

Les indices synthétiques des prix vont regrouper un ensemble de prix sur un certain nombre de périodes. Ces indices peuvent être pondérés ou ne pas être pondérés. Les indices synthétiques non pondérés correspondent à la formule suivante :

$$\text{ISPNP} = \frac{\sum P_n}{\sum P_0} \times 100.$$

Nous avons dans le tableau 2.9 un exemple de ce type d'indice.

*T*ableau 2.9

INDICE SYNTHÉTIQUE DES PRIX NON PONDÉRÉS DE CERTAINS ÉLÉMENTS DE CONSOMMATION À L'HÔTEL BELLEVUE, POUR LES ANNÉES 1 À 3 (BASE 100 = ANNÉE 1)

Éléments	Unité	Prix en $ courants		
		Année 1	*Année 2*	*Année 3*
Repas (menu à prix fixe)	Un	25	28	32
Vin	Une bouteille 75 CL	19	23	26
Chambre	Une nuit	67	73	82
TOTAL :		111	124	140
Indice synthétique Base 100 = 1		100	112	126

Dans le tableau 2.9, le calcul se fait de la façon suivante :

$$\text{Année 1} = \frac{111\,\$}{111\,\$} \times 100 = 100,00$$

$$\text{Année 2} = \frac{124\,\$}{111\,\$} \times 100 = 111,71$$

$$\text{Année 3} = \frac{140\,\$}{111\,\$} \times 100 = 126,13$$

Les indices synthétiques pondérés vont tenir compte de l'évolution particulière de chacun des éléments de l'étude des prix. La formule alors utilisée sera celle-ci :

$$\text{ISPP} = \frac{\sum \left(\dfrac{P_n}{P_0}\right) \times 100}{\text{Nombre de produits}}$$

Les résultats des indices pondérés sont présentés dans le tableau 2.10 (à partir des données du tableau 2.9).

Tableau 2.10

INDICES SYNTHÉTIQUES PONDÉRÉS DES PRIX DE CERTAINS ÉLÉMENTS DE CONSOMMATION À L'HÔTEL BELLEVUE, POUR LES ANNÉES 1 À 3 (BASE 100 = ANNÉE 1)

Éléments	Années		
	1	*2*	*3*
Repas (menu à prix fixe)	100	112	128
Vin, 75 CL	100	121	137
Chambre	100	109	112
TOTAL :	300	342	377
Indice base 100 = année 1	100	114	126

Dans le tableau 2.10, le calcul se fait de la façon suivante :

$$\text{Année } 1 = \frac{300}{300} \times 100 = 100,00$$
$$\text{Année } 2 = \frac{342}{300} \times 100 = 114,00$$
$$\text{Année } 3 = \frac{377}{300} \times 100 = 126,00$$

On voit que les indices synthétiques des prix pondérés (ISPP) sont plus élevés que les indices synthétiques des prix non pondérés (ISPNP), puisque les premiers tiennent compte de l'évolution pour chacun des produits avant d'en faire la synthèse.

2.4. DE L'INDICE DES PRIX À LA CONSOMMATION (IPC) À L'INDICE DES PRIX DES VOYAGES (IPV)

Quand on analyse l'évolution d'une variable dans le temps et que cette variable est exprimée en terme monétaire (prix de location d'une chambre, prix d'un repas, recettes / dépenses du tourisme, etc.), il faut tenir compte de l'inflation, c'est-à-dire de l'érosion du pouvoir d'achat dans le temps ; c'est ce qu'on appelle le « coût de la vie ». L'indice des prix à la consommation va mesurer la variation de prix d'un panier fixe de biens et de services. Les caractéristiques de l'IPC sont :

- un indice à panier fixe : ce qui veut dire que la composition des biens et services qui y sont considérés est fixe pour une période donnée (4 à 5 années) ;

- les variations des prix sont observées mensuellement auprès d'échantillons représentatifs ;

- le nombre des produits varie entre 400 et 600 selon les périodes de l'année ;

- l'indice est composé de huit niveaux de consommation (ce sont les « composantes » de l'indice) ;

- l'indice est pondéré en fonction de l'importance de chacune de ces composantes ; pour le Québec (en 2002), les poids sont les suivants :
  - aliments : 18,50 %
  - logement : 26,88 %
  - dépenses et équipements du ménage : 9,91 %
  - habillement et chaussures : 5,70 %
  - transports : 18,40 %
  - santé et soins personnels : 4,92 %
  - loisir, formation et lecture : 10,87 %
  - boissons alcoolisées et produits du tabac : 4,82 %.

Chacune de ces composantes est formée d'un grand nombre de produits ; par exemple (pour le Québec en 2002), l'alimentation se divise en deux grands secteurs : 1) aliments achetés au magasin (12,63 %) ; 2) aliments achetés au restaurant (4,87 %). Dans les aliments achetés au magasin, le beurre vaudra 0,08 dans la pondération. Ces pondérations sont établies à partir des résultats de l'Enquête sur les dépenses des familles (faite en 2001) qui permet d'évaluer l'importance de chacune des composantes dans le budget familial[10].

L'indice des prix des voyages (IPV) existe depuis 1977 ; le calcul de cet indice se fait à partir de :

1. l'indice des prix à la consommation (IPC) ;

2. et des enquêtes trimestrielles sur les voyages des Canadiens, enquêtes réalisées par Statistique Canada.

Dans le tableau 2.11 nous avons l'indice des prix des voyages et ses composantes pour le 3e trimestre 2003.

Tableau 2.11

L'INDICE DES PRIX DES VOYAGES AU CANADA (IPV) ET SES COMPOSANTES (1992 = 100)

Composantes de l'IPV	3e trimestre 2003
Transport interurbain	188,57
Transport local et de banlieue	144,40
Location de véhicules automobiles	125,03
Utilisation de véhicules automobiles	146,37
Hébergement pour voyageurs	105,33
Aliments achetés au magasin	120,97
Aliments achetés au restaurant	120,23
Boissons alcoolisées servies dans débits boisson	123,30
Boissons alcoolisées achetées au magasin	122,00
Spectacles	161,97
Habillement	101,77
Chaussures	104,77
Accessoires vestimentaires et bijoux	101,00
Tissus pour vêtements, menus art., et services vest.	125,00
Médicaments et produits pharmaceutiques	115,43
Soins personnels	114,03
Matériel photographique	101,03
Services et fournitures photographiques	99,07
Utilisation de véhicules de loisirs	136,07
Bandes audio et disques audionumériques	107,97
Utilisation d'installations et services de loisirs	139,10
Matériel de lecture et autres imprimés	139,87
Produits du tabac et articles pour fumeurs	136,13
Indice des prix des voyages pour l'année 2003 (IPV)	137,09
Indice des prix à la consommation pour l'année 2003 (IPC)	122,30

Sources : L'indice des prix à la consommation, n° 62-001-XPB au catalogue de Statistique Canada et le Programme de la statistique du tourisme.

10. Voir à ce sujet : Statistique Canada, « Prix à la consommation et indices des prix », Ottawa, catalogue n° 62-010-XPB, 2003.

Nous remarquons, dans le tableau 2.11, l'écart entre l'IPC et l'IPV pour le troisième trimestre (une saison très touristique) de 2003. Dans l'ensemble, pour l'année 2003, l'IPV est de 137,09 et l'IPC de 122,30. Il semble donc que le secteur du tourisme soit plus « inflationniste » que les autres secteurs de l'économie.

2.5. LE POUVOIR D'ACHAT

Le pouvoir d'achat entre deux périodes va avoir tendance à diminuer car la plupart des acteurs économiques vont avoir une préférence pour la liquidité ; les taux d'intérêts ne vont qu'illustrer concrètement cette préférence. On va alors parler du dollar courant et du dollar constant ; le dollar constant va tenir compte de l'inflation ou de la perte de valeur de l'argent dans le temps.

La formule pour calculer les dollars constants sera :

$$\text{Dollars constants} = \frac{\text{Dollars courants}}{\text{IPC}} \times 100$$

L'IPC (Québec) en 1994 est égal à 100 et en 2003, il est égal à 118. Donc 100 $ de 1994 vaut en dollars constants de 2003 :

$$\frac{100\,\$}{118} \times 100 = 84,75\,\$$$

Une maison achetée 125 000 $ en 1994 devrait être vendue minimalement (si elle n'est pas dépréciée) en 2003 :

$$125\,000\,\$ \times \frac{118}{100} = 147\,500\,\$$$

Si le vendeur fixe le prix, en 2003, à 125 000 $, il perd donc dans la transaction – 22 500 $ (125 000 $ – 147 500 $). Depuis 1992, le taux de croissance de l'inflation est très faible (près de 1,5 % par année).

2.6. UN INDICE DE « PROPENSION À VOYAGER »

L'intérêt à voyager dans un pays peut être différent selon l'âge ou la région habitée. Afin de mesurer cette propension à voyager, la Commission canadienne du tourisme a mis au point un indice dont la formule est la suivante[11] :

$$PV = \frac{\text{Proportion de visiteurs au Canada dans un groupe d'âge donné}}{\text{Proportion de ce groupe d'âge dans la population totale}} \times 100.$$

Dans le tableau 2.12, nous avons les résultats de ce calcul.

Tableau 2.12

INDICE DE PROPENSION À VOYAGER AU CANADA DES TOURISTES AMÉRICAINS SELON LE GROUPE D'ÂGE

Groupe d'âge	Pourcentage de visiteurs selon le groupe d'âge	Pourcentage de ce groupe d'âge dans la population globale des USA	Indice de propension à voyager au Canada
18-25	1	18	5,5
26-35	18	21	85,71
36-45	20	20	100
46-54	15	14	107,14
55-64	16	10	160
65 +	31	17	182,35

Source : Commission canadienne du tourisme.

Donc, dans le tableau 2.12, le calcul se fait :

• pour le groupe d'âge 18-25 ans :

$$\frac{1}{18} \times 100 = 5,5 ;$$

---

11.   Voir à ce sujet : The Canadian Tourism Commission, *U.S. Leisure Travel Marketing Program Medium Term Business Plan*, Ottawa, Annexe F, 1995.

• pour le groupe d'âge des 65 ans et plus :

$$\frac{31}{17} \times 100 = 182,35$$

Nous remarquons ici que dans le groupe des 36-45 ans, le pourcentage de visiteurs au Canada est le même que dans la population globale ; que pour les moins de 35 ans, l'attraction du Canada est assez faible et enfin que la propension à voyager au Canada augmente avec l'âge.

Dans le tableau 2.13, nous avons un indice de propension à voyager au Canada selon la région d'appartenance des visiteurs américains.

Tableau 2.13

INDICE DE PROPENSION À VOYAGER AU CANADA DES TOURISTES AMÉRICAINS SELON L'ÉTAT D'APPARTENANCE

États	*Pourcentage de visiteurs au Canada*	*Pourcentage de la population des USA*	*Indice de propension à voyager au Canada*
Wisconsin	5	2	250
Maryland	4	2	200
Pennsylvania	8	5	160
Michigan	5	4	125
Ohio	5	4	125
New York	8	7	114
California	12	12	100
Georgia	3	3	100
N. Carolina	3	3	100
Illinois	4	5	80
Florida	4	6	67
Texas	3	7	43

Source : Commission canadienne du tourisme.

On peut donc constater que les indices d'attraction ou de propension à voyager au Canada sont très différents selon les États américains étudiés.

2.7. UN INDICE DES ATTRAITS TOURISTIQUES

Il est souvent difficile d'avoir une mesure acceptable des attraits touristiques. Tourisme Québec a tenté, dans les années 1990, de formuler un indice des attraits touristiques afin d'évaluer les destinations concurrentes[12]. Dans le tableau 2.14, nous avons les indicateurs servant à mesurer le concept d'attrait touristique.

Tableau 2.14

LE PRODUIT « GRANDE VILLE » ; LES INDICATEURS DES ATTRAITS TOURISTIQUES

Fréquentation 20 points	Durée 10 points	Hors province 30 points	Guides 30 points	Nombre de guides 10 points
0-250 000 = 3	1 min.-1 hre = 1	0 %-4 % = 0	* = 10	3 guides = 10
250-500 000 = 7	1 hre-3 hres = 4	5 %-19 % = 10	** = 20	2 guides = 0
500-1 000 000 = 11	3 hres-8 hres = 7	20 %-39 % = 15	*** = 30	
1-2 000 000 = 15	nuitée = 10	40 %-59 % = 20		
>2 000 000 = 20		60 %-79 % = 25		
		> = 80 % = 30		

Source : Ministère du Tourisme du Québec.

Voyons comment fonctionne cet indice des attraits touristiques : donnons comme exemple l'évaluation de la Basilique Notre-Dame située dans le Vieux-Montréal :

1. Fréquentation : 2 000 000 et plus de visiteurs =   20 points

2. Durée de la visite : moins d'une heure =   1 point

3. Hors province (les visiteurs) : difficile à déterminer =   0 point

4. Évaluation par le guide Michelin (deux étoiles) =   20 points

5. Citation dans trois guides ou plus =   10 points

    TOTAL :   51 points

La Basilique Notre-Dame obtient donc comme indice 51 points sur 100 ; comme il est impossible, dans ce cas, de déterminer l'origine géographique des visiteurs, on peut ignorer ce critère dans le calcul global : on a donc, à ce moment 51 points/70 points = 73 points sur 100[13].

---

12. R. JANODY, J. PERREAULT et G. SANCHEZ (1992), *Étude sur la concurrence des attraits touristiques*, Québec, ministère du Tourisme du Québec.
13. *Ibid.*, p. 6..

Dans l'analyse concurrentielle du produit touristique « Grandes villes », en fonction de l'indice des attraits touristiques, nous avons le positionnement suivant :

1. New York :   62 points ;
2. Toronto :   59 points ;
3. Boston :   57 points ;
4. Ottawa :   55 points ;
5. Montréal :   54 points ;
6. Québec :   47 points[14].

Une mesure des attraits touristiques comportera toujours un certain degré d'arbitraire ; la valeur de l'indice repose sur la qualité des indicateurs. Les auteurs de l'étude écrivent dans la conclusion: « Le Québec se dépositionne face à sa concurrence, non pas par le nombre de produits dont il dispose, mais plutôt par l'absence de produits extrêmement forts et hautement différenciés [15].»

2.8. *LES TERMES DE L'ÉCHANGE TOURISTIQUE*

Les termes de l'échange est une mesure des échanges commerciaux entre deux (ou plusieurs) pays. L'égalité de la balance des paiements va dépendre directement des termes de l'échange. L'indice des termes de l'échange se calculera à partir de la formule :

$$\frac{\text{Indice des prix des exportations}}{\text{Indice des prix des importations}} \times 100$$

Dans le secteur du tourisme, les dépenses des touristes étrangers dans notre pays sont similaires à des exportations et les dépenses des résidents de notre pays à l'étranger seront assimilées à des importations[16].

---

14.   *Ibid.*, p. 18.
15.   *Ibid.*, p. 23.
16.   Voir à ce sujet : R.V. HORN (1993), *Statistical Indicators for the Economics and Social Sciences*, Cambridge, Cambridge University Press, p. 130-132.

Voyons comment cela fonctionne : dans le tableau 2.15, nous avons les recettes (dépenses des touristes étrangers au Canada) et les dépenses (dépenses des résidents canadiens à l'étranger). Nous avons aussi l'évolution indicielle de ces recettes et de ces dépenses (base 100 = 1993) et les indices des termes de l'échange (base 100 = 1993).

*T*ableau 2.15

LES RECETTES ET LES DÉPENSES TOURISTIQUES AU CANADA ;
LES INDICES DE CES RECETTES ET DE CES DÉPENSES ET LES INDICES DES
TERMES DE L'ÉCHANGE ; PAR ANNÉE, DE 1993 À 2002 (BASE 100 = 1993)

Années	Recettes (en millions $)	Dépenses (en millions $)	Indices des recettes	Indices des dépenses	Indices des termes de l'échange
1993	8 479	14 358	100	100	100
1994	9 558	13 679	113	95	118
1995	10 819	14 092	128	98	130
1996	11 748	15 353	139	107	130
1997	12 221	15 873	144	111	130
1998	14 018	16 029	165	112	148
1999	15 142	17 092	179	119	150
2000	15 997	18 444	189	128	147
2001	16 414	18 542	194	129	150
2002	16 730	18 585	197	129	153

Source : Statistique Canada pour les données brutes.

Dans le graphique 2.5, nous avons les courbes de l'évolution des recettes et des dépenses brutes. Dans le graphique 2.6, nous avons l'évolution indicielle des recettes et des dépenses ainsi que les indices des termes de l'échange de 1993 à 2002. Nous pouvons constater que les indices des termes de l'échange progressent fortement entre 1993 et 1995, sont très stables entre 1995 et 1997 (les indices sont à 130 à ce moment) et ils augmentent de façon importante pour la période 1997-1998 ; entre 1998 et 2002 les indices oscillent autour de 150. On peut donc penser que de façon relative, nos « exportations » touristiques ont une croissance plus forte que nos « importations » pour les années 1993 à 2002.

*F*igure 2.5

LES RECETTES ET LES DÉPENSES TOURISTIQUES AU CANADA,
PAR ANNÉE DE 1993 À 2002

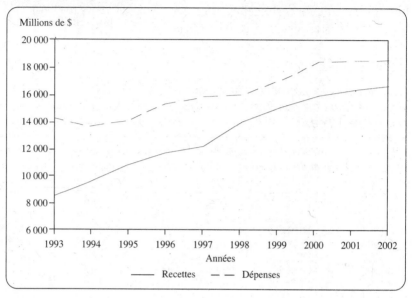

*F*igure 2.6

L'ÉVOLUTION INDICIELLE DES RECETTES, DES DÉPENSES ET DES TERMES DE
L'ÉCHANGE DU TOURISME AU CANADA ; PAR ANNÉE, 1993 À 2002 (BASE 100 = 1993)

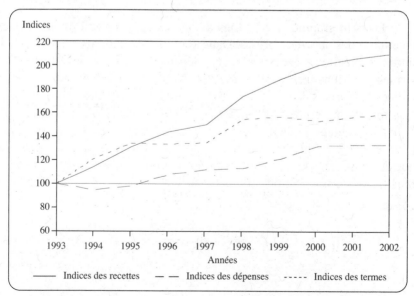

2.9. CERTAINS INDICATEURS MACROÉCONOMIQUES DU TOURISME

Il faut noter au départ que plusieurs indicateurs peuvent être utilisés au niveau macroéconomique ou au niveau microéconomique. Par exemple, le taux d'occupation des établissements hôteliers qui s'écrit :

$$\text{Taux d'occupation}^{17} = \frac{\text{Nombre de chambres louées}}{\text{Chambres-nuits disponibles}} \times 100$$

où l'indice des nuitées :

$$\text{Indice des nuitées} = \frac{\begin{array}{c}\text{Nombre de nuitées dans le pays ou la ville} \\ \text{(ou la région) X pour une période Y}\end{array}}{\begin{array}{c}\text{Nombre de nuitées dans le pays X} \\ \text{pour une période de base Z}\end{array}} \times 100.$$

Il existe des indicateurs plus ésotériques. Ainsi, Pierre Defert a mis de l'avant les notions de « taux de fonction touristique » ; il sert à mesurer le rôle du tourisme dans la ville ou la région. Il s'écrit :

$$\text{TFT} = \frac{NL \times 100}{P}$$

où TFT est le taux de fonction touristique, NL le nombre de lits et P la population permanente de l'endroit[18]. Le taux varie entre 0 et l'infini ; en dehors de 10, la fonction touristique est faible et 100 semble le seuil souhaitable pour définir une station touristique.

Cet auteur a aussi conçu le quotient d'activités tertiaires touristiques. Il est formulé de la façon suivante :

$$\text{QUATT} = \frac{\text{Population habituelle}}{\begin{array}{c}\text{Commerces + services} \\ \text{sous influence touristique} \\ \text{(\% du chiffre d'affaires)}\end{array}}$$

---

17. Il existe des mesures plus complexes pour étudier les taux d'occupation ; voir à ce sujet : R. STAFFORD et D. WASSENAR (1991), « The Lodging Index : An Economic Indicator for the Hotel/Motel Industry », dans la revue *Journal of Travel Research*, vol. XXX, n° 1, Boulder.
18. P. DEFERT (1966), « Le tourisme, facteur de valorisation régionale », dans la revue *Recherche sociale*, n° 3, Paris, p. 35.

Ce quotient permet d'évaluer le rôle joué par le tourisme dans le secteur tertiaire. D'après Pierre Defert : « Ce taux agit comme un révélateur, car il explique que certains commerces se maintiennent dans une position marginale grâce à l'appoint saisonnier du tourisme et disparaîtraient autrement [19].»

Certains indicateurs peuvent aussi servir à évaluer l'importance culturelle entre touristes et population d'accueil et à comparer à cet égard deux (ou plusieurs) pays entre eux. Pierre Defert mesure cet impact à partir des formules suivantes :

$$I\begin{bmatrix} A \\ B \end{bmatrix} = \frac{\sum n^{A_B}}{PB} \times 100 = \text{Impact de A sur B}$$

$$I\begin{bmatrix} A \\ B \end{bmatrix} = \frac{\sum n^{B_A}}{PA} \times 100 = \text{Impact de A sur B}$$

où :

$\sum n^{A_B}$ = les nuitées des visiteurs A dans le pays B

$\sum n^{B_A}$ = les nuitées des visiteurs B dans le pays A

PA = population du pays A

PB = population du pays B[20].

Ces formules appliquées aux rapports entre l'Allemagne et le Japon donnent un impact de l'Allemagne sur le Japon de 0,11 et du Japon sur l'Allemagne de 0,98. En fait, il semble que ces formules indiquent plus le degré d'attractions d'un pays par rapport à un autre[21].

---

19. *Ibid.*, p. 18.

20. P. DEFERT (1984), « Recherche sur une méthode d'évaluation d'un impact culturel entre touristes et population d'accueil », dans la *Revue de Tourisme*, vol. 39, n° 3, Berne, p. 2.

21. Pour d'autres mesures de l'attraction touristique d'une région ou d'un pays, voir : S. SMITH (1989), *Tourism Analysis*, Longman, London, chapitre 8 ; C. Ryan (1991), *Recreational Tourism*, Routledge, London, chapitre 2 et aussi : J. MCELROY et K. DE ALBUQUERQUE (1998), « Tourism Penetration Index in Small Caribbean Islands », dans la revue *Annals of Tourism*, vol. 25, n° 1, London, Elsevier Science Ltd.

Il arrive, dans certains cas en tourisme, que les données manquent cruellement ; on peut alors utiliser des indicateurs indirects du phénomène touristique. Jacques Rouzier propose toute une série d'indicateurs indirects. La plupart de ces indicateurs sont basés sur une comparaison entre la (ou les) saisons touristiques et les autres périodes de l'année. Citons, à titre d'exemples :

- la consommation d'eau potable ;
- les ordures ménagères ;
- le comptage routier ;
- le produit des parcs-mètres ;
- les livraisons de farine ;
- la livraison de carburant ;
- la vente de timbres ;
- la vente de journaux ;
- le trafic téléphonique[22].

2.10. LES INDICATEURS MICROÉCONOMIQUES DU TOURISME

Il existe une multitude d'indicateurs utilisables pour les firmes touristiques, notamment pour l'hébergement et la restauration[23]. Mentionnons les plus importants :

A) pour l'hébergement :

$$\text{Coût par chambre-nuit louée} = \frac{\text{frais d'exploitation directs du service des chambres}}{\text{nombre de chambres-nuits louées}}$$

$$\text{Taux d'efficience du service des chambres} = \frac{\text{bénéfice du service des chambres}}{\text{revenus des chambres} \times 100}$$

B) pour la restauration :

$$\text{Indice des places} = \frac{\text{nombre de couverts}}{\text{nombre de places}}$$

$$\text{Revenus par place} = \frac{\text{revenus de la restauration}}{\text{nombre de places}}$$

---

22. J. ROUZIER (1980), « Indicateurs indirects de la fréquentation touristique », dans la *Revue d'économie régionale et urbaine*, n° 1, Paris.

23. En collaboration (1983), *Le tourisme c'est notre affaire*, Presses de l'Université du Québec/ Tourisme Canada, Québec, p. 122-123.

$$\begin{matrix} \text{Ratio du coût} \\ \text{de la main-d'œuvre} \\ \text{du service de la restauration} \end{matrix} = \frac{\begin{matrix}\text{traitements, salaires et avantages} \\ \text{sociaux du service de la} \\ \text{restauration} \times 100\end{matrix}}{\text{revenus de la restauration}}$$

C) pour les autres services :

$$\begin{matrix}\text{Frais de téléphone par} \\ \text{chambre-nuit louée}\end{matrix} = \frac{\text{revenus du service du téléphone}}{\text{nombre de chambres-nuits louées}}$$

$$\begin{matrix}\text{Ratio du coût} \\ \text{des boissons (bar)}\end{matrix} = \frac{\text{coût des boissons vendues} \times 100}{\text{revenus de la vente de boissons}}$$

D) pour les attractions touristiques :

$$\text{Mesure de l'attractivité} = \frac{\begin{matrix}\text{nombre d'entrées à l'attraction X} \\ \text{pour la période Y}\end{matrix}}{\begin{matrix}\text{nombre de visiteurs dans la} \\ \text{localité pour la période Y}\end{matrix}}$$

Cette liste d'indicateurs touristiques est loin d'être complète et le plus souvent la cueillette de ces indicateurs pose des problèmes bien particuliers. Ces indicateurs ont néanmoins le mérite d'exister et contribuent à une vision plus objective du phénomène touristique.

2.11. LES INDICATEURS SOCIOÉCONOMIQUES GLOBAUX

L'étude de l'évolution des variables socioéconomiques globales donne un bon aperçu de l'état de l'environnement économique de l'entreprise et de la situation économique de l'ensemble de la société[24] ; ces informations sont souvent vitales pour l'entreprise.

Les principaux indicateurs macroéconomiques sont :

- le produit intérieur brut ;
- la demande intérieure finale ;
- le revenu personnel disponible ;
- le taux d'inflation ;
- les ventes au détail ;
- les dépenses personnelles ;

---

24. R. STUTELY et P. HOLDEN (1997), *Guide to Economic Indicators*, London, The Economist Books.

- le taux de chômage ;
- les mises en chantiers ;
- les exportations ;
- les importations.

Ces informations peuvent être plus détaillées. Par exemple, l'Institut de la statistique du Québec[25] donne l'accès aux statistiques économiques suivantes :

Comptes économiques trimestriels :	*Autres indicateurs mensuels et trimestriels :*
• En dollars constants : – consommation – construction résidentielle des entreprises – demande intérieure finale – dépenses publiques courantes nettes – investissements des entreprises – PIB aux prix du marché. – revenu personnel disponible • En dollars courants : – bénéfices des sociétés avant impôt – épargne, taux d'épargne – intérêts et revenus divers de placement – investissement non résidentiel des entreprises, taux d'investissement – PIB au coût des facteurs – PIB aux prix du marché – rémunération des salariés	• Enquête sur la population active : – chômage, taux de chômage – emploi (variation en nombre) – emploi (variation en %) – population active – taux d'activité • Expéditions manufacturières • Exportations internationales de biens ($ constants) • Indice des prix à la consommation • Mises en chantier : – toutes les régions – centres urbains • Permis de bâtir : – tous les secteurs – secteur résidentiel • Produit intérieur brut réel au coût des facteurs (PIR) • Rémunération hebdomadaire, moyenne, incluant le temps suppl. • Salaires et traitements • Taux de change (dollar canadien en ¢ US) • Taux d'intérêt des sociétés, 3 mois • Ventes au détail

L'organisme semi-public américain The Conference Board publie des indicateurs qui tentent de prévoir l'évolution à court terme de l'économie globale. À partir d'une analyse empirique de plusieurs indicateurs économiques, on s'est rendu compte[26] que certains indicateurs sont en

---

25. Ces données sont accessibles aux sites Internet suivants : Institut de la statistique du Québec (www.stat.gouv.qc.ca) et Statistique Canada (www.statcan.ca).

26. Voir à ce sujet : G. MOORE (1983), *Business Cycles, Inflation and Forecasting*, Cambridge, Ballinger Publishing Company.

avance de un à six mois par rapport à l'évolution générale du cycle des affaires ; d'autres indicateurs coïncident avec ce cycle et certains autres sont nettement en retard sur l'évolution du cycle des affaires. Ces indicateurs apparaissent ci-dessous[27] :

Leading Index

1. BCI-01   Average weekly hours, manufacturing
2. BCI-05   Average weekly initial claims for unemployment insurance
3. BCI-08   Manufacturers' new orders, consumer goods and materials
4. BCI-32   Vendor performance, slower deliveries diffusion index
5. BCI-27   Manufacturers' new orders, nondefense capital goods
6. BCI-29   Building permits, new private housing units
7. BCI-19   Stock prices, 500 common stocks
8. BCI-106   Money supply, M2
9. BCI-129   Interest rate spread, 10-year Treasury bonds less federal funds
10. BCI-83   Index of consumer expectations

Coincident Index

1. BCI-41   Employees on nonagricultural payrolls
2. BCI-51   Personal income less transfer payments
3. BCI-47   Industrial production
4. BCI-57   Manufacturing and trade sales

Lagging Index

1. BCI-91   Average duration of unemployment
2. BCI-77   Inventories to sales ratio, manufacturing and trade in 1992 dollars
3. BCI-62   Labor cost per unit of output, manufacturing
4. BCI-109   Average prime rate
5. BCI-101   Commercial and industrial loans
6. BCI-95   Consumer installment credit to personal income ratio
7. BCI-120   Consumer price index for services

---

27.   L'adresse Internet de The Conference Board pour le *Business Cycle Indicators* (www.tcb-indicators.org).

Ces indicateurs en avance servent donc de « clignotants » pour indiquer un refroidissement (baisse) ou un réchauffement (hausse) dans le cycle des affaires. Aujourd'hui, les sources d'informations macroéconomiques sont très nombreuses ; par exemple au Québec, la Caisse de dépôt et de placement du Québec[28] et le Mouvement Desjardins[29] publient un grand nombre de données et d'analyse sur l'évolution de l'économie globale. Les sources privées sont trop nombreuses pour être toutes citées ; donnons comme exemples : Cents Financial Journal ou l'Economic Charts Dispenser publié par Ted Bos de l'University of Alabama[30].

2.12. NOTES TECHNIQUES SUR LE RACCORDEMENT DES SÉRIES CHRONOLOGIQUES

Il arrive souvent (à tous les cinq ou dix ans) que l'on change, dans les statistiques officielles, l'année de base d'un indice ; à ce moment on ne dispose plus d'une série temporelle complète, surtout si l'on a besoin de bien comprendre l'évolution d'une variable de dix années (ou plus) d'informations. Le caractère de transférabilité des indices nous permet de faire le raccordement. Nous donnons un exemple de l'épissure (raccordement) d'une série[31] au tableau 2.16.

Les calculs se font de la façon suivante : pour les années 6 à 10 et pour la base 100 = année 1, il s'agit de multiplier le nouvel indice (base 100 = année 5) par $119 \div 100 = 1,19$; ainsi, on aura (dans la colonne 3) :

- pour l'année 6 : $104 \times 1,19 = 123,7$ ou 124 ;
- pour l'année 7 : $109 \times 1,19 = 129,7$ ou 130 ;
- pour l'année 8 : $113 \times 1,19 = 134,4$ ou 134 ;
- pour l'année 9 : $115 \times 1,19 = 136,8$ ou 137 ;
- pour l'année 10 : $120 \times 1,19 = 142,8$ ou 143.

---

28. Voir à ce sujet : la Caisse de dépôt et placement du Québec (www.lacaisse.com).
29. Le Mouvement Desjardins publie mensuellement un « Indice précurseur » de l'évolution économique du Québec (www.desjardins.com).
30. Voir à ce sujet : Cents Financial Journal (www.lp-llc.com) et Economics Charts Dispenser (www.bos.business.uab.edu).
31. Voir à ce sujet : B. SKRHAK et A. VERCASSON (1989), *Méthodes statistiques pour la gestion*, Paris, Les Éditions d'Organisation, p. 143-145.

*T*ableau 2.16

Un exemple de raccordement d'une série chronologique

1	2	3	4	5
Années	Indice ancien Base 100 = année 1	Indice « raccordé » Base 100 = année 1	Indice nouveau Base 100 = année 5	Indice « raccordé » Base 100 = année 5
1	100			84
2	108			91
3	112			94
4	114			96
5	119		100	
6		124	104	
7		130	109	
8		134	113	
9		137	115	
10		143	120	

Pour avoir l'indice des années antérieures dans la nouvelle base (base 100 = année 5), on va diviser les anciennes valeurs (colonne 2) par 1,19, ce qui donnera les indices raccordés dans la nouvelle base (base 100 = année 5) ; ces résultats apparaissent dans la colonne 5. Le calcul est le suivant :

- pour l'année 4 : $114 \div 1,19 = 95,7$ ou 96 ;
- pour l'année 3 : $112 \div 1,19 = 94$;
- pour l'année 2 : $108 \div 1,19 = 90,7$ ou 91 ;
- pour l'année 1 : $100 \div 1,19 = 84$;

(Nous tenons pour acquis que l'année 5 est égale à 100 ou 119 = 100 dans la nouvelle base). Nous possédons maintenant une série chronologique complète des indices dans les deux bases 100 (année 1 et année 5) et il devient alors possible d'étudier l'évolution de cette série avec l'une ou l'autre de ces bases.

* * *

Nous avons vu que les indices mathématiques, s'ils respectent certaines exigences méthodologiques[32], vont nous aider à bien comprendre l'évolution d'une variable temporelle. Les indices permettent de comparer

---

32. Voir à ce sujet : V. TREMBLAY (1987), *Construction d'un indice touristique au Québec. Aspects méthodologiques et opérationnels*, Ville Mont-Royal, Statplus.

des clientèles touristiques dont l'importance est différente et d'évaluer la performance de produits différents en ramenant les variables à une base unique. Dans ces conditions, les indices mathématiques sont un outil indispensable à l'analyse prévisionnelle.

3. LE TAUX D'ACCROISSEMENT

Dans l'étude et l'analyse de l'évolution d'une variable dans le temps, la connaissance du taux de croissance (ou de décroissance) est fondamentale ; tout changement, par exemple, à la baisse d'un taux d'accroissement pour une variable X peut être une indication de crise ou de changement profond.

3.1. LE TAUX D'ACCROISSEMENT ANNUEL

La mesure du taux de croissance se calcule de la façon suivante :

$$TA \text{ en } \% = \left(\frac{\text{Valeur de la variable à la période t}}{\text{Valeur de la période à la période t}-1} \times 100 \right) - 100$$

Donnons tout de suite un exemple à partir des données du tableau 2.17.

Tableau 2.17

LES ARRIVÉES DES TOURISTES ALLEMANDS AU QUÉBEC ; LES TAUX D'ACCROISSEMENT ANNUEL ET LES INDICES CHAÎNES ; PAR ANNÉE, DE *1990* À *2003*

Années	Touristes	Taux d'accroissement annuel, en pourcentage	Indices chaînes
1990	32 438	–	–
1991	33 142	2,2	102,17
1992	35 817	8,1	108,07
1993	40 075	11,9	111,89
1994	39 640	– 1,1	98,91
1995	51 025	28,7	128,72
1996	53 571	5,0	104,99
1997	47 765	– 10,8	89,16
1998	51 302	7,4	107,41
1999	59 778	16,5	116,52
2000	57 705	– 3,5	96,53
2001	49 691	– 13,9	86,11
2002	48 773	– 1,8	98,15
2003	41 550	– 14,8	85,19

Source : Nos calculs, à partir des données de Statistique Canada.

Dans le tableau 2.17, nous avons les arrivées des touristes allemands au Québec, de 1990 à 2003.

Le taux de croissance entre l'année 1990 et l'année 1991 sera calculé :

$$\text{TA en \%}_{1991/1990} = \left(\frac{33\,142}{32\,438} \times 100 \right) - 100 = 2,2\,\%$$

De l'année 1991 à l'année 1992, on aura :

$$\text{TA en \%}_{1992/1991} = \left(\frac{35\,817}{33\,142} \times 100 \right) - 100 = 8,1\,\%$$

On fera la même chose pour les autres années. On remarque au sujet de cette clientèle, de fortes hausses en 1992, 1993, 1995 (la plus forte avec + 28,7 %) et 1999 mais également des baisses importantes en 1997 (– 10,8 %) et depuis 2000 (avec – 14,8 % en 2003).

3.2. LES INDICES CHAÎNES

L'indice chaîne est à peu près la même chose que le taux d'accroissement annuel ; cet indice nous donne une image de l'évolution à partir d'une base 100 = aucun changement d'une période à l'autre. Cet indice ne présente pas de chiffres négatifs ; par exemple en 1994, l'indice chaîne est de 99, ce qui indique une baisse de 1 % (100 – 99 = 1).

La formule de l'indice chaîne est :

$$\text{IC} = \frac{\text{Valeur de la variable à la période t}}{\text{Valeur de la variable à la période t} - 1} \times 100$$

Dans le tableau 2.17, nous avons les indices chaînes :

$$\text{IC}_{1991/1990} = \frac{33\,142}{32\,438} \times 100 = 102,2 \,;$$

et

$$\text{IC}_{1997/1996} = \frac{47\,765}{53\,571} \times 100 = 89,2.$$

Dans le premier indice IC 1991/1990, nous avons une croissance de 2,17 % (102,17 − 100 = 2,17 %). Dans le deuxième indice, IC 1997/1996, il y a une décroissance de −10,84 % (89,16 − 100 = −10,84 %).

Dans le tableau 2.18 (voir aussi la figure 2.7), nous présentons l'évolution des indices chaînes des arrivées des touristes d'Allemagne, de France et du Royaume-Uni, de 1981 à 2003.

Tableau 2.18

L'ÉVOLUTION DES INDICES CHAÎNES DES TOURISTES D'ALLEMAGNE, DE FRANCE ET DU ROYAUME-UNI AU QUÉBEC, PAR ANNÉE, DE 1981 À 2003

Années	Allemagne	Indices Allemagne	France	Indices France	Royaume-Uni	Indices Royaume-Uni
1981	24 174	–	86 720	–	50 023	–
1982	25 663	106,16	82 700	95,36	42 278	84,52
1983	22 110	86,16	64 445	77,93	34 080	80,61
1984	21 831	98,74	79 009	122,60	35 480	104,11
1985	19 939	91,33	74 509	94,30	31 509	88,81
1986	22 852	114,61	93 727	125,79	36 223	114,96
1987	27 754	121,45	128 164	136,74	42 025	116,02
1988	31 298	112,77	162 245	126,59	48 196	114,68
1989	29 708	94,92	172 324	106,21	49 864	103,46
1990	32 438	109,19	180 633	104,82	57 418	115,15
1991	33 142	102,17	216 810	120,03	48 716	84,84
1992	35 817	108,07	211 981	97,77	49 958	102,55
1993	40 075	111,89	246 940	116,49	52 151	104,39
1994	39 640	98,91	270 696	109,62	57 112	109,51
1995	51 025	128,72	277 908	102,66	63 418	111,04
1996	53 571	104,99	278 072	100,06	67 215	105,99
1997	47 765	89,16	270 433	97,25	70 681	105,16
1998	51 302	107,41	252 990	93,55	75 909	107,40
1999	59 778	116,52	266 229	105,23	77 148	101,63
2000	57 705	96,53	263 916	99,13	85 333	110,61
2001	49 691	86,11	246 509	93,40	80 401	94,22
2002	48 773	98,15	216 733	87,92	72 560	90,25
2003	41 550	85,19	202 538	93,45	66 536	91,70

Source : Nos calculs, à partir des données de Statistique Canada.

Les indices chaînes nous donnent un bon éclairage sur la croissance de ces trois clientèles ; entre 1981 et 1988, elles évoluent à peu près (à des taux différents) de la même façon et suivent la conjoncture économique mondiale : décroissance entre 1981 et 1985, croissance jusqu'en 1987 et de nouveau une période de décroissance en 1988 et 1989. Par la suite, les comportements semblent plus anarchiques même si les clientèles d'Allemagne et du Royaume-Uni semblent marcher de concert. La clientèle française a connu une croissance très élevée entre 1986 et 1991. À partir de 2000, on remarque une décroissance pour les trois clientèles. Le décalage entre les taux de croissance de ces trois clientèles prend sa source dans l'économie nationale de chacun d'eux mais également dans le contexte politique mondiale.

Figure 2.7

L'ÉVOLUTION DES INDICES CHAÎNES DES TOURISTES D'ALLEMAGNE, DE FRANCE ET DU ROYAUME-UNI AU QUÉBEC, PAR ANNÉE, DE 1990 À 2003

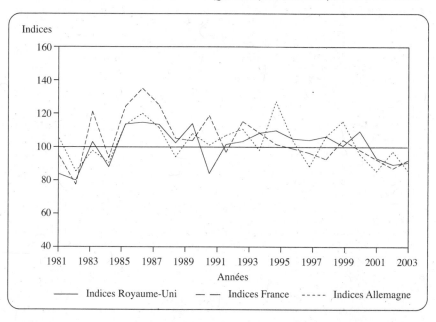

Dans le cas des entreprises touristiques (hôtels, restaurants, attractions touristiques, musées, etc.), un taux de croissance faible ou négatif indique souvent une désaffection des clientèles, des problèmes de gestion et, à plus long terme, la faillite même de l'entreprise.

3.3. *LE TAUX D'ACCROISSEMENT ANNUEL MOYEN*

Il est souvent difficile, comme on l'a vu dans le tableau 2.18, d'interpréter plusieurs taux d'accroissement en même temps : « [...] il est commode de résumer une succession de taux de croissance par leur moyenne, qui est le taux de croissance uniforme qui aurait abouti à la même croissance globale dans le même temps[33]. » Pour calculer cette moyenne, on

---

33.   S. EWENCZYK, R. JAMMES et M. LÉVY (1981), *Comprendre l'information économique et sociale*, Paris, Hatier, p. 61.

peut utiliser la moyenne arithmétique ou la moyenne géométrique. Donnons un exemple des calculs avec la moyenne arithmétique (voir le tableau 2.19).

Tableau 2.19

LE NOMBRE DE REPAS VENDUS, PAR ANNÉE, AU RESTAURANT « LE BON DÎNER », LE TAUX D'ACCROISSEMENT ANNUEL MOYEN (MOYENNE ARITHMÉTIQUE), LES PRÉVISIONS ET LES ERREURS DE PRÉVISION

1	2	3	4	5	6
Années	*Repas vendus*	*Taux d'accrois- sement annuel en %*	*Prévision avec la moyenne arithmétique (1,08)*	*Les erreurs de prévision*	*Les erreurs au carré*
1	32 200		32 200	0	0
2	35 420	10	34 776	644	414 736
3	37 191	5	37 558	−367	134 689
4	37 200	0	40 563	−3 363	11 309 769
5	44 640	20	43 808	832	692 224
6	46 872	5	47 313	−441	194 481
Moyenne	38 920	8	39 370		2 549 180

Le calcul de la moyenne arithmétique se fait en additionnant les taux d'accroissement annuel de la colonne 3 (du tableau 2.19) ; on a donc :

$$\text{Taux d'accroissement annuel moyen (moyenne arithmétique)} = \frac{10 + 5 + 0 + 20 + 5}{5} = 8\%.$$

Le taux d'accroissement annuel moyen (moyenne arithmétique) est donc de 8 %. Pour obtenir la prévision, on utilise un indice multiplicateur égal à : 8/100 + 1, ce qui donne 1,08. Pour obtenir la prévision de :

- l'année 2 = 32 200 × 1,08 = 34 776 ;
- l'année 3 = 34 776 × 1,08 = 37 558.

On procédera de la même manière pour les années 4, 5 et 6.

Dans le tableau 2.20, nous présentons les mêmes données observées (le nombre de repas vendus en six années) avec les prévisions calculées à partir de la moyenne géométrique.

Tableau 2.20

*LE NOMBRE DE REPAS VENDUS, PAR ANNÉE, AU RESTAURANT
« LE BON DÎNER », LE TAUX D'ACCROISSEMENT ANNUEL MOYEN
(MOYENNE GÉOMÉTRIQUE), LES PRÉVISIONS ET LES ERREURS DE PRÉVISION*

1	2	3	4	5	6
Années	*Repas vendus*	*Taux d'accroissement annuel en %*	*Prévision avec la moyenne géométrique (1,078)*	*Les erreurs de prévision*	*Les erreurs au carré*
1	32 200		32 200	0	0
2	35 420	10	34 712	708	501 264
3	37 191	5	37 419	−228	51 984
4	37 200	0	40 338	−3 138	9 847 044
5	44 640	20	43 484	1 156	1 336 336
6	46 872	5	46 876	−4	16
Moyenne	38 920	8	39 171		2 347 329

La formule du calcul est ici de $(1 + t)^5$ où t est le taux d'accroissement recherché[34] ; on aura donc :

$$\sqrt[5]{(1,10)(1,05)(1)(1,20)(1,05)} = 1,078$$

(en pourcentage : $1,078 \times 100 - 100 = 7,8 \%$).

Pour le modèle prévisionnel, on utilisera donc le coefficient multiplicateur 1,078 (voir la colonne 4 du tableau 2.20). La prévision se fera ainsi :

- pour l'année 2 : $32\ 200 \times 1,078 = 34\ 712$;

- pour l'année 3 : $34\ 712 \times 1,078 = 37\ 420$;

et ainsi de suite pour les années 4, 5 et 6.

Nous pouvons comparer les résultats des deux modèles prévisionnels :

1. Comparer la moyenne des prévisions (la colonne 4 des tableaux 2.19 et 2.20) ; ici la moyenne géométrique est plus près de la moyenne des repas réellement vendus.

---

34.   Voir à ce sujet : D. SCHLACTHER (1990), *Comprendre la formulation mathématique en économie*, Paris, Hachette, p. 25-26.

2. La racine carrée de la moyenne des erreurs au carré (voir la colonne 6 des tableaux 2.19 et 2.20) de la moyenne géométrique (voir au chapitre 1, la partie 4, la façon de comparer les erreurs des modèles de la prévision) est plus faible avec 1 532 repas $\left(\sqrt{2\,347\,329} = 1\,532\right)$; pour 1 597 repas $\left(\sqrt{2\,549\,180} = 1\,597\right)$ avec la moyenne arithmétique. Donc, la moyenne géométrique est plus précise pour bien cerner les taux de croissance.

Le principal intérêt de la moyenne géométrique est qu'il n'est pas nécessaire de posséder les taux d'accroissement annuel de l'ensemble des périodes étudiées ; nous avons seulement besoin des données brutes de la première et de la dernière période de la série chronologique. À ce moment, la formule est[35] :

$$\text{TAAM (moyenne géométrique) en \%} = \left(\sqrt[n-1]{\frac{\text{VO à P}_1}{\text{VO à P}_0}} - 1 \right) \times 100$$

où :

TAAM : Taux d'accroissement annuel moyen (moyenne géométrique)

VO à P_1 : Valeur observée à la période 1 (habituellement la dernière période)

VO à P_0 : Valeur observée à la période 0 (habituellement à la première période)

n : Nombre de périodes.

Nous avons calculé (à partir des données du tableau 2.2), les taux d'accroissement annuel (moyenne géométrique), par blocs de cinq années et pour l'ensemble de la période 1984-2003, des touristes d'Allemagne, de France et du Royaume-Uni ; ces calculs apparaissent dans le tableau 2.21.

---

35. Voir à ce sujet : C. CLARK et L. SCHKADE (1969), *Statistical Methods for Business Decisions*, Cincinnati, South-Western Publishing Co., p. 36-39.

*T*ableau 2.21

LES TAUX D'ACCROISSEMENT ANNUEL MOYEN (TAAM, MOYENNE GÉOMÉTRIQUE)
DES TOURISTES D'ALLEMAGNE, DE FRANCE ET DU ROYAUME-UNI,
PAR BLOC DE CINQ ANNÉES ET POUR LA PÉRIODE 1984-2003

Années	TAAM en pourcentage		
	Allemagne	France	Royaume-Uni
1984-1988	9	20	8
1989-1993	8	9	1
1994-1998	7	− 2	7
1999-2003	− 9	− 7	− 4
1984-2003	3,4	5,1	3,4

Source : Nos calculs, à partir des données de Statistique Canada.

En appliquant les formules de tout à l'heure, on aura, pour l'Allemagne et la période 1984-2003 :

$$\text{TAAM (moyenne géométrique) en \%} = \left(\sqrt[19]{\frac{41\,550}{21\,831}} - 1 \right) \times 100 = 3,45\,\%$$

Pour la France, le TAAM sera :

$$\left(\sqrt[19]{\frac{202\,538}{79\,009}} - 1 \right) \times 100 = 5,08\,\%.$$

Et, enfin, pour le Royaume-Uni :

$$\left(\sqrt[19]{\frac{66\,536}{35\,480}} - 1 \right) \times 100 = 3,37\,\%.$$

Le tableau 2.21 montre 4 blocs de 5 années, de 1984 à 2003. Bien que notre série commence en 1981, les données des années les plus récentes ont été privilégiées (1984 à 2003) et les données des années les plus éloignées ont été abandonnées (1981 à 1983). Cette pratique est permise du point de vue méthodologique.

Nous voyons que, dans les vingt dernières années, la croissance annuelle moyenne des touristes français a été la plus élevée (avec 5,08 %), suivie de celle des touristes allemands (3,45 %) et enfin de celle des touristes britanniques (avec 3,37 %).

Pour la période 1984-1988, les trois clientèles ont connu une hausse, particulièrement pour la France avec 15 % ; c'est la période du grand démarrage de ces clientèles au Québec. En 1989-1993, la clientèle française a eu une croissance moyenne de 7 % par année, suivie des touristes allemands avec 6 %. En 1994-1998, alors que les touristes d'Allemagne et du Royaume-Uni continuent de croître, la clientèle française connaît sa première baisse (– 1 %). Pour la période la plus récente (1999-2003), les trois clientèles affichent une décroissance avec – 7 % par année pour la clientèle allemande, – 5 % par année pour la clientèle française et enfin – 3 % pour la clientèle britannique. Nous voyons, par cet exemple, que le TAAM (le taux d'accroissement annuel moyen) est un bon procédé pour évaluer et comparer la croissance des clientèles touristiques.

3.4. LES TAUX D'ACCROISSEMENT SAISONNIER

Les fluctuations saisonnières (par trimestre ou par mois) vont rendre très difficile l'interprétation des taux de croissance ; aussi il est préférable de calculer ces taux pour le même trimestre (ou le même mois) des différentes années. Dans le tableau 2.22, nous avons les chambres occupées dans les hôtels de Montréal, par trimestre, pour les années 1999 à 2003.

*T*ableau 2.22

LES TAUX D'ACCROISSEMENT TRIMESTRIEL MOYEN
(TATM, MOYENNE GÉOMÉTRIQUE) DES CHAMBRES OCCUPÉES
DANS LES HÔTELS DE MONTRÉAL, POUR LES ANNÉES 1999-2003

	Trimestres				
Années	1	2	3	4	Total
1999	698 543	951 527	1 133 754	880 712	3 664 536
2000	739 793	1 007 327	1 173 205	889 238	3 809 563
2001	764 892	982 157	1 098 245	830 095	3 675 389
2002	756 037	1 055 728	1 156 183	892 117	3 860 065
2003	774 810	961 888	1 057 181	868 821	3 662 700
Moyenne	746 815	991 725	1 123 714	872 197	3 734 451
TATM en %	2,6	0,3	– 1,7	– 0,3	0,0

Source : Nos calculs, à partir des données de Tourisme Montréal.

On remarque dans le tableau 2.22 que le TATM des chambres occupées pour tous les trimestres est nul (TATM = 0,0 %) pour la période 1999 à 2003. Cette situation s'explique par les différentes crises que l'industrie touristique a traversé durant cette période avec notamment les effets des attentats du 11 septembre 2001 aux États-Unis et les catastrophes mondiales telles que le SRAS, la guerre en Irak et la maladie de la vache folle en 2003. Ces événements ont eu un impact majeur sur les performances hôtelières canadiennes. Le tableau 2.22 nous montre en effet une baisse des chambres occupées pour ces périodes. Par ailleurs, on constate que les 3e et 4e trimestres affichent une décroissance mais la croissance du premier trimestre vient compenser cette baisse avec une progression du TATM de 2,6 %.

Les taux d'accroissement par mois (TAMM) peuvent aussi donner un éclairage différent, un découpage plus raffiné des observations. Les chambres occupées à Montréal, par mois, de 1999 à 2003, apparaissent dans le tableau 2.23.

*T*ableau 2.23

LES TAUX D'ACCROISSEMENT MENSUEL MOYEN (TAMM, MOYENNE GÉOMÉTRIQUE) DES CHAMBRES OCCUPÉES DANS LES HÔTELS DE MONTRÉAL, POUR LES ANNÉES 1999-2003

Mois	1999	2000	2001	2002	2003	Moyenne	TAMM en %
			Années				
1	214 562	213 309	231 379	228 374	237 564	225 038	2,6
2	219 395	257 446	247 144	243 797	253 339	244 224	3,7
3	264 586	269 038	286 369	283 866	283 907	277 553	1,8
4	284 038	269 529	267 214	309 436	277 673	281 578	−0,6
5	321 742	353 615	344 091	362 013	323 841	341 060	0,2
6	345 747	384 183	370 852	384 279	360 374	369 087	1,0
7	358 143	378 164	368 027	375 974	337 579	363 577	−1,5
8	385 749	400 911	400 703	419 135	376 489	396 597	−0,6
9	389 862	394 130	329 515	361 074	343 113	363 539	−3,1
10	373 455	374 754	328 742	379 352	368 229	364 906	−0,4
11	301 456	295 401	284 863	291 475	278 049	290 249	−2,0
12	205 801	219 083	216 490	221 290	222 543	217 041	2,0
Total	3 664 536	3 809 563	3 675 389	3 860 065	3 662 700	3 734 451	0,0

Source : Nos calculs, à partir des données de Tourisme Montréal.

Le tableau 2.23 permet une observation plus fine de la croissance des chambres occupées des hôtels à Montréal. La désagrégation des données par mois va nous aider à opérer un classement des mois selon leur performance.

Ce classement, établi par ordre décroissant, est le suivant :

1. février (3,7 %) ;
2. janvier (2,6 %) ;
3. décembre (2,0 %) ;
4. mars (1,8 %) ;
5. juin (1,0 %) ;
6. mai (0,2 %) ;

7. octobre (−0,4 %) ;
8. avril et août (−0,6 %) ;
9. juillet (−1,5 %) ;
10. novembre (−2,0 %) ;
11. septembre (−3,1 %).

Les mois les plus intéressants sont ceux dont le TAMM dépasse la moyenne annuelle (0,0 %) ; ce sont : février, janvier, décembre, mars et dans un moindre mesure, juin et mai. Le mois de septembre est le dernier dans le classement avec un TAMM de −3,1 %.

4. LES MOYENNES MOBILES

Les moyennes mobiles sont des méthodes prévisionnelles qui servent premièrement à déterminer la tendance générale d'une série temporelle en lissant la courbe des données observées, c'est-à-dire qu'elles vont être utilisées pour réduire les facteurs saisonniers et les facteurs aléatoires de façon à ne conserver que l'ensemble de l'évolution de la variable étudiée.

Deuxièmement, les moyennes mobiles vont permettre de faire aussi des prévisions (cet aspect sera abordé dans le chapitre 3 et les parties 2, 3 et 4) à très court terme et à court terme avec des moyens réduits et des coûts très bas. La théorie sous-jacente à l'ensemble des techniques de lissage est : « [...] qu'une certaine loi se dissimule sous les valeurs de la variable à prévoir, et que les observations historiques de chaque variable représentent cette loi affectée de fluctuations aléatoires[36].»

---

36. S. MAKRIDAKIS et S. WHEELWRIGHT (1983), *Méthodes de prévision pour la gestion*, Paris, Les Éditions d'Organisation, p. 66.

L'objectif de cette méthode est de réduire ces fluctuations en lissant les valeurs historiques de façon à mettre à jour la tendance. Dans cette perspective, la moyenne mobile va :

- réduire la saisonnalité ;
- lisser les phénomènes purement aléatoires ;
- capter la tendance générale de la série chronologique étudiée[37].

4.1. LES MOYENNES MOBILES SIMPLES

Pour G. Calot : « Le procédé de la moyenne mobile consiste à remplacer chaque terme d'une série donnée par la moyenne arithmétique d'un certain nombre d'entre eux[38].» Donc, on appellera moyenne mobile de longueur MM de la série temporelle S, l'opération qui va transformer celle-ci en une nouvelle série S-1 par le calcul des moyennes mobiles successives. Ces moyennes sont habituellement impaires pour la recherche d'une tendance et paires ou impaires lorsqu'il s'agit de faire des prévisions.

Dans le tableau 2.24, nous avons un exemple des moyennes mobiles par année. Dans la colonne 3, nous avons des moyennes mobiles calculées sur trois périodes (les arrivées touristiques dans le pays Y) ; le calcul se fait de la façon suivante :

- pour l'année 2 :

$$\frac{48\,500 + 48\,600 + 23\,600}{3} = 40\,233$$

et le résultat est placé à la deuxième période (quand la MM est paire, il est difficile de savoir exactement où placer le résultat – quand la MM est impaire, on place automatiquement le résultat au milieu de la période : pour une MM3 = 2e période, MM5 = 3e période, MM7 = 4e période, etc.) ;

- pour l'année 3 :

$$\frac{48\,600 + 23\,600 + 22\,000}{3} = 31\,400 ;$$

37. Voir à ce sujet : B. GRAIS (1974), *La statistique et l'entreprise : les techniques statistiques*, tome 3, Paris, Dunod, p. 342.
38. G. Calot (1965), *Cours de statistique descriptive*, Paris, Dunod, p. 389.

- pour l'année 4 :

$$\frac{23\,600 + 22\,000 + 45\,200}{3} = 30\,267 \, ;$$

et ainsi de suite pour les autres années.

T*ableau 2.24*

LES ARRIVÉES TOURISTIQUES DANS LE PAYS Y, PAR ANNÉE,
DE L'ANNÉE *1* À L'ANNÉE *20* ; DIVERSES MOYENNES MOBILES SIMPLES

Années	Arrivées	MM3	MM5	MM7
1	48 500	–	–	–
2	48 600	40 233	–	–
3	23 600	31 400	37 580	–
4	22 000	30 267	42 740	44 286
5	45 200	47 167	42 580	45 314
6	74 300	55 767	49 000	48 229
7	47 800	59 267	58 400	57 214
8	55 700	57 500	66 660	65 671
9	69 000	70 400	68 040	73 671
10	86 500	78 900	78 720	73 800
11	81 200	89 633	82 620	78 586
12	101 200	85 867	85 080	82 686
13	75 200	85 900	84 660	85 914
14	81 300	80 300	86 740	87 314
15	84 400	85 767	85 760	89 414
16	91 600	90 767	89 900	93 886
17	96 300	94 600	100 140	99 566
18	95 900	108 233	106 252	–
19	132 500	114 453	–	–
20	114 960	–	–	–

Source : Données des auteurs.

Dans la figure 2.8, nous présentons la « meilleure » moyenne mobile, celle qui permet de bien saisir l'évolution de la série chronologique.

La figure 2.8 montre qu'il y a une croissance assez forte des arrivées touristiques dans le pays Y après une certaine période de stagnation : entre les années 5 et 12.

La méthode des moyennes mobiles s'applique aussi aux données par trimestre. Un exemple est présenté dans le tableau 2.25.

*F*igure 2.8

**LES ARRIVÉES TOURISTIQUES DANS LE PAYS Y, PAR ANNÉE,
DE L'ANNÉE 1 À L'ANNÉE 20 ; MOYENNES MOBILES SUR CINQ ANNÉES**

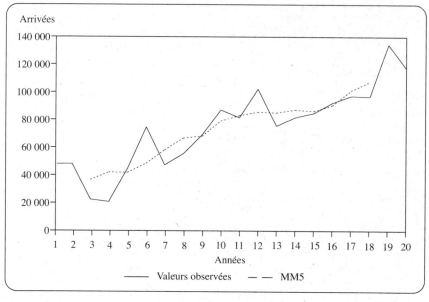

*F*igure 2.9

**LES CHAMBRES OCCUPÉES À L'HÔTEL BEAUSÉJOUR, PAR TRIMESTRE,
DE L'ANNÉE 1 À L'ANNÉE 7 ; MOYENNES MOBILES SUR NEUF TRIMESTRES**

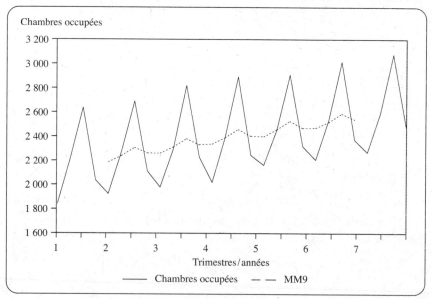

Tableau 2.25

LES CHAMBRES OCCUPÉES À L'HÔTEL BEAUSÉJOUR, PAR TRIMESTRE,
DE L'ANNÉE 1 À L'ANNÉE 7 ; DIVERSES MOYENNES MOBILES

Années	Trimestres	Chambres occupées	MM5	MM7	MM9
1	1	1 848	–	–	–
	2	2 232	–	–	–
	3	2 658	2 146	–	–
	4	2 053	2 235	2 248	–
2	1	1 940	2 331	2 288	2 207
	2	2 293	2 226	2 255	2 259
	3	2 712	2 214	2 206	2 327
	4	2 130	2 289	2 319	2 281
3	1	1 996	2 399	2 363	2 279
	2	2 315	2 307	2 326	2 332
	3	2 844	2 288	2 283	2 401
	4	2 248	2 371	2 396	2 352
4	1	2 036	2 492	2 434	2 357
	2	2 414	2 376	2 415	2 411
	3	2 917	2 363	2 362	2 479
	4	2 264	2 450	2 460	2 423
5	1	2 182	2 554	2 503	2 421
	2	2 475	2 438	2 477	2 479
	3	2 933	2 431	2 425	2 548
	4	2 338	2 506	2 536	2 490
6	1	2 227	2 619	2 566	2 493
	2	2 557	2 511	2 540	2 541
	3	3 041	2 501	2 494	2 610
	4	2 394	2 578	2 603	2 562
7	1	2 288	2 687	2 642	–
	2	2 612	2 579	–	–
	3	3 102	–	–	–
	4	2 499	–	–	–

Source : Données des auteurs.

Que ce soit par année, par trimestre ou par mois, la façon de calculer les moyennes mobiles simples est la même. On remarque dans la figure 2.9 que l'Hôtel Beauséjour connaît une croissance lente mais constante des chambres occupées.

La méthode des moyennes mobiles s'applique mieux aux données par mois car à ce moment les fluctuations saisonnières sont habituellement très fortes. Nous avons un exemple de ce phénomène dans le tableau 2.26.

*T*ableau 2.26

LES CHAMBRES OCCUPÉES DANS LES HÔTELS D'UNE VILLE DU QUÉBEC,
PAR MOIS, DE L'ANNÉE 1 À L'ANNÉE 5 ; DIVERSES MOYENNES MOBILES

Années	Mois	Chambres occupées	MM7	MM9	MM11
1	1	156 097	–	–	–
	2	184 590	–	–	–
	3	191 253	–	–	–
	4	212 076	227 234	–	–
	5	265 420	249 744	247 324	–
	6	277 509	269 319	261 944	247 455
	7	303 695	283 094	264 591	247 963
	8	313 668	282 570	261 305	245 245
	9	321 612	267 750	254 930	243 980
	10	287 677	250 206	245 143	241 976
	11	208 412	232 155	235 423	236 981
	12	161 680	214 492	225 065	235 825
2	1	154 695	198 615	219 634	236 017
	2	177 340	195 346	217 879	235 660
	3	190 028	209 260	220 330	236 485
	4	210 471	230 411	233 917	241 128
	5	264 793	255 554	253 590	249 612
	6	305 814	278 611	269 929	253 766
	7	309 734	294 570	273 266	253 895
	8	330 696	294 127	269 497	253 110
	9	338 743	278 602	264 857	253 016
	10	301 741	259 015	256 434	252 404
	11	207 370	241 766	245 093	247 856
	12	156 115	223 629	234 541	244 290
3	1	168 706	205 919	227 417	243 129
	2	188 991	200 896	222 776	241 065
	3	203 738	213 696	223 470	239 292
	4	214 771	235 393	235 901	239 633
	5	266 580	256 898	252 498	246 853
	6	296 973	273 541	265 618	249 913
	7	307 989	285 405	265 705	248 013
	8	319 243	281 834	259 490	247 158
	9	305 491	264 866	255 581	245 357
	10	286 786	248 097	246 397	243 040
	11	189 775	230 373	234 431	238 816
	12	147 802	211 807	224 669	236 929
4	1	179 590	199 612	219 888	237 986
	2	183 925	198 102	221 456	236 039
	3	189 281	216 650	222 684	239 261
	4	220 124	238 082	239 479	244 828
	5	276 215	261 132	261 726	255 688
	6	319 610	284 574	276 131	262 308
	7	297 832	301 711	280 208	261 952

/...

Tableau 2.26

LES CHAMBRES OCCUPÉES DANS LES HÔTELS D'UNE VILLE DU QUÉBEC,
PAR MOIS, DE L'ANNÉE *1* À L'ANNÉE *5* ; DIVERSES MOYENNES MOBILES *(suite)*

Années	Mois	Chambres occupées	MM7	MM9	MM11
	8	340 936	301 781	278 696	268 683
	9	348 022	287 417	282 901	270 267
	10	309 236	278 611	275 177	272 057
	11	220 619	265 593	266 311	268 863
	12	175 667	251 148	260 006	267 132
5	1	257 968	235 870	255 520	269 882
	2	206 703	234 632	253 305	270 442
	3	239 818	249 985	257 512	271 040
	4	241 081	274 475	272 399	273 972
	5	300 565	288 279	290 822	284 933
	6	328 091	307 533	300 070	291 744
	7	347 097	322 015	304 945	286 614
	8	354 597	323 373	300 692	–
	9	341 481	309 226	–	–
	10	341 195	–	–	–
	11	250 584	–	–	–
	12	201 539	–	–	–

Source : Données des auteurs.

Dans ce cas, comme dans les autres, nous avons choisi la moyenne mobile (l'opérateur MM) en fonction de la lecture des figures. Aussi dans la figure 2.10, nous présentons une moyenne mobile sur onze mois ; ce lissage donne une bonne idée de la tendance des chambres occupées des hôtels d'une ville du Québec entre l'année 1 à l'année 5.

On voit une baisse au cours des trois premières années suivie d'une remontée des chambres occupées.

Les statistiques usuelles, les indices mathématiques, les taux d'accroissement annuel moyen et les moyennes mobiles sont des façons de donner une image cohérente d'une tendance. Avant même de faire des prévisions spécifiques, il est bon de tenir compte de l'évolution empirique de la variable étudiée. Les méthodes que nous avons vues dans ce chapitre 2 sont un préalable à l'utilisation des méthodes plus complexes.

Figure 2.10

LES CHAMBRES OCCUPÉES DANS LES HÔTELS D'UNE VILLE DU QUÉBEC,
PAR MOIS, DE L'ANNÉE 1 À L'ANNÉE 5 ; MOYENNES MOBILES SUR ONZE MOIS

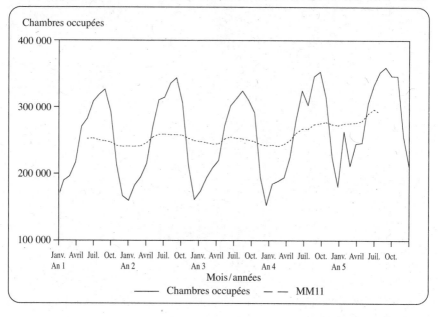

Les méthodes
de prévision
à court terme

Dans ce chapitre, nous abordons les méthodes de prévision à court terme. Le court terme désigne habituellement une prévision sur une petite période : de un à six mois, de quatre à huit trimestres, de une à trois années. Les méthodes utilisées sont les mêmes que celles présentées dans le chapitre 2.

Ces méthodes, on l'a vu, peuvent servir à observer l'évolution d'une variable dans le temps, elles peuvent aussi être utilisées pour faire des prévisions. Ces méthodes sont souvent qualifiées de « naïves », car elles exigent peu de formulation théorique et méthodologique. Les principaux avantages de ces méthodes résident dans leur simplicité et leur facilité d'application et elles exigent aussi peu de données et peu de temps pour les calculs.

1. LES TAUX D'ACCROISSEMENT ANNUEL MOYEN

Les taux d'accroissement annuel moyen servent surtout à étudier l'évolution d'une variable par le biais des taux de croissance. Voyons un exemple : dans le tableau 3.1, nous avons les taux d'accroissement annuel moyen (TAAM) des arrivées des touristes internationaux dans le monde, de 1984 à 2003.

Tableau 3.1

LES ARRIVÉES DES TOURISTES INTERNATIONAUX DANS LE MONDE, PAR ANNÉE, DE 1984 À 2003 ; LES TAUX D'ACCROISSEMENT ANNUELS MOYENS (TAAM, MOYENNE GÉOMÉTRIQUE) PAR « BLOCS » D'ANNÉES

Années	Arrivées en milliers	TAAM (1984-2003)	TAAM Blocs de 10 années	TAAM Blocs de 5 années
1984	316 357			
1985	327 188			
1986	338 854			5,69 %
1987	363 766			
1988	394 810			
1989	426 461		5,65 %	
1990	458 229			
1991	463 951			5,03 %
1992	503 356			
1993	519 045	4,42 %		
1994	550 471			
1995	565 495			
1996	596 524			3 63 %
1997	610 763			
1998	635 100		3,03 %	
1999	650 400			
2000	687 300			
2001	684 100			2 59 %
2002	702 600			
2003	720 567			

Source : Organisation mondiale du tourisme (OMT).

Les TAAM sont calculés pour vingt années (colonne 3), la croissance annuelle a été de 4,42 %. Dans le colonne 4, nous avons les TAAM par blocs de dix années ; les résultats sont de 1984 à 1993 de 5,65 % et de 1994 à 2003 de 3,03 %. Dans la dernière colonne, les TAAM sont calculés par blocs de cinq années ; cela donne :

- de 1984 à 1988 : 5,69 % ;
- de 1989 à 1993 : 5,03 % ;
- de 1994 à 1998 : 3,63 % ;
- de 1999 à 2003 : 2,59 %.

On peut noter la croissance assez forte dans les deux premiers blocs de cinq années (1984-1988 et 1989-1993) ; la reprise économique a favorisé la croissance des touristes internationaux. Les périodes 1994-1998 et 1999-2003 connaissent une croissance plus faible des arrivées de touristes (autour de 3 %). La dernière période, la plus récente, montre une baisse de la croissance des arrivées (2,59 %) ; cette faible performance dépend surtout de deux causes : les attentats et la conjoncture économique qui touche plus particulièrement les industries touristiques.

Même si l'évolution des arrivées de touristes internationaux dans le monde correspond généralement aux conjonctures économiques mondiales, il est rare d'assister à des fluctuations très importantes puisque la baisse des arrivées dans une région du monde est compensée par la hausse dans une autre région, et inversement.

Pour faire des prévisions, il faut faire des hypothèses sur la croissance future de la variable étudiée. Nous pouvons ici faire trois hypothèses :

1. hypothèse forte (5,65 %) pour les dix dernières années ;

2. une hypothèse moyenne (4,42 %) à partir des vingt dernières années ;

3. et, enfin, une hypothèse faible (2,59 %) basée sur le TAAM des cinq dernières années.

Afin de choisir la meilleure hypothèse, il faut utiliser « le carré moyen de l'erreur prévisionnelle » (voir cette technique dans la partie 4 du chapitre 1). En utilisant les erreurs de chacun des modèles prévisionnels (les trois hypothèses énoncées plus haut), on arrive aux résultats illustrés au tableau 3.2. On y voit que l'hypothèse faible est celle qui semble la plus réaliste car elle a un carré moyen des erreurs plus faible que les autres.

Nous pouvons maintenant construire un tableau (tableau 3.3) renfermant les prévisions effectuées à partir des trois hypothèses choisies au départ.

Tableau 3.2

LES CARRÉS MOYENS DES ERREURS DES MODÈLES PRÉVISIONNELS SELON TROIS HYPOTHÈSES DE CROISSANCE DES ARRIVÉES DES TOURISTES INTERNATIONAUX DANS LE MONDE ; LE CALCUL EST BASÉ SUR LES DIX DERNIÈRES ANNÉES (1994 À 2003)

Hypothèses	Carré moyen de l'erreur (CME)	Racine carrée du CME
Hypothèse forte (5,65 %)	9 781 105 605	98 899
Hypothèse moyenne (4,42 %)	2 262 171 224	47 562
Hypothèse faible (2,59 %)	673 884 722	25 959

Tableau 3.3

LES PRÉVISIONS DES ARRIVÉES DES TOURISTES INTERNATIONAUX DANS LE MONDE POUR LES ANNÉES 2004 ET 2005 SELON TROIS HYPOTHÈSES DE CROISSANCE

Hypothèses	TAAM en %	Arrivées observées* en 2003	Arrivées prévues* en 2004	Arrivées prévues* en l'an 2005
Forte	5,65	720 567	792 924	837 777
Moyenne	4,42	720 567	752 416	785 673
Faible	2,59	720 567	739 230	758 376

* En milliers.

Donnons un exemple maintenant au niveau microéconomique ; supposons les entrées suivantes dans une attraction touristique, pour quatre années :

Tableau 3.4

LES ENTRÉES DANS UNE ATTRACTION TOURISTIQUE, POUR QUATRE ANNÉES ET LES PRÉVISIONS AVEC LE TAAM

Années	Les entrées observées	Les entrées prévues avec un TAAM de 10 %
Année 1	48 600	48 600
Année 2	53 560	53 460
Année 3	58 900	58 806
Année 4	65 202	64 687
Année 5		71 155

Dans le tableau 3.4, le TAAM est égal à 10 % (ce qui donne un multiplicateur de 1,10) ; la prévision des entrées pour l'année 5 est donc de 71 155 personnes. On voit que la méthode est simple et facile à utiliser. Une fois connues les entrées observées de l'année 5, on peut, à nouveau, calculer le TAAM (incluant les entrées de l'année 5) et faire une nouvelle prévision des entrées pour l'année 6.

2. LES MOYENNES MOBILES

Selon Rudolph Lewandowski, « La moyenne d'une série est le maillon central de toute analyse. C'est sur elle, et plus exactement sur son évolution, que sont basées toutes les méthodes de la prévision à court terme.[1]» Il s'agit tout simplement de faire la moyenne des périodes précédentes et de faire de cette moyenne la prévision.

Tableau 3.5

LES ENTRÉES DANS UN MUSÉE ; LES PRÉVISIONS À PARTIR DE PLUSIEURS MOYENNES MOBILES ET LES ERREURS (AU CARRÉ) DE CES PRÉVISIONS

Périodes	Entrées	MM2	MM3	MM4	Erreurs MM2	Erreurs MM3	Erreurs MM4
1	2 500	–	–	–	–	–	–
2	2 590	–	–	–	–	–	–
3	2 695	2 545	–	–	22 500	–	–
4	2 700	2 643	2 595	–	3 249	11 025	–
5	2 820	2 698	2 662	2 621	14 884	24 964	39 601
6	2 850	2 760	2 738	2 701	8 100	12 544	22 201
7	2 942	2 835	2 790	2 766	11 449	23 104	30 976
8	3 000	2 896	2 871	2 828	10 816	16 641	29 584
9	2 982	2 971	2 931	2 903	121	2 601	6 241
10	3 100	2 991	2 975	2 944	11 881	15 625	24 336
11	3 100	3 041	3 027	3 006	3 481	5 329	8 836
12	3 050	3 100	3 061	3 046	2 500	121	16
13	–	3 075	3 083	3 058	–	–	–

Nous avons dans le tableau 3.5 trois prévisions, pour la période 13, qui correspondent à trois moyennes mobiles. La première (MM2) est calculée à partir des entrées des périodes 11 et 12 ; nous avons donc 3 100 + 3 050 = 6 150 ÷ 2 = 3 075. La deuxième moyenne mobile (MM3) est le

---

1.   R. Lewandowski (1979), *La prévision à court terme*, Paris, Dunod, p. 28.

résultat de la moyenne pour les périodes 10, 11 et 12 ; le calcul se fait ainsi : 3 100 + 3 100 + 3 050 = 9 250 ÷ 3 = 3 083. La troisième moyenne mobile (MM4) est basée sur l'addition de quatre périodes (9, 10, 11 et 12) ; cela donne : 2 982 + 3 100 + 3 100 + 3 050 = 12 232 ÷ 4 = 3 058.

Nous devons maintenant choisir la meilleure prévision ; nous avons vu que le carré de l'erreur pénalise fortement les erreurs les plus élevées et minimalise les erreurs les plus faibles.

Au tableau 3.5, dans les trois dernières colonnes, nous avons les erreurs au carré de chacun des modèles proposés. Dans le tableau 3.6, nous avons les moyennes des erreurs au carré.

*T*ableau 3.6

LES ENTRÉES DANS UN MUSÉE ; LES STATISTIQUES DESCRIPTIVES

	Période	*Minimum*	*Maximum*	*Moyenne*	*Écart-type*
Entrées	12	2 500	3 100	2 860,75	202,15
MM2	11	2 545	3 100	2 868,64	187,01
MM3	10	2 595	3 083	2 973,30	171,22
MM4	9	2 621	3 058	2 874,78	155,85
Erreurs MM2	10	121	22 500	8 898,10	6 829,62
Erreurs MM3	9	121	24 964	12 439,33	8 656,69
Erreurs MM4	8	16	39 601	20 223,88	13 799,97

La moyenne mobile sur deux périodes (MM2) est celle dont la moyenne des carrés des erreurs est la plus faible (8 898,10). Ce sera donc cette moyenne mobile qui donnera la meilleure prévision pour la période future. Ces diverses prévisions apparaissent dans la figure 3.1.

Le choix d'une moyenne mobile sur deux périodes (MM2) pour faire la prévision indique que les données les plus récentes sont plus utiles pour la prévision que les observations plus anciennes.

2.1. *LA MOYENNE MOBILE DOUBLE*

La moyenne mobile double est un raffinement de la moyenne mobile simple ; il s'agit d'un double lissage de la série chronologique. Le calcul se fait en établissant un premier modèle de moyennes mobiles simples et en créant un deuxième modèle de moyennes mobiles à partir du premier. La formule a une forme linéaire, elle s'écrit :

Figure 3.1

LES ENTRÉES DANS UN MUSÉE ; PRÉVISIONS À PARTIR DE MOYENNES MOBILES

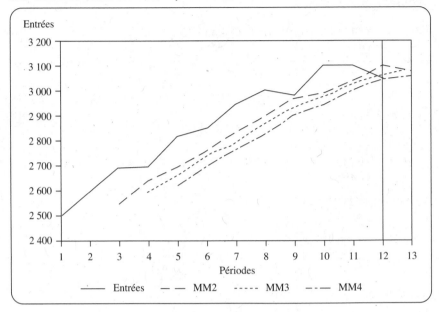

$Y_{pr} =$ a + b (m)

où : a = 2 MMS – MMD

et $b = \dfrac{2\,(\text{MMS} - \text{MMD})}{n - 1}$

Ici,

Y_{pr} = valeurs prévues ;

MMS = moyennes mobiles simples ;

MMD = moyennes mobiles doubles ;

n = nombre de périodes de la moyenne mobile choisie ;

m = nombre de périodes dépassant la série de données observées.

Cette technique suppose le stockage des données sur au moins huit périodes (pour une MM3 par exemple).

Nous donnons un exemple dans le tableau 3.7 avec une MM5.

Tableau 3.7

PRÉVISIONS DU NOMBRE DE NUITÉES DANS UN HÔTEL
PAR LA MOYENNE MOBILE DOUBLE (MM5)

1	2	3	4	5	6	7
Périodes	*Nuitées*	*MM5*	*MM5 de MM5*	*a*	*b*	*a + b (m)*
1	78 500					
2	78 660					
3	79 432					
4	82 160					
5	84 800					
6	87 232	80 710				
7	87 600	82 457				
8	88 260	82 245				
9	89 000	86 010				
10	92 200	87 378	84 160	90 597	1 609	92 206
11	94 388	88 858	85 790	91 927	1 534	93 461
12	96 000	90 290	87 356	93 223	1 467	94 690
13	96 300	91 970	88 901	95 039	1 534	96 572
14	97 010	93 578	90 415	96 740	1 581	98 322
15	97 100	95 180	91 975	98 384	1 602	99 987
16	99 660	96 160	93 435	98 884	1 362	100 246
17	101 500	97 214	94 820	99 608	1 197	100 805
18		98 314	96 089	100 539	1 113	101 652
19						102 764
20						103 877

Dans ce tableau :

- la colonne 1 = les périodes ;
- la colonne 2 = les nuitées observées ;
- la colonne 3 = une moyenne mobile sur cinq périodes (le résultat est placé à la sixième période) ;
- la colonne 4 = une moyenne mobile cinq de la première moyenne mobile ;
- la colonne 5 = a où a = (2 × colonne 3) – (colonne 4) ;
- la colonne 6 = b où $b = \dfrac{2\left(\text{colonne } 3 - \text{colonne } 4\right)}{n-1}$
- la colonne 7 = a + b (m) = la prévision.

Pour la période 18 (à prévoir), le calcul se fera de la façon suivante :

- le calcul de la première moyenne mobile donne :

  96 300 + 97 010 + 97 100 + 99 660 + 101 500 = 491 570 ÷ 5 = 98 314 ;

- le calcul de la deuxième moyenne mobile (le résultat est placé à la période 18) :

  93 578 + 95 180 + 96 160 + 97 214 + 98 314 = 480 446 ÷ 5 = 96 089 ;

- alors « a » sera égal à :

  (2 × 98 314) − 96 089 = 100 539 ;

- « b » sera calculé :

  $$\frac{2\left(98\,314 - 96\,089\right)}{5 - 1} = 1\,113 \,;$$

- la prévision correspondra à l'équation a + b (m) et ici cela donnera :

  100 539 + 1112,52(1) = 101 651,56 ou 101 652 nuitées.

Cette technique permet de prévoir pour trois périodes ; la prévision de la période 19 sera : 100 539 + 1 113(2) = 102 764 nuitées. Pour la période 20, on aura donc : 100 539 + 1 113(3) = 103 877 nuitées. La prévision avec la moyenne mobile double consiste à : « […] établir une prévision en prenant la différence entre la moyenne mobile simple et la moyenne mobile double, et en ajoutant cette différence à la moyenne mobile simple[2].»

Dans le tableau 3.8, nous avons calculé des prévisions à l'aide d'une moyenne mobile double portant sur quatre périodes et le tableau 3.9 nous permet de comparer la performance des deux modèles à l'aide de la méthode de l'erreur au carré. Les moyennes mobiles doubles sur cinq périodes ont un carré moyen de l'erreur beaucoup plus faible que les moyennes mobiles sur quatre périodes ; il s'agit donc du meilleur modèle prévisionnel dans ce cas.

2. S. MAKRIDAKIS et S. WHEELWRIGHT (1983), *Méthodes de prévision pour la gestion*, Paris, Les Éditions d'Organisation, p. 77.

Tableau 3.8

**PRÉVISIONS DU NOMBRE DE NUITÉES DANS UN HÔTEL
PAR LA MOYENNE MOBILE DOUBLE (MM4)**

1	2	3	4	5	6	7
Périodes	Nuitées	MM4	MM4 de MM4	a	b	a + b (t)
1	78 500					
2	78 660					
3	79 432					
4	82 160					
5	84 800	79 688				
6	87 232	81 263				
7	87 600	83 406				
8	88 260	85 448	82 451	88 445	1 998	90 443
9	89 000	86 973	84 273	89 674	1 800	91 474
10	92 200	88 023	85 963	90 084	1 374	91 457
11	94 388	89 265	87 427	91 103	1 225	92 328
12	96 000	90 962	88 806	93 118	1 438	94 556
13	96 300	92 897	90 287	95 507	1 740	97 247
14	97 010	94 722	91 962	97 483	1 840	99 323
15	97 100	95 925	93 626	98 223	1 532	99 775
16	99 660	96 603	95 037	98 169	1 044	99 213
17	101 500	97 518	96 192	98 843	884	99 727
18		98 818	97 216	100 420	1 068	101 488

Tableau 3.9

**COMPARAISON DES PRÉVISIONS DU NOMBRE DE NUITÉES
DANS UN HÔTEL PAR LES MOYENNES MOBILES DOUBLES**

Erreur moyenne	Moyenne mobile double 4 périodes	Moyenne mobile double 5 périodes
Erreur réelle	−4 104	−2 130
Carré moyen de l'erreur	3 440 215	1 691 283

2.2. MOYENNES MOBILES ET SIGNAUX

La moyenne mobile peut être utilisée comme signal ou comme un clignotant d'alerte indiquant une baisse de la croissance d'une série temporelle. L'exemple que nous donnons ici est emprunté à l'analyse boursière mais cette technique peut s'appliquer à d'autres séries dans le domaine du tourisme.

Dans le tableau 3.10, nous avons l'évolution de l'indice Dow-Jones, par mois, pour trois années récentes.

Tableau 3.10

LES MOYENNES MOBILES UTILISÉES COMME SIGNAUX DES CHANGEMENTS (L'INDICE DOW-JONES)

Périodes	Indice Dow-Jones	MM3	MM9
1	5 486	–	–
2	5 587	–	–
3	5 569	–	–
4	5 643	5 547	–
5	5 655	5 600	–
6	6 629	5 622	–
7	5 616	5 609	–
8	5 882	5 600	–
9	6 029	5 676	–
10	6 522	5 843	5 666
11	6 448	6 144	5 781
12	6 813	6 333	5 877
13	6 878	6 594	6 015
14	6 584	6 713	6 152
15	7 009	6 758	6 256
16	7 331	6 823	6 420
17	7 673	6 975	6 611
18	8 223	7 338	6 810
19	7 622	7 742	7 053
20	7 945	7 839	7 176
21	7 442	7 930	7 342
22	7 823	7 670	7 412
23	7 908	7 737	7 517
24	7 907	7 724	7 664
25	8 546	7 879	7 764
26	8 800	8 120	7 899
27	9 063	8 417	8 024
28	8 900	8 803	8 117
29	8 952	8 921	8 259
30	8 883	8 972	8 371
31	7 539	8 912	8 531
32	7 843	8 458	8 500
33	8 592	8 088	8 492
34	9 117	7 991	8 569
35	9 181	8 517	8 632
36	9 359	8 963	8 674
37	–	9 219	8 707

Dans les dernières colonnes apparaissent deux moyennes mobiles : la première calculée sur trois mois et la deuxième calculée sur neuf mois.

Dans la figure 3.2, nous voyons l'évolution de l'indice Dow-Jones observé et des deux moyennes mobiles (MM3 et MM9).

Figure 3.2

LES *MOYENNES MOBILES UTILISÉES COMME SIGNAUX DES CHANGEMENTS*

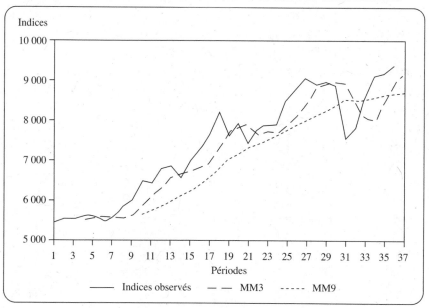

Comment interpréter ce graphique[3] ? Quand la valeur observée est inférieure à la première moyenne mobile (MM3), il s'agit d'un premier avertissement (à ce moment, on peut vendre ou attendre) car il s'agit peut-être d'un phénomène temporaire. Ces périodes sont : 6, 14, 19, 21 et 30. Quand la valeur observée est plus basse que les deux moyennes mobiles (MM3 et MM9), l'avertissement est plus sérieux et on a intérêt à vendre ses actions (périodes 31 et 32). La MM3 est un avertissement de très court terme et la MM9 est un signal qui tient compte d'une tendance plus longue.

Pour la période 37, si l'indice observé est inférieur à 9 219 (MM3) et à 8 707 (MM9), c'est un signal d'alerte dont on devra tenir compte. Cette méthode des signaux avertisseurs peut être utilisée dans l'étude des chambres occupées ou de l'évolution de l'indice de satisfaction des clientèles.

---

3. Voir à ce sujet : T. BÉCHU et E. BERTRAND (1992), *L'analyse technique*, Paris, Économica, p. 175-181 ; voir aussi : C. LANGFORD (1991), *L'analyse technique : formulation et lecture des tendances de prix à la bourse*, Paris, SEFI.

3. LES MOYENNES MOBILES PONDÉRÉES

La moyenne mobile pondérée vise à donner, dans la prévision, un poids différent aux informations apportées par les périodes de la moyenne mobile. Pour Rudolph Lewandowski : « Cette pondération consiste à multiplier chaque valeur de la série par un coefficient représentant le pourcentage d'information pour lequel cette valeur contribue à la définition de la moyenne[4]. »

Dans le tableau 3.11, nous avons un exemple de trois modèles prévisionnels avec les moyennes mobiles pondérées.

Tableau 3.11

LES PRÉVISIONS DES ARRIVÉES DES TOURISTES EN SYLVANIE PAR LES MOYENNES MOBILES PONDÉRÉES SUR TROIS PÉRIODES (MM3)

		Modèles (MM3)		
		A	*B*	*C*
Périodes	*Arrivées (000)*	*C1 = 0,5* *C2 = 0,3* *C3 = 0,2*	*C1 = 0,75* *C2 = 0,15* *C3 = 0,1*	*C1 = 0,85* *C2 = 0,1* *C3 = 0,05*
1	575			
2	632			
3	688			
4	661	649	668	677
5	708	663	662	662
6	795	690	699	702
7	891	742	769	780
8	1 039	826	858	872
9	1 113	946	992	1 012
10	1 317	1 046	1 080	1 095
11		1 200	1 259	1 283

Ce tableau renferme trois modèles des moyennes mobiles pondérées sur trois périodes (MM3). Dans chacun des modèles, nous voyons trois coefficients de pondération différents. Par exemple, dans le modèle A :

C3 : s'applique à la période la plus éloignée ;

C2 : est le coefficient du milieu de la période ;

C1 : va correspondre à la période la plus récente.

4. R. LEWANDOWSKI, *op. cit.*, p. 48.

Donc, pour la période 4 du modèle A, le calcul se fait de la façon suivante :

$(575 \times 0,2) + (632 \times 0,3) + (688 \times 0,5)$

ce qui donne 648,6 ou 649.

Pour la période 5 du modèle A, on effectue le même calcul :

$(632 \times 0,2) + (688 \times 0,3) + (661 \times 0,5) = 663$.

Et l'on continue de la même façon pour l'ensemble de la série prévisionnelle.

On remarque que dans le modèle B, les coefficients sont :

$C1 = 0,75$; $C2 = 0,15$ et $C3 = 0,10$.

Dans le modèle C, on a : $C1 = 0,85$; $C2 = 0,1$ et $C3 = 0,05$.

Pour chacun des modèles, le total des coefficients doit donner 1. Dans ce cas, le modèle C donne un poids plus élevé aux informations récentes $(t - 1)$ et moins élevé aux informations plus anciennes. Dans le tableau 3.12, on peut constater que c'est le modèle C qui a le carré moyen de l'erreur le plus faible ; c'est donc ce modèle qui donnera la meilleure prévision.

Tableau 3.12

COMPARAISON DES ERREURS DE PRÉVISION PAR MOYENNES MOBILES PONDÉRÉES ; ARRIVÉES DES TOURISTES EN SYLVANIE

	Modèles MM3 pondérés		
Erreur moyenne	*A*	*B*	*C*
Erreur réelle	962	796	724
Carré moyen de l'erreur	26 013	18 555	15 837

Dans cette technique, selon le type de modèle, on prend un certain pourcentage des valeurs des périodes passées. On constate ici que le modèle C opère une sélection de l'information en fonction de la nouveauté de celle-ci et de son utilité pour la prévision. Seule l'expérience empirique peut nous aider et nous donner la meilleure approximation possible des valeurs futures.

4. LE LISSAGE EXPONENTIEL

Le lissage exponentiel est une variante de la moyenne mobile pondérée : « La méthode du lissage exponentiel repose sur l'idée de départ que les informations contenues dans une série chronologique ont d'autant plus d'importance qu'elles sont plus récentes. »[5] Cette méthode prévisionnelle a pour principale qualité d'exiger très peu de données sur l'évolution passée de la série temporelle.

La formule de base du lissage exponentiel est :

$$Y_{pr_{t+1}} = Y_{pr_{t-1}} + \partial \, (VOP - VLEP)$$

où :

$Y_{pr_{t+1}}$ = valeur prévue à la période actuelle ;

$Y_{pr_{t-1}}$ = valeur prévue à la période passée ;

VLE = valeur lissée exponentiellement ;

VLEP = valeur lissée exponentiellement précédente ;

∂ = une certaine valeur d'alpha ;

VOP = valeur observée précédente.

La valeur d'alpha est définie en fonction du type de demande étudiée (services, produits). Cette valeur doit être comprise entre 0 et 1. Une valeur très faible d'alpha indique qu'on ne veut pas tenir compte des changements immédiats de la série chronologique ; si alpha, au contraire, possède une valeur élevée, cela signifie que ces changements sont importants pour la prévision.

Dans le tableau 3.13, nous avons un exemple de la méthode par lissage exponentiel.

5. R. Bourbonnais et J.-C. Usunier (1982), *Pratique de la prévision à court terme*, Paris, Dunod, p. 39.

Tableau 3.13

LES ENTRÉES DANS UN MUSÉE PAR MOIS.
PRÉVISIONS PAR LISSAGE EXPONENTIEL

			Valeurs lissées exponentiellement		
Mois	*Périodes*	*Entrées*	$\partial = 0,1$	$\partial = 0,5$	$\partial = 0,9$
Janvier	1	2 500			
Février	2	2 590	2 500	2 500	2 500
Mars	3	2 800	2 509	2 545	2 581
Avril	4	3 000	2 538	2 673	2 778
Mai	5	3 020	2 584	2 836	2 978
Juin	6	3 200	2 628	2 928	3 016
Juillet	7	3 300	2 685	3 064	3 182
Août	8	3 540	2 747	3 182	3 288
Septembre	9	3 100	2 826	3 361	3 515
Octobre	10	3 050	2 853	3 231	3 141
Novembre	11	3 030	2 873	3 140	3 059
Décembre	12	2 800	2 889	3 085	3 033
Janvier	13		2 880	2 943	2 823

Dans ce cas, le calcul se fait de la façon suivante, en appliquant la formule avec un alpha = 0,10 ; on aura :

Périodes	*Entrées*	$\partial = 0,10$	*Prévision*
2	2 590	2 500	
3	2 800	2 500 + 0,10 (2 590 − 2 500) =	2 509
4	3 000	2 509 + 0,10 (2 800 − 2 509) =	2 538
5	3 020	2 538 + 0,10 (3 000 − 2 538) =	2 584
6	3 200	2 584 + 0,10 (3 020 − 2 584) =	2 628

Et l'on continue ainsi jusqu'à la période 13. Le même calcul doit se faire pour un alpha égal à 0,50 ou 0,90. Il est souhaitable de prendre des valeurs d'alpha contrastées, si cela est possible, de façon à faire ressortir plus clairement les différences dans les résultats.

Dans le tableau 3.14, nous avons une comparaison des erreurs prévisionnelles selon diverses valeurs d'alpha (0,10, 0,50 et 0,90).

On peut constater ici que le lissage exponentiel avec une valeur d'alpha de 0,90 donne, selon les modèles étudiés, une meilleure prévision que les autres valeurs d'alpha calculées.

Tableau 3.14

COMPARAISON DES ERREURS DE PRÉVISION PAR LISSAGE EXPONENTIEL.
LES ENTRÉES DANS UN MUSÉE, PAR MOIS

	Valeur de ∂		
Erreur moyenne	*0,1*	*0,5*	*0,9*
Erreur réelle	3 798	885	359
Carré moyen de l'erreur	179 756	60 549	41 273

Il est possible, comme nous l'avons fait avec la moyenne mobile, de reproduire les paramètres de la tendance linéaire en utilisant un double lissage exponentiel. Cet exercice apparaît dans le tableau 3.15.

Tableau 3.15

LES ENTRÉES DE VOYAGEURS EN HISPANIE.
PRÉVISIONS PAR DOUBLE LISSAGE EXPONENTIEL ($\partial = 0,9$)

1	*2*	*3*	*4*	*5*	*6*	*7*
Périodes	*Entrées (000)*	*Lissage simple*	*Lissage double*	*a*	*b*	*a + b (m)*
1	12					
2	13	12,00	12,00			
3	15	12,90	12,81	12,99	0,81	13,80
4	16	14,79	14,59	14,99	1,78	16,77
5	18	15,88	15,75	16,01	1,16	17,17
6	20	17,79	17,58	17,99	1,83	19,83
7		19,78	19,56	20,00	1,98	21,97

Il s'agit d'appliquer la même formule (ou presque) que la moyenne mobile double en y ajoutant une certaine valeur d'alpha.

Dans le tableau 3.15, à la colonne 2 et pour la période 3, on va effectuer un premier lissage[6]. On aura donc : 12 + 0,9 (13 – 12) = 12,9. Dans la colonne 4, on va calculer un deuxième lissage[7], ce qui donnera : (12,9 – 12) 0,9 + 12 = 12,81.

---

6. Selon la formule : VLP + ∂ (VOP – VLP).
7. Selon la formule : (VLP1 – VLP2) ∂ + VLP2.

Il faut ensuite trouver la valeur de « a » (pour l'équation $Y_{pr} = a + b\ (m)$[8] ; ici, $a = (2 \times 12,9) - 12,81 = 12,99$. Enfin, il faut trouver la valeur de « b »[9] ; le coefficient « b » sera égal à :

$$b = (12,9 - 12,81)\ \frac{0,9}{1 - 0,9} = 0,81.$$

Le calcul final de la prévision sera donc de : $12,99 + 0,81 = 13,8$ pour la période 3. Il s'agit de calculs longs et fastidieux qui sont habituellement exécutés par des logiciels de statistiques.

$$* \ * \ *$$

Les méthodes présentées dans le chapitre 3 sont des méthodes empiriques et en ce sens les fondements mathématiques de ces méthodes sont assez rudimentaires. Elles reposent sur une approche essai/erreur. Elles sont nées dans la pratique prévisionnelle au sein des entreprises et elles nécessitent, dans la plupart des cas, un minimum de données (les observations passées) et les calculs sont simples et rapides. Elles servent surtout à faire des prévisions à très court terme et habituellement sur une seule période (une semaine, un mois, un trimestre ou une année).

Les taux d'accroissement annuel moyen vont résumer la tendance passée et permettent de faire des hypothèses plausibles sur la croissance d'une série chronologique. Les moyennes mobiles simples (paires ou impaires) vont tenir compte des moyennes échelonnées des valeurs passées de la variable et projeter ces résultats à la période future. Les moyennes mobiles doubles vont surtout servir à lisser très étroitement la série temporelle en lui donnant une forme quasi linéaire en intégrant les variations possibles.

Les moyennes mobiles pondérées sont des techniques de lissage qui donnent un coefficient de rétention différent aux périodes passées. On peut donc minimaliser ou maximaliser les influences récentes. Si on

---

8. Ce qui correspond à (2 × le lissage simple) – le lissage double ou (2 × colonne 3) – colonne 4.

9. Le coefficient « b » sera égal à (lissage simple – lissage double) $\dfrac{\partial}{1 \pm \partial}$

    ou (colonne 3 – colonne 4) $\dfrac{\partial}{1 \pm \partial}$

donne un poids plus élevé à la période récente, on veut faire émerger les changements dans la série considérée ; au contraire, si on donne un poids plus faible (ou égal) à la période récente, on veut atténuer ces changements (on fait l'hypothèse implicite que ces changements sont temporaires).

Le lissage exponentiel est une variante de la moyenne mobile pondérée. Dans le lissage exponentiel, c'est l'ancienne prévision qui s'additionne à un certain pourcentage (alpha) de l'ancienne prévision. Cette méthode tente d'assimiler l'erreur passée à la nouvelle prévision. Le lissage exponentiel double est une tentative pour donner une forme plus structurée à la tendance à prévoir.

Lorsqu'il y a plusieurs hypothèses prévisionnelles (plusieurs TAAM, MM), la meilleure façon d'opérer un choix est de calculer l'erreur du modèle (ou de l'hypothèse). L'erreur de prévision peut prendre une des formes suivantes :

- la moyenne de l'erreur réelle, c'est-à-dire la différence entre la valeur observée et la valeur prévue (en tenant compte des signes plus et moins) ;

- la moyenne de l'erreur absolue qui ne tient pas compte des signes plus et moins ;

- le carré moyen de l'erreur absolue.

Ce dernier calcul est un très bon indicateur de la qualité de la prévision car il pénalise de façon importante les erreurs fortes du modèle et permet de choisir la meilleure prévision possible.

Chapitre 4

Les méthodes
de prévision
à moyen terme

Ce que l'on appelle une tendance est, au départ, une notion technique conçue pour l'analyse des séries chronologiques. Avec le temps, comme il arrive assez souvent dans l'utilisation « grand public » des sciences sociales, ce terme a pris plusieurs sens. Il est possible de regrouper ces modes d'utilisation de la notion de tendance en trois groupes.

Dans un premier groupe, l'étude des tendances est basée sur des observations intuitives de la réalité (les grandes tendances de la mode, du tourisme, des goûts des consommateurs). Les données utilisées pour justifier ces tendances sont, le plus souvent, disparates et superficielles[1]. Les tendances sont présentées de façon narrative et les sources utilisées sont difficilement contrôlables. Ces tendances sont des théories implicites du changement social qui ne s'embarrassent pas de preuves même à un niveau élémentaire[2].

---

1. Par exemple citons des auteurs très connus tels que : Alain TOFFLER, Faith POPCORN, John NAISBITT, F. DE CLOSETS et Alain MINC.
2. Voir à ce sujet : R. BOUDON (1984), *La place du désordre. Critique des théories du changement social*, Paris, Presses universitaires de France.

Dans le deuxième groupe et le troisième groupe, la valeur de la notion de tendance est fortement reliée à la qualité et à la précision des données utilisées. Le deuxième groupe des producteurs des tendances prend pour base les données secondaires produites par les administrations publiques et les entreprises privées ; ce sont des données globales, des agrégats macroéconomiques[3]. La collecte et la mise en forme des tendances suivent les règles habituelles de l'approche scientifique.

Le troisième groupe de producteurs des tendances utilise plutôt des données microéconomiques (la région, la ville, l'entreprise). Ces données sont recueillies par les organisations elles-mêmes (les arrivées des touristes, les chambres occupées, les repas servis). Dans ce groupe, on porte grand soin à la collecte et au traitement des données.

On appelle généralement tendance (*trend*) : « Le mouvement de longue durée, à la hausse ou à la baisse, qui représente l'évolution générale d'un phénomène économique[4]. » Pour Gilles Guérin, la tendance : « [...] représente le mouvement de base de la série... elle schématise l'évolution essentielle, fondamentale de la grandeur mesurée[5]. » On tentera de reproduire la tendance observée par un modèle mathématique (simple ou complexe) qui permettra de faire des prévisions ; des tests permettront d'évaluer la validité du modèle.

L'appareillage statistique ne suffit pas pour faire des tendances étudiées des « lois tendancielles »[6]. Elles resteront des représentations empiriques de la réalité qui tentent de répondre à des besoins concrets d'informations des entreprises. Comme le soulignent W. Daniel et J. Terrell : « *Trend analysis is of primary importance in business forecasting, an activity that is vital to any business.* »[7]

L'étude des tendances fait partie des méthodes d'ajustement et de prévision de type mathématique. L'ajustement dans les méthodes prévisionnelles consiste à établir une liaison entre une variable quelconque et

---

3. Voir le chapitre 2 : L'analyse de l'évolution par les méthodes empiriques, partie 2 : Les principaux indicateurs du tourisme.

4. F. JULY et A. OLMI (1970), *Lexique du calcul économique et de l'économétrie*, Paris, Entreprise Moderne d'Édition, p. 163.

5. G. GUÉRIN (1983), *Des séries chronologiques au système statistique canadien*, Chicoutimi, Gaëtan Morin Éditeur, p. 21.

6. Selon l'expression de Mark BLAUG (1982), *La méthodologie économique*, Paris, Économica, p. 57.

7. W. DANIEL et J. TERRELL (1986), *Business Statistics*, Boston, Houghton Mifflin Company, p. 609.

la dimension temps. La relation entre ces deux variables, par exemple le nombre de nuitées (chambres occupées) et les années, permet de formuler un modèle mathématique simple de prévision. Il s'agit de trouver la meilleure courbe (ou droite), c'est-à-dire celle qui s'adapte le mieux aux données observées. Si les relations entre ces variables sont fortement corrélées dans le passé, il y a donc de bonnes chances qu'elles le restent dans l'avenir immédiat.

L'ajustement, dans une relation fonctionnelle ou quasi fonctionnelle, entre une variable touristique et le temps constitue un premier type de modèle prévisionnel. Tout modèle mathématique, même empirique, suppose des hypothèses de départ: « L'ajustement d'une courbe mathématique fait appel à deux hypothèses. La première concerne le type de courbe que l'on choisit pour l'ajustement des chiffres de la demande. La seconde porte sur le fait que la courbe choisie, une fois extrapolée, représentera bien l'évolution de la demande future[8]. »

La première hypothèse porte sur la qualité de l'ajustement: elle suppose que le meilleur ajustement entre les données du modèle et les données « réelles » permet aussi de définir la meilleure tendance possible. La recherche mathématique des tendances suppose que l'on calcule une série de tendances possibles et, ensuite que l'on effectue un choix parmi cette série, à partir de critères mathématiques (de tests).

La deuxième hypothèse repose sur le degré de confiance que l'on doit accorder aux prévisions futures. Le calcul des intervalles de confiance de la prévision donne une première réponse à cette question. Une deuxième réponse réside dans l'étude des facteurs (ou variables) exogènes à la série temporelle étudiée (les dimensions sociologiques, politiques, administratives, culturelles, etc.).

Dans ce domaine, les chiffres ne suffisent pas: « Ce n'est pas tant une technique de prévision qu'une parfaite compréhension de la situation présente qui peut aider à la formation d'un jugement sain portant sur l'avenir[9]. »

Au point de vue quantitatif, le changement ne peut être perçu qu'en termes de croissance, de stabilité ou de décroissance d'une variable projetée dans le temps. Les tendances calculées seront donc une mesure

---

8. J. GREGG (1970), *Les courbes de tendances*, Paris, Entreprise Moderne d'Édition, p. I-3.
9. E. SCHUMACHER (1978), *Small is Beautiful*, Paris, Le Seuil, p. 240.

de la forme que prendra l'évolution pour cette série chronologique. Les modèles de tendances mathématiques dans l'évolution du tourisme sont nombreux ; Christine Martin et Stephen Witt en présentent une dizaine[10] ; la plupart des logiciels statistiques utilisent ces modèles mathématiques dans l'analyse des tendances[11]. Dans ce chapitre, nous nous en tiendrons aux quatre principaux modèles (les autres modèles dérivent plus ou moins de ces quatre modèles généraux)[12]. Nous verrons donc :

- la tendance linéaire ;
- la tendance parabolique ;
- la tendance logarithmique ;
- la tendance logistique.

1. LA TENDANCE LINÉAIRE

On peut dire que la tendance linéaire est la « mère des tendances », les autres tendances mathématiques ne sont que des variantes de cette tendance principale. Selon Henri Guitton : « Linéaire vient évidemment du mot ligne. Mais il faut ajouter ligne droite. Toute ligne n'est pas droite. Il y a des lignes courbes (curvilignes), des lignes qui " tournent ", et dont la courbure est plus ou moins prononcée. La ligne droite est la première des courbes, la plus simple. Ceci correspond à la représentation visible de la linéarité, celle évoquée par le mot[13]. »

Dans les méthodes d'ajustement, il s'agit de retrouver une relation modélisée entre deux variables. L'une de ces variables est une donnée quelconque :

- les arrivées des touristes dans un pays ou une région ;

- les chambres occupées dans un hôtel ;

---

10. C. MARTIN et S. WITT (1989), « Accuracy of Econometric Forecasts of Tourism », dans *Annals of Tourism Research*, vol. 16, n° 3, p. 413.

11. Par exemple, le logiciel SPSS propose (sous la commande *Curve Estimation*, onze modèles d'ajustement :
    - le modèle linéaire ;
    - le modèle en S ;
    - le modèle quadratique ;
    - le modèle exponentiel ;
    - le modèle de croissance exponentielle ;
    - le modèle inverse ;
    - le modèle de croissance ;
    - le modèle puissance ;
    - le modèle logarithmique ;
    - le modèle logistique.
    - le modèle cubique ;

12. Nous suivons ici la démarche adoptée par plusieurs chercheurs ; voir par exemple : D. SALVATORE (1985), *Économétrie et statistiques appliquées*, Montréal, McGraw-Hill, p. 205.

13. H. GUITTON (1964), *Statistique et économétrie*, Paris, Dalloz, p. 128.

- les entrées dans un musée ;

- les dépenses touristiques dans une ville.

Cette variable est considérée comme la VARIABLE DÉPEN-
DANTE ; c'est la variable sur laquelle porte l'étude, celle dont on veut
connaître l'évolution future.

L'autre variable est le temps, c'est la VARIABLE INDÉPEN-
DANTE. C'est la variable explicative. C'est aussi un terme générique
qui remplace (dans ce type de modèle) commodément toutes les autres
variables qui n'ont pas été prises en compte. On parle d'une relation
modélisée ou d'un modèle car la relation entre ces variables (indépendante et dépendante) prendra une forme mathématique, celle d'une équation mathématique.

L'analyse des tendances mathématiques est aussi désignée sous le
terme de régression simple. Ce terme a été inventé par Francis Galton
(1822-1911) et sa méthode a été appliquée, depuis les années 1930, à la
prévision économique[14]. La régression simple consiste à : « L'ajustement
d'un nuage de points à une courbe dont on connaît l'expression analy-
tique (ou à deux courbes de régression) permet de résumer au mieux
l'allure générale du phénomène. L'ajustement à une courbe se fait généralement en minimisant les carrés des distances des points du nuage à la
courbe[15]. » Ainsi, la recherche des tendances mathématiques a plusieurs
synonymes : méthode d'ajustement, méthode de régression simple ou
méthode des moindres carrés.

Dans le cas de la tendance linéaire, le développement ou l'évolution
de la variable se fera en quantité constante : par exemple, les arrivées des
touristes qui augmentent de 5 000 par année. Dans ce dernier cas, le rapport entre la durée et les arrivées est linéaire ; à ce moment, le meilleur
ajustement va se faire par une droite.

L'équation de la tendance linéaire est :

$$Y_{pr} = a + b\,(t)$$

---

14. Voir à ce sujet : J. CLEARY et H. LEVENBACH (1981), *The Beginning Forecaster : The
     Forecasting Process Through Data Analysis*, Belmont, Lifetime Learning Publications,
     chapitre 12.

15. B. PY (1987), *Statistique descriptive*, Paris, Économica, p. 197.

où :

Y_{pr} : correspond aux valeurs prévues par le modèle (ce que l'on cherche, la variable dépendante) ;

a : le terme constant (*intercept* en anglais), c'est l'ordonnée à l'origine ou la valeur de y lorsque t (ou x) est égal à zéro ;

b : le coefficient de régression créé lui aussi par le modèle ;

t : les périodes (temps).

La méthode des moindres carrés fournit deux équations normales :

I : $na + b\Sigma x = \Sigma y$

II : $a\Sigma x + b\Sigma x^2 = \Sigma(xy)$[16].

Pour simplifier les calculs, en transposant, on utilisera les formules suivantes :

$$a = \frac{\Sigma y_i}{n} \text{ ; et}$$

$$b = \frac{\Sigma T_i Y_i}{\Sigma T_i^2}$$

où :

y_i : les valeurs observées ;

n : le nombre des périodes observées ;

T_i : $t_i - \overline{t_i}$

Y_i : $y_i - \overline{y_i}$

La formule finale sera donc :

$Y_{pr} = a + b(t) + \epsilon$

où ϵ correspond aux erreurs du modèle (aux résidus)[17].

---

16. Voir à ce sujet : S. SHAO (1967), *Statistics for Business and Economics*, Columbus, Charles Merrill Publishing, p. 522.

17. ϵ s'appelle aussi « epsilon », « errata », « terme d'erreur » ou « résidu ».

Les prévisions seront égales à l'équation du modèle additionné aux erreurs possibles. Les résidus sont calculés en soustrayant les valeurs observées des valeurs prévues. Les hypothèses spécifiques de la tendance linéaire sont les suivantes :

1. on suppose qu'il y a une certaine loi historique (des régularités) dans l'évolution de cette série temporelle ;

2. que la forme de cette évolution sera (et restera) linéaire.

Dans le tableau 4.1, nous avons la décomposition de la formule de la régression linéaire. Dans l'exemple de ce tableau, nous avons les arrivées des touristes dans une région pour différentes années (de l'année 1 à l'année 11) ; nous voulons faire la prévision des arrivées pour les deux années futures (l'année 12 et l'année 13). Voyons les éléments de ce tableau :

- colonne 1 : les périodes (en années) (t_i) ;

- colonne 2 : les arrivées en milliers (y_i) ;

- colonne 3 : nous avons dans cette colonne les T_i – c'est-à-dire la valeur de chacune des périodes soustraite de la moyenne de l'ensemble des périodes – voir cette moyenne dans la colonne 1 ;

- colonne 4 : l'expression Y_i correspond aux arrivées de chacune des périodes soustraite de la moyenne des arrivées déjà calculée dans la colonne 2 ;

- colonne 5 : $T_i Y_i$ se calcule en multipliant les résultats de la colonne 3 à ceux de la colonne 4 ;

- colonne 6 : T_i^2 ce sont les résultats de la colonne 3 mis au carré.

Nous disposons des éléments nécessaires à la prévision. Pour trouver la constante « a » :

$$a = \frac{\sum Y_i}{n} = \frac{1\,044}{11} = 94,9091$$

(ou 94 909 arrivées de touristes) ;

pour trouver le coefficient « b » :

$$b = \frac{\sum T_i Y_i}{\sum T_i^2} = \frac{631}{110} = 5,7364$$

(ou 5 736 arrivées de touristes).

Tableau 4.1

LES ÉTAPES DU CALCUL DE LA TENDANCE LINÉAIRE
(LES ARRIVÉES DES TOURISTES EN MILLIERS)

1	2	3	4	5	6	7	8
t_i	y_i	T_i	Y_i	T_iY_i	T_i^2	Y_{pr}	
Périodes (Années)	Arrivées (000)	$t_i - \overline{t_i}$	$y_i - \overline{y_i}$			$a + b(t)$	Résidus
1	62	−5	−32,91	164,55	25	66	−4
2	72	−4	−22,91	91,64	16	72	0
3	84	−3	−10,91	32,73	9	78	6
4	85	−2	−9,91	19,82	4	83	2
5	87	−1	−7,91	7,91	1	89	−2
6	91	0	−3,91	0,00	0	95	−4
7	102	1	7,09	7,09	1	101	1
8	109	2	14,09	28,18	4	106	3
9	112	3	17,09	51,27	9	112	0
10	118	4	23,09	92,36	16	118	0
11	122	5	27,09	135,45	25	124	−2
Total = 66	1 044			631,00	110		
Moyenne = 6	94,9091						

Le résultat de l'équation est donc :

$Y_{pr} = a + b\,(T_i) + \epsilon$

où :

Prévision des arrivées des touristes = 94,9091 + 5,7364 (période)

(ici il faut se rappeler que les périodes = T_i).

Les résultats prévisionnels apparaissent dans la colonne 7 du tableau 4.1. Il est important de réaliser que, dans cette formule, période est égale à T_i de la colonne 3, c'est-à-dire la période ajustée à la moyenne. Ainsi, la formule ponctuelle de chacune des périodes s'écrira ainsi :

- année 1 = 94,9091 + 5,7364 (–5) = 94,9091 + (–28,7) = 66,2 arrivées (en milliers ou 66 200) ;

- année 2 = 94,9091 + 5,7364 (–4) = 71,9 ou 72.

On continuera ainsi pour les périodes négatives (les T_i de la colonne 3).

Pour les périodes positives (dans la colonne 3), on aura :

- année 6 : 94,9091 + 5,7364 (0) = 94,9091 ou 95 ;

- année 11 : 94,9091 + 5,7364 (5) = 123,6 ou 124.

Pour les périodes futures, on aura :

- année 12 : 94,9091 + 5,7364 (6) = 129,34 ;

- année 13 : 94,9091 + 5,7364 (7) = 135,08.

Il est possible de ne pas tenir compte de l'origine 0 (ou de T_i) et de n'utiliser que les périodes «réelles» (c'est-à-dire ici les années). La formule de correction pour revenir aux années de la colonne 1 est :

$a = \overline{y}_i - b\overline{t}_i$[18] ;

$a = 94,9091 - 5,7364 (6) = 60,4907$;

la nouvelle valeur de « a » sera donc de 60,4907. L'équation corrigée donnera :

$Y_{pr} = 60,4907 + 5,7364(t)$.

Dans cette nouvelle équation, on remplace les T_i de la colonne 3 par les t_i de la colonne 1. Il importe de noter que la courbe (les données prévues) n'a pas changé pour autant, c'est seulement l'ordonnée à l'origine qui s'est déplacée. Les résultats obtenus avec cette équation (t_i) seront alors identiques à ceux obtenus avec T_i :

à l'année 1 = 60,4907 + 5,7364 (1) = 66,2 ;

à l'année 6 = 60,4907 + 5,7364 (6) = 94,9091 ;

à l'année 11 = 60,4907 + 5,7364 (11) = 123,6.

---

18. Voir à ce sujet : R. LEVIN et D. RUBIN (1998), *Statistics for Management*, New Jersey, Prentice-Hall, p. 661.

Pour les années futures, on applique la même formule modifiée ; on aura :

à l'année 12 = 60,4907 + 5,7364 (12) = 129,34 ;

à l'année 13 = 60,4907 + 5,7364 (13) = 135,08.

Ces résultats apparaissent dans la figure 4.1.

Figure 4.1

*LA PRÉVISION DES ARRIVÉES DES TOURISTES PAR ANNÉE
(EN MILLIERS) ; LA TENDANCE LINÉAIRE*

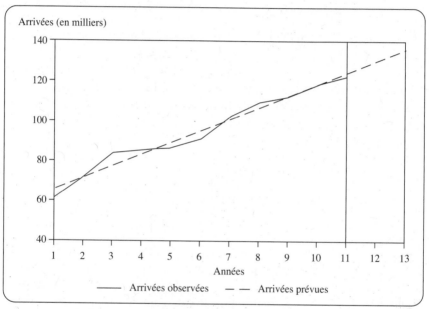

La méthode de régression simple, si elle permet d'extrapoler (de faire des prévisions dans le futur), elle permet aussi d'intrapoler, c'est-à-dire d'obtenir des valeurs prévisionnelles pour les périodes passées pour lesquelles on ne détient pas de valeurs observées. Comme l'année 1 correspond à l'année (dans la formule corrigée), la donnée prévisionnelle pour l'année t − 1 sera :

Y_{pr} pour la période 0 (ou t − 1) = 60,4907 + 5,7364 (0) = 60,4907 ;

la prévision p our la période t − 2 (ou −1) sera : 60,4907 + 5,7364 (−1) = 54,75.

2. LES TESTS STATISTIQUES ET LES INTERVALLES DE CONFIANCE

L'analyse des résidus permet d'évaluer la qualité du modèle présenté et donc la qualité des prévisions. La plupart des tests qui servent à valider un modèle prévisionnel sont basés sur le calcul des résidus. Ces résidus, ou erreurs du modèle, apparaissent dans la colonne 8 du tableau 4.1. Les résidus sont obtenus en soustrayant les valeurs observées (de la colonne 2), les arrivées des touristes, aux valeurs prévues de ces arrivées qui sont présentées dans la colonne 7. Nous pouvons remarquer que les erreurs les plus importantes apparaissent à l'année 1 et à l'année 6 (avec − 4) et aussi, à un degré moindre à l'année 8 (avec + 3).

Dans le tableau 4.2, nous avons les éléments qui permettront de calculer les tests statistiques[19]. Ces tests statistiques serviront à évaluer la qualité du modèle prévisionnel. Voici comment est composé ce tableau :

- dans la colonne 1 : nous avons les périodes (années) ;
- dans la colonne 2 : les valeurs observées dans la réalité ;
- dans la colonne 3 : les valeurs prévues par le modèle ;
- dans la colonne 4 : les erreurs du modèle ;
- dans la colonne 5 : les erreurs du modèle au carré ;
- dans la colonne 6 : les valeurs prévues moins la moyenne des valeurs observées ;
- dans la colonne 7 : les valeurs prévues moins la moyenne des valeurs observées au carré ;
- dans la colonne 8 : nous avons les valeurs observées moins la moyenne des valeurs observées ;
- et enfin dans la colonne 9 : les valeurs observées moins la moyenne des valeurs observées au carré.

---

19. Nous nous inspirons ici de la démarche employée par J.-J. LAMBIN (1990), *La recherche marketing*, Paris, McGraw-Hill, p. 363.

Tableau 4.2

L'ANALYSE DES RÉSIDUS DE LA PRÉVISION (TENDANCE LINÉAIRE)

1	2	3	4	5	6	7	8	9
				Variation non expliquée		Variation expliquée		Variation totale
t_i	y_i	Y_{pr}	$y_i - Y_{pr}$	$(y_i - Y_{pr})^2$	$Y_{pr} - \overline{y_i}$	$(Y_{pr} - \overline{y_i})^2$	$y_i - \overline{y_i}$	$(y_i - \overline{y_i})^2$
1	62	66	-4	16	$-28,91$	835,74	$-32,91$	1 083,01
2	72	72	0	0	$-22,91$	524,83	$-22,91$	524,83
3	84	78	6	36	$-16,91$	285,92	$-10,91$	119,01
4	85	83	2	4	$-11,91$	141,83	$-9,91$	98,19
5	87	89	-2	4	$-5,91$	34,92	$-7,91$	62,55
6	91	95	-4	16	0,09	0,01	$-3,91$	15,28
7	102	101	1	1	6,09	37,10	7,09	50,28
8	109	106	3	9	11,09	123,01	14,09	198,55
9	112	112	0	0	17,09	292,10	17,09	292,10
10	118	118	0	0	23,09	533,19	23,09	533,19
11	122	124	-2	4	29,09	846,28	27,09	733,92
66	1 044	1 044	0	90	0,00	3 654,9091	0,00	3 710,9091

Moyenne
= 6 94,9091

2.1. LES TESTS STATISTIQUES

Nous avons donc, à partir des calculs du tableau 4.2 dans la dernière ligne :

la variation non expliquée : VNE = 90 ;

la variation expliquée : VE = 3 654,91 ;

et la variation totale : VT = 3 710,91 ;

(ici VNE + VE = VT).

Le coefficient de détermination (R^2), qui mesure la qualité de l'ajustement (du modèle comme représentation de la réalité observée) en pourcentage de la variation expliquée, est égal à :

$$R^2 = \frac{VE}{VT} = \frac{3\,654,91}{3\,710,91} = 0,984$$

Le coefficient de corrélation (R), qui mesure la qualité globale du modèle et la force des relations entre la variable indépendante (le temps) et la variable dépendante (les arrivées des touristes), est égal à :

$$R = \sqrt{R^2} = \sqrt{0,987} = 0,975.$$

Le « R » (ou le « R^2 ») de Bravais-Pearson doit être le plus élevé possible (le plus près de la valeur 1).

Un autre test important est le « F » de Fisher ; c'est un test d'hypothèse[20] qui évalue la qualité globale du modèle et le caractère significatif du R^2 obtenu. Il correspond à :

$$F = \frac{\text{la variance expliquée par la régression}}{\text{la variance non expliquée par la régression}}.$$

La variance expliquée par la régression correspond à la formule :

$$VER = \frac{1}{k} \Sigma \left(Y_{pr} - \overline{y_i} \right)^2.$$

Et la variance non expliquée par la régression se calcule :

$$VNER = \frac{1}{n - k - 1} \Sigma \left(y_i - Y_{pr} \right)^2.$$

Ici, « n » se rapporte au nombre de valeurs observées et « k » au nombre de variables explicatives. Ces formules appliquées aux résultats du tableau 4.2 donneront :

- pour $VER = \dfrac{1}{1} \times 3\,654,91 = 3\,654,91$;

- pour $VNER = \dfrac{1}{11 - 1 - 1} \times 90 = 10.$

En conséquence, le test F se calculera par la formule :

$$F = \frac{VER}{VNER} = \frac{3\,654,91}{10} = 365,49.$$

---

20. Voir à ce sujet : T. WONNACOTT et R. WONNACOTT (1984), *Statistique*, Paris, Économica, p. 459-463.

On regarde ensuite la table de Fisher (voir cette table en annexe) ; celle-ci tient compte des degrés de liberté (dl). Pour VER, il y a 1 degré de liberté et pour VNER on a 9 degrés de liberté. En prenant VER dl comme numérateur et VNER dl comme dénominateur, on a les valeurs critiques dans la table de F et pour certaines probabilités :

- 0,05 = 5,12 ;

- 0,01 = 10,6 ;

- 0,001 = 22,9.

Le résultat de F obtenu par le modèle est très supérieur à celui que donne la table (365,49 > 22,9). On peut donc conclure ici qu'il y a une relation statistique significative entre le temps (les années) et les arrivées des touristes.

Un troisième test, le test « t » de Student, mesure le degré de signification statistique des coefficients des variables explicatives et du terme constant. L'erreur standard de la moyenne du paramètre « a » se calcule par la formule[21] :

$$S_a^2 = \frac{\Sigma\left(y_i - Y_{pr}\right)^2}{n-k} \times \frac{\Sigma t_i^2}{n \, \Sigma \overline{T_i}^2} .$$

Pour le coefficient « b », la formule est :

$$S_b = \frac{\Sigma\left(y_i - Y_{pr}\right)^2}{\left(n-k\right)\left(\Sigma T_i^2\right)} .$$

Dans notre exemple du tableau 4.2, on aura donc, en appliquant la formule afin de trouver l'erreur standard des paramètres de l'équation de la tendance linéaire :

$$S_a^2 = \frac{90 \times 505}{\left(9\right)\left(11 \times 110\right)} = 4,17$$

et $\quad S_a = \sqrt{4,17} = 2,042 ;$

---

21.   Voir à ce sujet : D. SALVATORE, *op. cit.*, p. 150-151.

et $\quad S_b^2 = \dfrac{90}{9 \times 110} = 0,0909$;

et $\quad S_b \sqrt{0,0909} = 0,3015.$

On doit maintenant pour calculer le « t » de Student continuer les calculs par la formule, pour le coefficient « a » :

$$t_a = \frac{a}{S_a} = \frac{60,46}{2,042} = 29,61 ;$$

et pour le coefficient « b » :

$$t_b = \frac{b}{S_b} = \frac{5,74}{0,3015} = 19,03.$$

Il faut ensuite consulter la table du « t » de Student (voir cette table en annexe). Celle-ci a 9 degrés de liberté et avec une probabilité de 0,005 nous donne 3,250 ; les résultats obtenus t_a et t_b dépassent de loin cette limite. On peut donc croire que les coefficients « a » et « b » dans l'équation prévisionnelle des arrivées des touristes sont statistiquement significatifs.

Enfin, un dernier test : une des hypothèses à la base des modèles de régression est l'indépendance des résidus. Il faut donc que les erreurs du modèle prévisionnel ne soient pas corrélées entre elles. Si les erreurs sont fortement corrélées, cela peut indiquer qu'une variable explicative importante n'a pas été prise en compte.

Les mathématiciens Durbin et Watson ont construit un test d'hypothèse, en 1951, qui porte sur l'autocorrélation des résidus. La formule du test est la suivante[22] :

$$DW = \frac{\Sigma \left(e_{i+1} - e_i \right)^2}{\Sigma e_i^2}$$

---

22.   Voir à ce sujet : G. B AILLARGEON et J. R AINVILLE (1978), *Statistique appliquée. Tests statistiques, régression et corrélation*, Trois-Rivières, Les Éditions SMG, p. 545-550 ; voir aussi : J. H ANKE et G. R EITSCH (1998), *Business Forecasting*, New Jersey, Prentice-Hall, p. 362-365.

Les diverses étapes des calculs propres à ce test apparaissent dans le tableau 4.3. En appliquant la formule ci-dessus, on aura :

$$DW = \frac{130}{90} = 1,44.$$

Nous avons les hypothèses statistiques suivantes :

H_0 = indépendance des résidus ;

H_1 = autocorrélation des résidus.

Tableau 4.3

**LE CALCUL DU TEST DE DURBIN-WATSON
(À PARTIR DES DONNÉES DES TABLEAUX 4.1 ET 4.2)**

1	2	3	4	5	6	7
Périodes (années)	Arrivées des touristes (000)	Valeurs prévues (000)	Résidus (000)			
t_i	y_i	Y_{pr}	e_i	e_{i+1}	$(e_{i+1}-e_i)^2$	e_i^2
1	62	66	−4	0	16	16
2	72	72	0	6	36	0
3	84	78	6	2	16	36
4	85	83	2	−2	16	4
5	87	89	−2	−4	4	4
6	91	95	−4	1	25	16
7	102	101	1	3	4	1
8	109	106	3	0	9	9
9	112	112	0	0	0	0
10	118	118	0	−2	4	0
11	122	124	−2	−	−	4
TOTAL :	1 044	1 044	0		130	90

La règle de décision pour le test de Durbin-Watson est la suivante :

- si DW est > d1, il y a une autocorrélation positive des erreurs ;
- si d1 < DW < d2, on ne peut rien affirmer (c'est une zone grise) ; il y a doute ;
- si d2 < DW < 4-d2, on accepte l'hypothèse de l'indépendance des résidus (il n'y a pas autocorrélation des erreurs) ;
- si 4-d2 < DW < 4-d1, comme tout à l'heure, nous sommes dans une zone douteuse ; on ne peut donc rien affirmer ;
- si 4-d1 < DW, on rejette l'hypothèse de l'indépendance des résidus, il y a une autocorrélation négative des erreurs dans le modèle étudié.

Pour prendre une décision face aux hypothèses, il faut consulter la table statistique établie par Durbin et Watson (voir cette table en annexe de ce volume : annexe, tableau C). Dans cette table, nous avons les éléments suivants :

APERÇU DE LA TABLE DE DURBIN-WATSON
NIVEAU DE SIGNIFICATION = 0,05
K = 1

n	d1	d2
15	1,08	1,36

Ici :

n = le nombre de périodes (15 et moins) ;

k = le nombre de variables indépendantes (à l'exclusion du terme constant).

La lecture des règles de décision se fait de la façon suivante :

	d1	d2		4 − d2	4 − d1	
Autocorrélation positive	Doute	Indépendance des résidus		Doute	Autocorrélation négative	
0	1,08	1,36		2,64	2,92	4

À l'aide de cette table, nous pouvons donc conclure qu'il y a indépendance des résidus puisque la valeur calculée du DW (1,44) se situe entre 1,36 et 2,64.

Une façon plus rapide de prendre une décision face à l'autocorrélation des erreurs est d'utiliser les règles de décision suivantes[23] :

Résultats du test de DW	*Règle de décision*
Entre 1,5 et 2,5	Absence d'autocorrélation
Moins de 1,5	Autocorrélation positive
Plus de 2,5	Autocorrélation négative

L'utilité de ce test est souvent discutée car selon Jean-Claude Usunier et Régis Bourbon : « Dans la majorité des cas, le test de Durbin-Watson ne donne qu'une présomption d'autocorrélation des résidus pour un ordre sans rechercher des liaisons à un ordre supérieur[24]. »

Nous pouvons maintenant, après la démonstration de toutes ces formules, faire un résumé de la façon d'évaluer la valeur du modèle prévisionnel étudié. Ce résumé des tests les plus importants apparaît dans le tableau 4.4.

Analysons, en fonction du tableau 4.4, la validité de notre modèle (à partir des données du tableau 4.1). Voyons ces tests un à un :

- le coefficient de détermination est de 0,975 et le coefficient de corrélation est de 0,984 ; les résultats sont très près de 1, dont l'ajustement entre valeurs observées et valeurs prévues est très fort, les deux variables (le temps et les arrivées des touristes) sont donc fortement reliées ;

- le test « F » de Fisher est positif, il indique que le R^2 calculé est significatif au plan statistique ;

- le test « t » de Student nous montre que les deux paramètres de l'équation (la constante « a » et le coefficient « b ») sont significatifs (l'hypothèse de la validité des paramètres) ;

- enfin le test de Durbin-Watson (le DW) nous amène à conclure qu'il y a absence d'autocorrélation des résidus.

---

23. J. Shim, J. Siegel et A. Simon (1986), *The Vest-Pocket MBA*, New Jersey, Prentice-Hall, p. 250.

24. R. Bourbonnais et J.-C. Usunier (1982), *Pratique de la prévision à court terme*, Paris, Dunod, p. 53.

Tableau 4.4

L'ÉVALUATION DES MODÈLES PAR LA LECTURE DES TESTS ;
TABLEAU RÉCAPITULATIF

Test	Nature du test	Lecture du test
Coefficient de corrélation multiple « R »	Mesure la qualité globale du modèle et la force des relations entre les variables indépendantes et la variable dépendante	Se situe entre +1 et –1 ; doit être le plus élevé possible
Coefficient de détermination « R^2 »	Mesure la qualité de l'ajustement (du modèle comme représentation de la réalité observée) en pourcentage de variation expliquée	Se situe entre 0 et +1 ; doit être le plus élevé possible
Test « F » de Fisher	Mesure aussi la qualité globale du modèle et la valeur générale du R^2 obtenu	Doit être le plus petit possible : F<0,05 ou moins
Test « t » de Student	Mesure le degré de signification statistique des coefficients de chacune des variables explicatives et du terme constant	Doit être le plus petit possible : t<0,05 ou moins
Test « DW » de Durbin-Watson	Mesure la présence d'auto-corrélation des résidus	Doit être entre 1,5 et 2,5 ou utiliser la table statistique du DW

Voici la façon traditionnelle de présenter l'équation prévisionnelle :

La tendance linéaire (ou la régression linéaire simple)
des arrivées des touristes (en milliers) :

La prévision des arrivées des touristes (en milliers)	=	60,46 (29,61)*	+	5,74 (t) (19,03)*	+	ε

R^2 : 0,975   F : 365,49 DW : 1,44.

* Les valeurs du test « t » de Student pour chacun des paramètres sont présentées dans les parenthèses.
** Équation corrigée.

2.2. *LES INTERVALLES DE CONFIANCE DE LA PRÉVISION*

Les intervalles de confiance de la prévision sont les limites inférieures et supérieures entre lesquelles les valeurs prévues peuvent fluctuer pour une marge d'erreur donnée (habituellement 10 % ou 5 %). Les formules pour calculer les intervalles de confiance sont[25] :

---

25. Voir au sujet du calcul des intervalles de confiance : P. GAYNOR et C. KIRKPATRICK (1994), *Introduction to Time-Series Modeling and Forecasting in Business and Economics*, New York, McGraw-Hill Inc., p. 198-199.

1. $S^2 = \dfrac{\Sigma\left(y_i - Y_{pr}\right)^2}{n - k - 1}$

2. $IC = S\sqrt{1 + \dfrac{1}{n} + \dfrac{\left(t_i - \overline{t_i}\right)^2}{\Sigma t_i^2 - \dfrac{\left(\Sigma t_i\right)^2}{n}}}$

En appliquant ces formules à l'exemple des tableaux 4.1 et 4.2, on aura :

1. $S^2 = \dfrac{90}{9} = 10$

   donc $S = \sqrt{10} = 3{,}16$.

2. $IC = 3{,}16\sqrt{1 + \dfrac{1}{11} + \dfrac{\left(12* - 6\right)^2}{505 - \dfrac{\left(66\right)^2}{11}}}$

* la valeur « 12 » au numérateur correspond à l'année 12 pour laquelle on veut faire une prévision.

Ce qui donne IC = 3,16 × 1,19 = 3,76

Avec 95 % de chance de ne pas se tromper (ou 5 % de chance de se tromper), on aura donc :

IC = 1,96 × 3,76 = ± 7,37. Il faut ajouter ces intervalles à la prévision. (Notons que la valeur 1,96 correspond à 1,96 écart-type de la moyenne à un niveau de confiance de 95 % ; 2,58 à 2,58 écart-type de la moyenne à un niveau de confiance de 99 %.)

Par exemple, pour l'année 12, la valeur prévue était de 129 (000) arrivées ; les intervalles seront :

Intervalle inférieur = 129 – 7,37 = 121,63 ;

Intervalle supérieur = 129 + 7,37 = 136,37.

On est donc certain, avec un niveau de confiance de 95 % que, à l'année 12, la prévision des arrivées des touristes (en milliers) sera de 129 ± 7,37.

Les calculs nécessaires pour parvenir aux résultats de ces tests sont très laborieux ; aujourd'hui, on utilise des logiciels statistiques très performants qui exécutent ces calculs à notre place. Dans l'étude des autres tendances, nous allons utiliser les sorties d'ordinateur pour interpréter ces différents tests.

3. LES TENDANCES EXPONENTIELLES

La croissance (ou la décroissance) exponentielle correspond, à peu de chose près, à une évaluation de la variable à un taux croissant d'une période à l'autre. Le rapport entre la variable étudiée et le temps est exponentiel. Les tendances exponentielles se calculent à l'aide des logarithmes. La formule générale de ce type de tendance s'écrit : $Y_{pr} = a + b^t + \epsilon$. Ce type de tendance se divise en deux groupes : les tendances semi-logarithmiques et les tendances double-logarithmiques.

3.1. *LA TENDANCE SEMI-LOGARITHMIQUE*

Dans la tendance semi-logarithmique, on traduit en logarithme, généralement, la variable dépendante. La formule de la semi-logarithmique est[26] :

$$\text{Log } Y_{pr} = \log a + \log b(t) + \epsilon ;$$

où :

$$\text{Log } a = \log \overline{y_i} - \log b\overline{t_i} \text{ et}$$

$$\text{Log } b = \frac{\sum T_i \log y_i}{\sum T_i^2}$$

On retrouve cette tendance assez rarement ; elle apparaît surtout dans les premières périodes de la vente d'un produit nouveau et en pleine expansion.

---

26. Pour l'application de la formule, voir : G. GILBREATH et G. VAN MATRE (1980), *Statistics for Business and Economics*, Georgetown, Irwin-Dorsey, p. 433.

Dans le tableau 4.5, nous allons reprendre l'exemple de nos arrivées des touristes dans une région pour les années 1 à 11 et sur lesquelles nous allons calculer les prévisions avec la tendance semi-logarithmique. En appliquant la formule :

$$\text{Log } b = \frac{2,98795}{110} = 0,02716 \,;$$

Log a = 1,96868 – (0,02716 × 6) = 1,8057 ;

donc : Log Y_{pr} = 1,8057 + 0,02716 (t) + ϵ.

En remplaçant « t » par les périodes, on obtient les prévisions en logarithme de la colonne 7 du tableau 4.5. Dans la colonne 8, nous avons les valeurs prévues l'inverse du logarithme et dans la colonne 9 les résidus (les erreurs prévisionnelles).

*T*ableau 4.5

LES ÉTAPES DU CALCUL DE LA TENDANCE SEMI-LOGARITHMIQUE
(LES ARRIVÉES DES TOURISTES EN MILLIERS)

1	2	3	4	5	6	7	8	9
t_i	y_i	T_i	$\text{Log } y_i$	$T_i \text{ Log } y_i$	T_i^2	$\text{Log } Y_{pr}$	Y_{pr}	
Périodes (Années)	Arrivées (000)	$t_i\text{-}t_i$				Log a + Log b(t)	10^7 (000)	Résidus
1	62	– 5	1,79239	– 8,96196	25	1,83286	68	– 6
2	72	– 4	1,85733	– 7,42933	16	1,86003	72	0
3	84	– 3	1,92428	– 5,77284	9	1,88719	77	7
4	85	– 2	1,92942	– 3,85884	4	1,91435	82	3
5	87	– 1	1,93952	– 1,93952	1	1,94152	87	0
6	91	0	1,95904	0,00000	0	1,96868	93	– 2
7	102	1	2,00860	2,00860	1	1,99584	99	3
8	109	2	2,03743	4,07485	4	2,02301	105	4
9	112	3	2,04922	6,14765	9	2,05017	112	0
10	118	4	2,07188	8,28753	16	2,07733	119	– 1
11	122	5	2,08636	10,43180	25	2,10450	127	– 5
Total = 66	1 044		21,65547	2,98795	110			
Moyenne = 6	94,9091		1,96868					

Dans le tableau 4.6, nous avons la prévision[27] des arrivées des touristes par la tendance semi-logarithmique ainsi que les intervalles de confiance de la prévision (à 95 %). On remarque l'importance des résidus et l'amplitude très grande des intervalles de confiance de la prévision (ce qui est très mauvais signe). La figure 4.2 montre bien l'écart entre les valeurs observées et les valeurs prévues ; le degré d'ajustement entre les deux courbes est très faible.

Figure 4.2

LA PRÉVISION DES ARRIVÉES DES TOURISTES PAR ANNÉE (EN MILLIERS) ;
LA TENDANCE SEMI-LOGARITHMIQUE

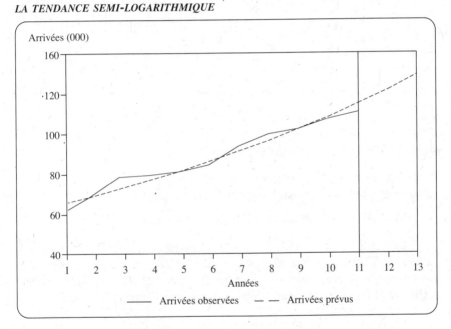

Voyons maintenant les tests (calculés par le logiciel SPSS) :

- R :   0,976 ;
- R^2 :   0,952 ;
- F :   0,000 ;
- t :   a = 0,000 et b = 0,000 ;
- DW : 1,170.

---

27.   Les résultats qui apparaissent dans le tableau 4.6 ont été obtenus par le logiciel SPSS sous Windows.

T*ableau 4.6*

LA PRÉVISION DES ARRIVÉES DES TOURISTES PAR ANNÉE (EN MILLIERS) ;
LA TENDANCE SEMI-LOGARITHMIQUE

Années	Arrivées (000)	Prévisions (000)	Résidus (000)	Intervalle inférieur à 95 % (00)	Intervalle supérieur à 95 % (00)
1	62	68	−6	60	77
2	72	72	0	64	82
3	84	77	7	68	87
4	85	82	3	73	92
5	87	87	0	78	98
6	91	93	−2	83	104
7	102	99	3	88	111
8	109	105	4	94	119
9	112	112	0	100	127
10	118	119	−1	106	135
11	122	127	−5	112	144
12	–	135		119	155
13	–	144		126	165

3.2. *LA TENDANCE DOUBLE-LOGARITHMIQUE*

La formule du modèle est sensiblement la même que la tendance semi-logarithmique. Dans ce cas, la formule de l'équation est :

$$\text{Log } Y_{pr} = \log a + \log b \,(\log t) + \epsilon$$

La seule différence avec la tendance semi-logarithmique est qu'il faut mettre, en plus de la variable dépendante, la variable indépendante (le temps – les périodes) en logarithme. Avec cette transformation, on utilise les mêmes calculs que ceux présentés dans le tableau 4.5.

Nous avons, comme exemple de tendance double-logarithmique, nos mêmes données concernant les arrivées touristiques dans une région des années 1 à 11. Les résultats de la régression sont :

$$\text{Log } Y_{pr} = \quad 1{,}776 \quad + 0{,}279 \,(\log t) + \epsilon.$$
$$\quad\quad (118{,}502) \quad\quad (14{,}092)$$

Les principaux résultats apparaissent dans le tableau 4.7. Nous avons dans ce tableau les entrées observées et les intervalles de confiance à 95 %. La figure 4.3 montre le degré d'ajustement et l'évolution observée et prévue des arrivées de touristes.

*T*ableau *4.7*

LA PRÉVISION DES ARRIVÉES DES TOURISTES PAR ANNÉE (EN MILLIERS) ;
LA TENDANCE DOUBLE LOGARITHMIQUE

Années	*Arrivées* (000)	*Prévisions* (000)	*Résidus* (000)	*Intervalle inférieur à* 95 % (000)	*Intervalle supérieur à* 95 % (000)
1	62	60	2	52	68
2	72	72	0	64	81
3	84	81	3	72	91
4	85	88	− 3	79	98
5	87	94	− 7	84	104
6	91	98	− 7	88	110
7	102	103	− 1	92	115
8	109	107	2	95	119
9	112	110	2	98	123
10	118	113	5	101	127
11	122	117	5	104	131
12	–	119	–	106	134
13	–	122	–	108	137

*F*igure *4.3*

LA PRÉVISION DES ARRIVÉES DES TOURISTES (EN MILLIERS) PAR ANNÉE ;
LA TENDANCE DOUBLE LOGARITHMIQUE AVEC INTERVALLES DE CONFIANCE

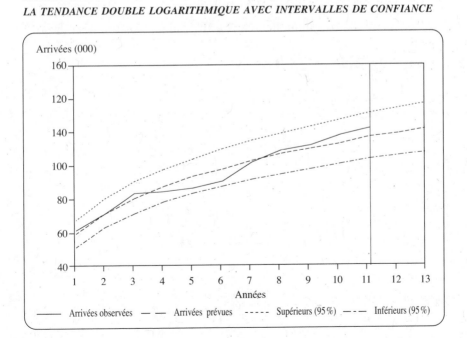

Les résultats des tests pour ce modèle double-logarithmique sont :

- R : 0,978 ;
- R^2 : 0,957 ;
- F : 0,000 ;
- t : a = 0,000 et b = 0,000 ;
- DW : 0,834.

Tous ces tests sont significatifs au plan statistique et donnent une grande validité à la prévision obtenue.

4. LES TENDANCES PARABOLIQUES ET LOGISTIQUES

Certaines tendances sont non linéaires, c'est-à-dire qu'elles ne sont pas représentées par une droite. Ces courbes sont calculées par des équations du second degré et leurs graphiques apparaissent sous forme de paraboles (la forme d'un U). La forme de développement propre à ces tendances est une croissance suivie d'une décroissance (ou l'inverse : une évolution décroissante suivie de périodes de croissance).

La parabole des moindres carrés ou tendance parabolique a pour équation[28] :

$$Y_{pr} = a + b\,(t) + c\,(t^2) + \epsilon\,;$$

où a : $\dfrac{\sum y_i - c \sum T_i^2}{n}$

et b : $\dfrac{\sum T_i y_i}{\sum T_i^2}$

et c : $\dfrac{n \sum \left(T_i^2 y_i\right) - \sum T_i^2 \sum y_i}{n \sum T_i^4 - \left(\sum T_i^2\right)^2}$

---

28. Voir à ce sujet : E. MCELROY (1979), *Applied Business Statistics*, San Francisco, Holden Day Inc., p. 433-434 ; il est possible d'aller plus loin, car Charles CLARK et Lawrence SCHKADE proposent une tendance à six degrés. Voir : C. CLARK et L. SCHKADE (1969), *Statistical Methods for the Business Decisions*, Chicago, South-Western Publishing, p. 672-675.

Ce type de tendance est assez fréquente en tourisme car cette industrie est très sensible à la conjoncture et aux phénomènes cycliques.

Dans le tableau 4.8, nous avons les calculs nécessaires pour la tendance parabolique appliqués sur nos arrivées des touristes dans une région des années 1 à 11. En appliquant la formule précédente, nous obtenons :

a : 95,7361

b : 5,7364

c : –0,0827.

L'équation de la tendance parabolique des arrivées sera donc :

Prévisions (Y_{pr}) des arrivées (000) = 95,7361 + 5,7364 (T) – 0,0827 (T^2) + ϵ
(T correspond à la colonne 3 du tableau 4.8).

Tableau 4.8

LES ÉTAPES DU CALCUL DE LA TENDANCE PARABOLIQUE
(LES ARRIVÉES DES TOURISTES EN MILLIERS)

1	2	3	4	5	6	7	8	9
t_i	y_i	T_i	$T_i\, y_i$	T_i^2	$T_i^2\, y_i$	T_i^4	Y_{pr}	
Périodes *Arrivées* (Années) (000)		$t_i - \overline{t_i}$	(2) (3)	$(3)^2$	(5) (2)		(000)	Résidus
1	62	– 5	– 310	25	1 550	625	65	– 3
2	72	– 4	– 288	16	1 152	256	71	
3	84	– 3	– 252	9	756	81	78	6
4	85	– 2	– 170	4	340	16	84	1
5	87	– 1	– 87	1	87	1	90	– 3
6	91	0	0	0	0	0	96	– 5
7	102	1	102	1	102	1	101	1
8	109	2	218	4	436	16	107	2
9	112	3	336	9	1 008	81	112	0
10	118	4	472	16	1 888	256	117	1
11	122	5	610	25	3 050	625	122	0
Total = 66 1 044			631	110	10 369	1 958		
Moyenne = 6 94,9091								

Les résultats des tests sont les suivants :

- R : 0,998 ;
- R^2 : 0,977 ;
- F : 0,000 ;
- t : a = 0,000 ; b = 0,001 et c = 0,479 ;
- DW : 1,503.

Les valeurs prévues pour chacune des périodes apparaissent dans le tableau 4.8. La figure 4.4 montre la forme caractéristique de la tendance parabolique.

*T*ableau 4.9

LA PRÉVISION DES ARRIVÉES DES TOURISTES (EN MILLIERS) PAR ANNÉE ; LA TENDANCE PARABOLIQUE

Années	Arrivées (000)	Prévisions (000)	Résidus (000)	Intervalle inférieur à 95 % (000)	Intervalle supérieur à 95 % (000)
1	62	65	− 3	56	74
2	72	71	1	63	80
3	84	78	6	70	86
4	85	84	1	76	92
5	87	90	− 3	82	98
6	91	96	− 5	87	104
7	102	101	1	93	110
8	109	107	2	99	115
9	112	112	0	104	120
10	118	117	1	109	126
11	122	122	0	113	132
12	−	127	−	116	138
13	−	132	−	118	146

F*igure 4.4*

LA PRÉVISION DES ARRIVÉES DES TOURISTES PAR ANNÉE (EN MILLIERS) ;
LA TENDANCE PARABOLIQUE

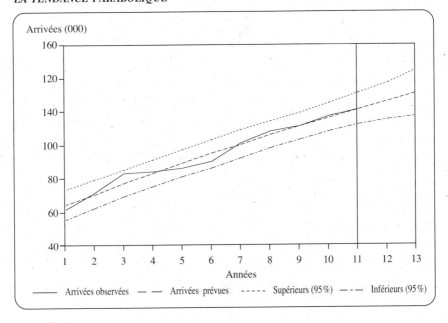

On remarque que le test Student (t) sur le coefficient « c » n'est pas significatif (sig. = 0,479). Le graphique 4.4 nous montre une progression constante linéaire des arrivées des touristes qui n'est pas du tout représentative de la tendance parabolique. En effet, l'évolution de la tendance parabolique est, par définition, non linéaire (généralement en forme de « U »).

4.1. *LA TENDANCE LOGISTIQUE*

L'étude du cycle de vie d'un produit, sur un certain nombre de périodes, prend souvent la forme d'une courbe logistique. Au départ, il y a un taux d'accroissement lent suivi d'un taux d'accroissement plus rapide et ensuite d'une certaine saturation du marché. Ce type de courbe a été développé par Benjamin Gompertz qui travaillait sur la construction de table de mortalité. Il y a plusieurs variantes de la tendance logistique ; nous donnerons ici, à titre d'exemple, celle qui est la plus simple à utiliser.

La formule de la tendance logistique simplifiée sera[29] :

$$Y_{pr} = a + b \left(\frac{1}{t} \right) + \epsilon$$

où : $\quad a = \overline{y}_i - b \dfrac{\overline{1}}{t_i}$

et : $\quad b = \dfrac{\sum \left(\dfrac{1}{T_i} \right) Y_i}{\sum \left(\dfrac{1}{T_i} \right)^2}$

Dans le tableau 4.10, nous avons les principaux calculs de la tendance logistique modifiée. L'exemple, dans ce tableau, porte toujours sur nos arrivées de touristes dans une région des années 1 à 11. L'équation de la régression logistique donnera :

Prévisions (Y_{pr}) des arrivées de touristes

(en milliers) = 97,0018 − 7,6236 (1/t) + ϵ
(22,386)   (− 4,496)

Ce qui donne, par exemple, pour l'année 1 :

Entrées pour l'année 1 (000) = 97,0018 − 7,6236 (1/1) = 89,3782
(en arrondissant 89)

Entrées pour l'année 2 (000) = 97,0018 − 7,6236 (1/2) = 93,1900
(en arrondissant 93)

Entrées pour l'année 12 (000) = 97,0018 − 7,6236 (1/12) = 96,3665
(en arrondissant 96).

Pour cette équation, les résultats des tests statistiques sont :

- R :   0,832 ;
- R^2 :   0,692 ;
- F :   0,001 ;
- t :   a = 0,000 et b = 0,001 ;
- DW : 0,511.

---

29. Cette formule de la tendance logistique (ou inverse) est adaptée de : H. CASSIDY (1981), *Using Econometrics*, Reston, Prentice-Hall, p. 52.

On remarque que les résultats de certains tests mathématiques mettent en doute la qualité de l'ajustement du modèle et de la validité des prévisions. En effet, le coefficient de détermination (R^2) n'est pas très élevé avec 0,692. Par ailleurs, le test « DW » montre qu'il y a une autocorrélation positive des résidus (inférieur à 1,5).

Le tableau 4.11 présente les arrivées des touristes observées et prévues ainsi que les intervalles de confiance de la prévision (à 95 %). La figure 4.5 reprend ces données. On remarque que les données observées et prévues présentent des écarts importants. Par ailleurs, les intervalles de confiance sont également très grands. Ces observations confirment les tests statistiques.

Tableau 4.10

LES ÉTAPES DU CALCUL DE LA TENDANCE LOGISTIQUE (LES ARRIVÉES DES TOURISTES EN MILLIERS)

1	2	3	4	5	6	7	8	9
t_i	y_i	$\dfrac{1}{t_i}$	$\dfrac{1}{T_i}$	Y_i	$\left(\dfrac{1}{T_i}\right)Y_i$	$\left(\dfrac{1}{T_i}\right)^2$	$Y_{pr}*$	
Périodes (Années)	Arrivées (000)		$1/t_i - \overline{1/t_i}$	$y_i - \overline{y}_i$			(000)	Résidus
1	62	1,0000	3,6425	−32,9091	−119,8724	13,26803	89	−27
2	72	0,5000	1,8213	−22,9091	−41,7235	3,3170	93	−21
3	84	0,3333	1,2142	−10,9091	−13,2456	1,4742	94	−10
4	85	0,2500	0,9106	−9,9091	−9,0235	0,8293	95	−10
5	87	0,2000	0,7285	−7,9091	−5,7618	0,5307	95	−8
6	91	0,1667	−0,6071	−3,9091	2,3732	0,3686	96	−5
7	102	0,1429	0,5204	7,0909	3,6898	0,2708	96	6
8	109	0,1250	0,4553	14,0909	6,4158	0,2073	96	13
9	112	0,1111	0,4047	17,0909	6,9171	0,1638	96	16
10	118	0,1000	0,3643	23,0909	8,4109	0,1327	96	22
11	122	0,0909	0,3311	27,0909	8,9709	0,1097	96	26
Total = 66	1 044	3,0199	11		−157,5955	20,6720		
Moyenne = 6	94,9091	0,2745						

* En arrondissant.

Tableau 4.11

**LA PRÉVISION DES ARRIVÉES DES TOURISTES PAR ANNÉE (EN MILLIERS) ;
LA TENDANCE LOGISTIQUE**

Années	Arrivées (000)	Prévisions (000)*	Résidus (000)	Intervalle inférieur à 95 % (000)	Intervalle supérieur à 95 % (000)
1	62	89	− 27	55	115
2	72	94	− 21	65	120
3	84	94	− 10	68	121
4	85	95	− 10	69	122
5	87	95	− 8	69	122
6	91	96	− 5	69	123
7	102	96	6	69	123
8	109	96	13	69	123
9	112	96	16	69	123
10	118	96	22	69	123
11	122	96	26	69	123
12	–	96	–	69	123
13	–	96	–	69	123

* En arrondissant.

Figure 4.5

**LA PRÉVISION DES ARRIVÉES DES TOURISTES PAR ANNÉE (EN MILLIERS) ;
LA TENDANCE LOGISTIQUE AVEC INTERVALLES DE CONFIANCE**

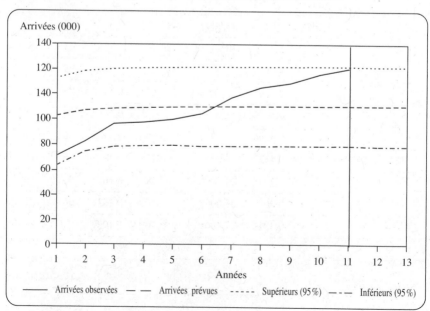

5. ANALYSE COMPARATIVE DES TENDANCES

Dans une analyse de la meilleure tendance et après avoir passé en revue différents modèles (dans notre cas, il s'agit de la tendance linéaire, semi-logarithmique, double-logarithmique, parabolique et logistique), il faut arrêter son choix sur un modèle prévisionnel, celui qui offre la meilleure qualité des prévisions.

Le choix se fait par le biais du tableau 4.12. Ce tableau offre l'avantage de présenter tous les résultats des tests statistiques des différents modèles prévisionnels et permet surtout, au premier coup d'œil, d'identifier le meilleur modèle.

Tableau 4.12

TENDANCES DES ARRIVÉES DES TOURISTES (EN MILLIERS)
DE L'ANNÉE 1 À L'ANNÉE 11. RÉSUMÉ DES MODÈLES PRÉVISIONNELS

Tendances	Équations (coefficients)			Tests statistiques			
	a	*b*	*c*	Fisher	R^2	Student	DW
Linéaire	94,909	5,740	—	0,000	0,984	TS	1,440
Semi-logarithmique	1,807	0,028	–	0,000	0,952	TS	1,170
Double-logarithmique	1,776	0,279	–	0,000	0,957	TS	0,834
Parabolique	95,736	5,736	–0,083	0,000	0,977	c = NS	1,503
Logistique	97,0018	–7,624	–	0,001	0,692	TS	0,511

Source : Nos calculs, à partir de nos données.

5.1. *ANALYSE ET CHOIX DE LA MEILLEURE TENDANCE*

D'emblée, nous devons écarter les tendances parabolique et logistique. Pour la tendance parabolique, un des coefficients est non significatif (pour le test « t » de Student). Pour la tendance logistique, le coefficient de corrélation « R » est le moins élevé comparativement à celui des autres modèles ; la qualité globale de ce modèle ainsi que la force des relations entre la variable indépendante (les périodes ou années) et la variable dépendante (les arrivées de touristes) sont moindres par rapport aux autres modèles. De plus, le test DW indique une autocorrélation positive des résidus, il semblerait donc qu'une variable explicative importante n'ait pas été prise en compte par ce modèle.

Notre choix se fera donc sur les trois modèles restants : la tendance linéaire, semi-logarithmique et double-logarithmique. Bien que ces trois modèles passent tous les tests statistiques, nous allons privilégier la tendance linéaire car son coefficient de corrélation « R » est le plus proche de 1 (0,984) et le test de Durbin-Watson indique qu'il y a une indépendance des résidus.

5.2. ÉQUATION PRÉVISIONNELLE

Le modèle prévisionnel retenu est donc la tendance linéaire (ou la régression linéaire simple) et son équation prévisionnelle est :

La prévision des arrivées des touristes (en milliers)	=	94,09 (29,37)*	+	5,74 (t) (18,89)*	+	ϵ

R^2 : 0,975   F : 365,49   DW : 1,44.

* Les valeurs du test « t » de Student pour chacun des paramètres sont présentées dans les parenthèses.

Nous terminerons ce chapitre sur la recherche des tendances par une mise en garde. Il y a un très grand nombre de modèles possibles. Le choix du modèle ne doit pas se faire uniquement par des critères statistiques. Il faut se dire que : « Le problème évidemment n'est pas de trouver une fonction qui convienne exactement, puisqu'il n'y en a pas une unique de toute façon, mais de trouver une fonction raisonnablement appropriée et dans laquelle on puisse avoir confiance[30]. »

La recherche des tendances ne doit pas être une fin en soi, elle doit s'inscrire dans un processus de veille économique qui doit mener à des prises de décisions. La tendance doit donc s'inscrire dans quelque chose de plus vaste car comme le souligne Alain Gras : « La tendance ne peut être prise comme un concept parce qu'il n'existe pas de théorie où elle ait une place précise ; en même temps elle occupe une place centrale dans l'idéologie et la raison scientifiques occidentales[31]. »

---

30.   R. AYRES (1972), *Prévision technologique et planification à long terme*, Paris, Éditions Hommes et Techniques, p. 102.

31.   A. GRAS (1979), *Sociologie des ruptures*, Paris, Presses universitaires de France, p. 23.

La prévision
et les fluctuations
des séries
chronologiques

Dans l'étude des tendances longues (sur cinq, dix ou vingt années), il est rare que l'on se préoccupe des fluctuations, au contraire on tente de ne pas tenir compte de celles-ci afin d'avoir une vision plus claire de l'évolution future.

Certains historiens opposent les structures (les tendances longues) à la conjoncture (les mouvements récents et assez anarchiques présents dans toutes les séries temporelles). Ainsi, pour Krzysztof Pomian : «La conjoncture ce sont les fluctuations d'amplitudes diverses qui se manifestent dans ce cadre[1].»

On définit habituellement la conjoncture : «[...] comme l'étude des variations à court terme des grandeurs les plus caractéristiques de

1. K. POMIAN (1988), «L'histoire des structures», dans J. LE GOFF (et al.), La nouvelle histoire, Paris, Éditions Complexe, p. 125.

l'économie[2]. » Selon Jean-Paul Betbèze : « L'étude de la conjoncture est donc essentielle pour la firme : elle constitue une science de l'instant qui doit lui permettre d'affronter la durée [3]. » L'étude de la conjoncture permet de relier l'analyse à l'action.

L'analyse des fluctuations a aussi un rôle plus technique : celui de valider les tendances déjà observées ; si les fluctuations sont fortes et constantes, on peut mettre en doute les extrapolations tirées des tendances longues. L'étude des fluctuations va ainsi servir à greffer le niveau microéconomique au niveau macroéconomique et à avoir ainsi une meilleure vision de l'évolution[4].

Dans ce chapitre, nous allons montrer comment on peut capter les fluctuations touristiques afin de les analyser et, par la suite, de les utiliser pour faire des prévisions plus justes. L'analyse conjoncturelle permet de relier le présent et le passé afin d'assurer une meilleure construction de l'avenir.

1. LES PRINCIPAUX ÉLÉMENTS D'UNE SÉRIE CHRONOLOGIQUE

Une série chronologique se décompose en quatre éléments fondamentaux qui constituent l'alphabet de l'analyse conjoncturelle :

- le mouvement tendanciel ;
- le mouvement cyclique ;
- le mouvement saisonnier ;
- le mouvement irrégulier.

Le travail d'analyse consiste à isoler correctement ces différents mouvements (la décomposition de la série) et à les étudier. Dans la « recomposition » de la série, on tentera d'évaluer l'importance de chacun d'entre eux sur l'évolution de cette variable.

---

2.   O. Bouisson et F. Petel (1974), *Initiation à la conjoncture*, Paris, Cujas, p. 9.
3.   J.-P. Betbèze (1989), « Conjoncture économique et gestion de l'entreprise », dans *Encyclopédie de gestion*, tome I, Paris, Économica, p. 519.
4.   Voir à ce sujet : J.-P. Cling (1990), *L'analyse de la conjoncture*, Paris, La Découverte, p. 115.

Voyons ces différents mouvements. La tendance générale (voir le chapitre 4) trace l'évolution la plus probable de la série temporelle ; elle s'appuie, on l'a vu, sur une croissance ou une décroissance qui s'étend sur un grand nombre de périodes.

Les mouvements cycliques sont des fluctuations qui se présentent sur une période plus ou moins longue autour de la courbe de tendance. Ces variations ne sont reconnues comme cycliques que si elles se reproduisent après une période d'au moins une année. Les étapes du cycle sont rarement complètement uniformes car les conditions historiques (les causes) qui les provoquent changent beaucoup d'une étape d'un cycle à une autre.

Les mouvements saisonniers correspondent à des changements identiques ou quasi identiques qui se produisent pour les mêmes mois des différentes années. Si ces fluctuations sont vraiment régulières, il est possible de définir des coefficients saisonniers qui, une fois « standardisés », permettront de tenir compte des variations saisonnières (si importantes dans le domaine du tourisme) dans les prévisions.

Les mouvements irréguliers sont des fluctuations accidentelles. Ils relèvent de l'aléatoire au sens statistique du terme. Ils sont généralement impossibles à prévoir. Ce sont les grèves, les cataclysmes naturels, les accidents, les bouleversements politiques soudains, etc. Ces mouvements sont désignés comme aléatoires au niveau de la série temporelle mais peuvent, dans certains cas, être expliqués à d'autres niveaux. Par exemple, une grève n'est pas un phénomène aléatoire dans l'analyse des conflits sociaux et des revendications sociales. Chacun des niveaux de la société correspond à un schème particulier d'explication.

Dans l'étude des fluctuations des séries chronologiques, on fait l'hypothèse que les quatre mouvements décrits plus haut résument toutes les autres variables pouvant influencer l'évolution de la série elle-même. C'est donc une démarche strictement endogène et descriptive. L'objectif est d'avoir la meilleure connaissance possible de la réalité sans tenir compte d'autres facteurs extérieurs. Dans ces conditions, on reproche souvent à cette forme d'analyse des fluctuations son caractère quelque peu tautologique.

1.1. LA DÉCOMPOSITION DES SÉRIES CHRONOLOGIQUES

L'analyse des fluctuations débute par l'identification et l'isolement des diverses composantes de la série chronologique. On appelle cette étape la décomposition d'une série temporelle[5]. Pour effectuer cette séparation des composantes d'une série chronologique, on va utiliser des techniques de filtrage. Ainsi : « Par analogie avec les techniques courantes en électronique, assimilons une série chronologique à un signal quelconque, comme un son, qu'il faut "nettoyer" pour le rendre audible et compréhensible[6]. »

Décomposer une série temporelle c'est donc : « [...] modifier son contenu fréquentiel en vue de renforcer, ou au contraire, d'atténuer certaines composantes[7]. » Les techniques de filtrage sont très nombreuses :

- les moyennes simples ;
- les moyennes mobiles simples et doubles ;
- certains modèles de régression simple.

Nous verrons ces diverses techniques de filtrage dans la partie 2.

1.2. LE PROCESSUS EMPIRIQUE DE DÉCOMPOSITION D'UNE SÉRIE CHRONOLOGIQUE

Pour bien comprendre, utilisons la formule de décomposition (en plusieurs étapes) suivante :

A) $Y_i = TSCI$

B) $\dfrac{TSCI}{TCI} = S$

C) $\dfrac{TSCI}{S} = TCI$

---

5. Dans la partie 3 du chapitre 5, nous allons « recomposer » la série chronologique afin de faire des prévisions.
6. M. DAVID et J.-C. MICHAUD (1989), *La prévision : approche empirique d'une méthode statistique*, Paris, Masson, p. 21.
7. J. D'HOERAENE et Y. LEDOUX (1971), *La prévision dans l'entreprise par l'analyse des séries chronologiques*, Paris, Dunod, p. 22.

D) $\dfrac{TCI}{T} = CI$

E) Moyennes mobiles impaires de CI = C

F) $\dfrac{CI}{C} = I$

Ici :

Y$_i$ = les valeurs observées de la série chronologique ;

T = tendance ;

TCI = données corrigées des variations saisonnières (DCVS) ;

S = mouvement saisonnier ;

C = mouvement cyclique ;

I = mouvement irrégulier.

Nous donnerons dans la partie 2 des exemples de décomposition de séries temporelles à l'aide de cette formule empirique.

On doit aussi essayer de déterminer si l'on a affaire à un modèle multiplicatif ou à un modèle additif. Ainsi, on aura[8] :

- le modèle additif :

  $Y_i = T + C + S + I$;

- le modèle multiplicatif :

  $Y_i = T \times C \times S \times I$;

- le modèle hybride qui correspond à une combinaison quelconque d'additions et de multiplications ; par exemple : $Y_i = T \times S + C + I$.

Dans le modèle additif, on fait l'hypothèse que les mouvements sont relativement indépendants les uns des autres. Le modèle multiplicatif suppose que les mouvements interagissent les uns sur les autres, ont une influence non négligeable entre eux. Nous verrons comment discriminer entre ces modèles dans la partie 3 de ce chapitre.

---

8. Voir à ce sujet : G. MÉLARD (1990), *Méthodes de prévision à court terme*, Bruxelles, Éditions Ellipses, p. 100.

2. LES MÉTHODES DE DÉCOMPOSITION D'UNE SÉRIE CHRONOLOGIQUE

La décomposition d'une série chronologique commence par la recherche de la tendance propre à cette série (si celle-ci existe) ; nous avons vu déjà les méthodes qui permettent de déceler une tendance (dans le chapitre 4). Une fois la tendance bien définie, il faut mettre à jour les mouvements saisonniers.

2.1. LES MOUVEMENTS SAISONNIERS

Le tourisme est étroitement dépendant des mouvements saisonniers. Il est donc vital, dans la plupart des cas, de connaître correctement ces mouvements et de les utiliser dans la prévision. La demande touristique est fortement concentrée dans le temps, ce qui entraîne des phénomènes de surcharge à certaines périodes et des situations de sous-utilisation à d'autres périodes de l'année[9]. Le niveau de rentabilité du secteur touristique est donc largement tributaire des mouvements saisonniers car l'offre est stable et la demande limitée dans le temps. Diverses expériences ont été tentées[10] pour réduire les effets de la saisonnalité mais, dans l'ensemble, les résultats de ces expériences restent peu probants. De plus en plus de voyageurs prennent leurs vacances en mai-juin ou en septembre-octobre plutôt qu'en juillet-août mais ils forment, encore aujourd'hui, qu'une petite minorité. La saisonnalité restera longtemps le « grand problème » de l'industrie touristique. La seule stratégie possible est d'essayer de « mordre » sur les autres mois de l'année, de tenter de distribuer la demande sur une période plus longue que les pointes de l'été[11]. La saisonnalité est un aspect fondamental du tourisme. Malheureusement, les fluctuations saisonnières sont rarement étudiées de façon sérieuse puisqu'on s'applique la plupart du temps à établir, en pourcentage, la proportion de chacun des trimestres sur le total annuel. Nous proposons ici une approche plus systématique.

La saisonnalité peut se définir, pour une série chronologique donnée, comme des variations quasi identiques aux mêmes époques et pour diffé-

---

9. Voir à ce sujet : R. BAR-ON (1975), *Seasonality in Tourism – A Guide to the Analysis of Seasonality and Trends for Policy Making*, London, The Economist Intelligence Unit.

10. Voir à ce sujet : J. LESAGE et E. MOSSÉ (1979), *Changer les vacances*, Paris, La Documentation française.

11. Voir à ce sujet : J. YACOUNIS (1980), « Tackling Seasonality », dans *International Journal of Tourism Management*, vol. 1, n° 2, Surrey.

rentes années. Plus précisément elle apparaît comme « [...] l'amplitude d'un mouvement sinusoïdal, de période constante (généralement égale à une année) qui porte les observations tantôt au-dessus, tantôt au-dessous de la tendance à long terme »[12]. Les principales causes des variations saisonnières sont, en premier lieu, l'effet des rythmes météorologiques (le cycle des saisons) et, en second lieu, les conditions sociales et économiques (lois et règlements liés aux vacances et aux procédures administratives et comptables).

L'analyse des fluctuations saisonnières permet de mesurer les pertes ou les gains obtenus par mois dans l'évolution d'un phénomène touristique et, en conséquence, de mieux comprendre le poids des saisons dans le développement même d'une série temporelle. La connaissance des fluctuations amènera les décideurs à fixer des objectifs de redressement et à favoriser une meilleure allocation des ressources. Enfin, dans le domaine du tourisme, le caractère souvent très rigide de la saisonnalité accroîtra la facilité et la précision de la prévision.

2.2. *LA MÉTHODE*

Au plan technique, il s'agit de distinguer les variations saisonnières (S) des autres mouvements de la série chronologique, soit la tendance (T), le cycle (C) et le mouvement irrégulier (I). On y parviendra en divisant les valeurs observées par la tendance de la série temporelle. Pour obtenir une tendance quelconque, plusieurs méthodes sont possibles ; nous allons voir les trois plus importantes :

- par les moyennes des trimestres ou des mois ;
- par des moyennes mobiles ;
- par la tendance linéaire.

2.3. *LES MOYENNES*

Dans le tableau 5.1, nous avons une première méthode permettant de calculer les coefficients saisonniers au Grand Hôtel. On obtient les coefficients saisonniers en divisant chacune des moyennes trimestrielles par la moyenne de ces moyennes trimestrielles. Ainsi, on a :

---

12. G. GUÉRIN (1983), *Des séries chronologiques au système statistique canadien*, Chicoutimi, Gaëtan Morin Éditeur, p. 69.

pour le premier trimestre : $\dfrac{5\,055}{6\,166} = 0,8198$

(ou 0,82) ;

pour le deuxième trimestre : $\dfrac{6\,334}{6\,166} = 1,0272$

(ou 1,03) ;

pour le troisième trimestre : $\dfrac{7\,808}{6\,166} = 1,2662$

(ou 1,27) ;

pour le quatrième trimestre : $\dfrac{5\,469}{6\,166} = 0,8869 \left(\text{ou } 0,89\right).$

Après cette opération, les mouvements saisonniers (pour une période donnée) seront définis par des coefficients saisonniers, indices universels qui facilitent les comparaisons d'un mois donné à la moyenne annuelle qui est égale à 1 (ou à 100). Un coefficient supérieur à 1 indique une saisonnalité « positive » et un coefficient inférieur à 1, une saisonnalité « négative ». Cette méthode offre donc une mesure simple de la performance hôtelière.

Tableau 5.1

LES CHAMBRES OCCUPÉES AU GRAND HÔTEL, PAR TRIMESTRE, DE L'ANNÉE 1 À L'ANNÉE 4 ; LE CALCUL DES COEFFICIENTS SAISONNIERS PAR LES MOYENNES SIMPLES

Années \ Trimestre	1	2	3	4	TOTAL
1	4 603	5 816	7 237	5 077	22 733
2	5 280	6 372	7 522	5 179	24 353
3	4 678	6 200	7 679	5 588	24 145
4	5 661	6 948	8 796	6 033	27 438
TOTAL	20 222	25 336	31 234	21 877	98 669
Moyennes trimestrielles	5 055	6 334	7 808	5 469	24 666 ÷ 4 $\bar{x} = 6166$
Écarts à la moyenne	−1 111	168	1 642	−697	
Coefficients saisonniers	0,82	1,03	1,27	0,89	4,00

Source : Les données proviennent d'un hôtel de Montréal qui préfère garder l'anonymat.

2.4. LES MOYENNES MOBILES

Dans le tableau 5.2, nous avons les étapes des calculs des coefficients saisonniers à l'aide des moyennes mobiles. Dans la colonne 3, nous avons une moyenne mobile sur quatre trimestres ; cette moyenne mobile correspond à la tendance. Les facteurs saisonniers qui apparaissent dans la colonne 4 sont calculés en divisant les valeurs observées (les chambres occupées) par les valeurs de la tendance. Ainsi, pour le troisième trimestre de l'an 1, on aura : 7 237/5 683 = 1,27 ; pour le quatrième trimestre de l'an 1 : 5 077/5 853 = 0,87 ; on fait de même pour tous les autres trimestres.

Tableau 5.2

**LES CHAMBRES OCCUPÉES AU GRAND HÔTEL, PAR TRIMESTRE,
DE L'ANNÉE 1 À L'ANNÉE 4 ; LE CALCUL DES COEFFICIENTS SAISONNIERS**

Trimestre/ années	Chambres occupées	Moyennes mobiles (4 périodes)	Facteurs saisonniers	Coefficients saisonniers
T1 an 1	4 603	–	–	0,85
T1	5 816	–	–	1,04
T3	7 237	5 683	1,27	1,26
T4	5 077	5 853	0,87	0,88
T1 an 2	5 280	5 992	0,88	0,85
T2	6 372	6 063	1,05	1,04
T3	7 522	6 088	1,24	1,26
T4	5 179	5 938	0,87	0,88
T1 an 3	4 678	5 895	0,79	0,85
T2	6 200	5 934	1,04	1,04
T3	7 679	6 036	1,27	1,26
T4	5 588	6 282	0,89	0,88
T1 an 4	5 661	6 469	0,88	0,85
T2	6 948	6 748	1,03	1,04
T3	8 796	–	–	1,26
T4	6 033	–	–	0,88

Dans le tableau 5.3, nous avons les calculs pour parvenir aux coefficients saisonniers. Avec cette méthode, la moyenne des facteurs saisonniers d'un même trimestre sera donc le coefficient saisonnier de ce trimestre.

Tableau 5.3

LES CHAMBRES OCCUPÉES AU GRAND HÔTEL, PAR TRIMESTRE,
DE L'ANNÉE *1* À L'ANNÉE *4* ; LE CALCUL DES COEFFICIENTS SAISONNIERS
À PARTIR DES MOYENNES DES FACTEURS SAISONNIERS

Trimestre Années	Facteurs saisonniers			
	1	*2*	*3*	*4*
1	–	–	1,27	0,87
2	0,88	1,05	1,24	0,87
3	0,79	1,04	1,27	0,89
4	0,88	1,03	–	–
Total :	2,55	3,12	3,78	2,63
Coefficients saisonniers (moyenne) :	0,85	1,04	1,26	0,88

2.5. LA TENDANCE LINÉAIRE

La dernière méthode consiste à capter les coefficients saisonniers à partir d'une tendance linéaire (voir le chapitre 4, partie 1). Dans le tableau 5.4, avec le même exemple des chambres occupées du Grand Hôtel, nous avons, dans la colonne 3, la tendance linéaire. En divisant les valeurs observées (les chambres occupées) par les valeurs prévues par la tendance linéaire, on obtient les facteurs saisonniers.

Tableau 5.4

LES CHAMBRES OCCUPÉES AU GRAND HÔTEL. LA TENDANCE LINÉAIRE ET LES
FACTEURS SAISONNIERS ; POUR LES TRIMESTRES DE L'ANNÉE *1* À L'ANNÉE *4*

Trimestre/ années	Chambres occupées	Tendance linéaire	Facteurs saisonniers
T1 an 1	4 603	5 433	0,85
T2	5 816	5 531	1,05
T3	7 237	5 629	1,29
T4	5 077	5 727	0,89
T1 an2	5 280	5 825	0,91
T2	6 372	5 922	1,08
T3	7 522	6 020	1,25
T4	5 179	6 118	0,85
T1 an 3	4 678	6 216	0,75
T2	6 200	6 313	0,98
T3	7 679	6 411	1,20
T4	5 588	6 509	0,86
T1 an 4	5 661	6 607	0,86
T2	6 948	6 705	1,04
T3	8 796	6 802	1,29
T4	6 033	6 900	0,87

Tableau 5.5

LES CHAMBRES OCCUPÉES AU GRAND HÔTEL PAR TRIMESTRE ;
LE CALCUL DES COEFFICIENTS SAISONNIERS À PARTIR
DE LA MOYENNE DES FACTEURS SAISONNIERS DE LA TENDANCE LINÉAIRE

Trimestre / Années	*Facteurs saisonniers*			
	1	*2*	*3*	*4*
An 1	0,85	1,05	1,29	0,89
An 2	0,91	1,08	1,25	0,85
An 3	0,75	0,98	1,20	0,86
An 4	0,86	1,04	1,29	0,87
Total :	3,37	4,15	5,03	3,47
Coefficients saisonniers (moyenne) :	0,84	1,04	1,26	0,87

Dans le tableau 5.5, nous présentons la démarche pour parvenir aux coefficients saisonniers. On voit que, selon les méthodes utilisées, les coefficients obtenus diffèrent quelque peu. Comparons les résultats de chacune des méthodes.

Tableau 5.6

LES CHAMBRES OCCUPÉES AU GRAND HÔTEL PAR TRIMESTRE ; LA COMPARAISON
DES COEFFICIENTS SAISONNIERS OBTENUS SELON DIVERSES MÉTHODES

Méthode	*Coefficients trimestriels*			
	1	*2*	*3*	*4*
Des moyennes	0,82	1,03	1,27	0,89
Des moyennes mobiles	0,85	1,04	1,26	0,88
La tendance linéaire	0,84	1,04	1,26	0,87

On voit, dans le tableau 5.6, que selon la méthode utilisée, les coefficients saisonniers obtenus sont assez semblables.

L'interprétation des coefficients saisonniers, à partir des résultats obtenus par la tendance linéaire par exemple, se fera en termes de pertes ou de gains. Dans cet exemple, on constate :

a) dans le premier trimestre, une perte de 0,16 (ou de 16 %) des chambres occupées ; pertes dues à la saisonnalité. Il y a donc, à ce moment, une sous-utilisation des équipements et du personnel. La même situation se retrouve au quatrième trimestre avec une perte de 0,13 (ou de 13 %) ;

b) le deuxième trimestre est le plus équilibré avec un léger surplus de 0,04 (ou de 4 %) ;

c) le troisième trimestre montre une surutilisation des équipements de 0,26 (26 %). La surutilisation entraîne une baisse dans la qualité des services et une usure plus grande du matériel.

2.6. UN EXEMPLE D'ÉTUDE DE LA SAISONNALITÉ : LES CHAMBRES OCCUPÉES DANS LES HÔTELS DU QUÉBEC

Dans l'exemple qui suit, nous faisons l'étude des coefficients saisonniers de la demande des chambres pour l'ensemble des régions du Québec au cours des dix dernières années.

L'étude des coefficients saisonniers permet de faire des comparaisons entre les mois d'une même année ou entre des périodes différentes. Elle permet surtout d'examiner l'importance de chacun des mois par rapport à la moyenne annuelle et donne un modèle des fluctuations saisonnières qui aide à mieux les comprendre et les interpréter. Un tel modèle relativise les tendances fortes et, à l'aide des indices, donne une image nette des changements.

Le tableau 5.7 présente les coefficients saisonniers des chambres occupées dans les hôtels de l'ensemble du Québec, par mois et pour deux périodes, soit 1989-1993 et 1994-1998.

Nous observons, au tableau 5.7, des changements non négligeables dans les coefficients saisonniers. Les mois de janvier, février, mars, avril, novembre et décembre connaissent une baisse entre les deux périodes de cinq années. Pour les mois de mai à octobre (haute saison), les coefficients saisonniers augmentent et consolident la concentration des activités touristiques au Québec sur six mois de l'année, particulièrement en juillet (+10 %) et août (+7 %). Le seul mois qui connaît un certain équilibre est le mois de mai avec une baisse de 3 % (1,00 et 0,97). Le mois où les pertes sont les plus sévères est le mois de novembre (–7 %) (voir la figure 5.1).

Tableau 5.7

LES COEFFICIENTS SAISONNIERS DES CHAMBRES OCCUPÉES
DANS L'ENSEMBLE DES HÔTELS DU QUÉBEC, PAR MOIS,
POUR LES PÉRIODES 1989-1993 ET 1994-1998[1]

Mois	Coefficients saisonniers 1989-1993	Coefficients saisonniers 1994-1998	Pertes/gains en %[2]	Ratio[3]
Janvier	0,72	0,68	−4	94
Février	0,90	0,88	−2	97
Mars	0,84	0,80	−4	95
Avril	0,83	0,79	−4	96
Mai	1,00	0,97	−3	97
Juin	1,17	1,19	2	102
Juillet	1,36	1,46	10	108
Août	1,42	1,49	7	105
Septembre	1,23	1,27	4	103
Octobre	1,03	1,04	1	101
Novembre	0,82	0,75	−7	92
Décembre	0,68	0,67	−1	98

Source : Nos calculs, à partir des données de Tourisme Québec.

1. Les calculs des coefficients saisonniers sont obtenus à partir du module « Seasonal Decomposition » du logiciel SPSS sous Windows.
2. Les pertes ou les gains proviennent de la soustraction des coefficients saisonniers de la période 1994-1998 avec ceux de la période 1989-1993.
3. Les ratios des coefficients saisonniers sont calculés en divisant les coefficients saisonniers de la période 1994-1998 par ceux de la période 1989-1993 × 100.

L'évolution de la demande touristique au Québec – en utilisant les nuitées comme indicateur – se structure clairement autour des mois déjà les plus achalandés. Dans ces conditions, les efforts entrepris depuis dix ans par l'industrie touristique québécoise en général, et hôtelière en particulier, pour répartir les activités touristiques ne semblent pas avoir eu les effets escomptés.

La saisonnalité est une caractéristique incontournable du tourisme au Québec. Ce qui se dégage de cette brève analyse, c'est la concentration de la saisonnalité, sa rigidité et sa permanence. L'année touristique du Québec se réduit en fait à quelque six mois ! Au plan des performances de la demande hôtelière, on assiste à une régression entre les deux périodes étudiées (1989-1993 et 1994-1998). Les mois les plus faibles sont janvier, mars et avril, avec une baisse de 5,5 % ; le mois de décembre remporte la palme avec une baisse de 8,5 %. Les gains sont de 7,3 % pour le mois de juillet et de 4,9 % pour le mois d'août. Il faut souligner que ces deux mois dépassent la moyenne annuelle des chambres occupées pour la période 1994-1998 (46 % pour juillet et 49 % pour août). Les établissements suroccupés accroissent leur surcharge.

Figure 5.1

LES COEFFICIENTS SAISONNIERS DES CHAMBRES OCCUPÉES POUR L'ENSEMBLE DES HÔTELS DU QUÉBEC, PAR MOIS, POUR LES PÉRIODES 1989-1993 ET 1994-1998

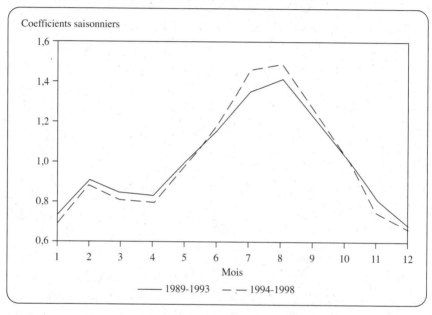

La saisonnalité représente-t-elle une des rares lois qui rythment les activités touristiques au Québec ? Il semble que oui ! La force implacable du climat et la structure des vacances dans les principaux pays émetteurs de touristes imposent des limites aux stratégies de mise en marché de l'offre hôtelière au Québec. L'échelonnement sur l'année, si nécessaire, pour accroître la rentabilité des établissements, apparaît comme irréalisable, du moins à court et moyen terme. L'importance de la spécificité climatique[13] de chacune des régions, ajoutée à la méconnaissance des besoins de « confort climatique » des clients, fait que l'industrie hôtelière peine six mois par année dans la grande course concurrentielle, en passant de l'état de sous-utilisation à celui de surutilisation, faute de bien saisir

---

13. Voir à ce sujet : J.-P. BESANCENOT (1990), *Climat et tourisme*, Paris, Masson.

« l'idéal climatique du vacancier ». Le défi demeure de pouvoir transformer le problème de la saisonnalité en opportunité. Il semble malheureusement que, malgré les efforts entrepris depuis dix ans pour y arriver, on assiste aux résultats inverses pour le Québec.

2.7. *LES DONNÉES CORRIGÉES DES VARIATIONS SAISONNIÈRES (DCVS)*

Les données corrigées des variations saisonnières des chambres occupées au Grand Hôtel apparaissent au tableau 5.8 (5e colonne) dans lequel nous poursuivons la décomposition déjà amorcée au début de cette partie.

On obtient les DCVS en divisant les chambres occupées par les coefficients saisonniers (selon la formule : Y_i/S). Les DCVS nous donnent une série temporelle qui ne tient pas compte du mouvement saisonnier. Ils éliminent les fluctuations saisonnières de la série étudiée. Les DCVS sont une approximation de la tendance mais nous possédons déjà la tendance linéaire (dans le tableau 5.8).

Les DCVS sont quelquefois utilisées dans les analyses à très court terme, par exemple l'étude du chômage sur huit mois ou un an. L'utilité des DCVS est très mitigée en tourisme où, dans la plupart des cas, on a affaire à une saisonnalité très forte qu'il est difficile d'ignorer.

Dans certains cas, il peut être utile d'éliminer les variations saisonnières dans l'analyse des séries chronologiques. En tourisme, malgré la difficulté de faire abstraction de la saisonnalité, il est intéressant dans certains cas particuliers de voir l'évolution d'une série temporelle épurée de l'effet dû aux saisons. Cette démarche nous aide à mieux saisir la tendance historique profonde de la série et aussi d'estimer les coûts, le manque à gagner, qu'apporte une forte saisonnalité.

2.8. *LE MOUVEMENT CYCLIQUE ET LE MOUVEMENT IRRÉGULIER*

Les mouvements cycliques sont très divers dans le domaine économique ; ils peuvent aussi se superposer, par exemple un cycle long peut être fait de plusieurs cycles courts, etc. Les cycles qui existent au niveau macroéconomique peuvent avoir des liens très lâches avec les cycles du niveau microéconomique. Les cycles donnent donc lieu à des formes très particulières de fluctuations ; même s'ils n'ont pas la régularité des mouvements saisonniers, les mouvements cycliques sont souvent identifiables et très utiles pour le diagnostic et la prévision.

Le tourisme ne peut qu'être profondément influencé par les divers cycles économiques car l'industrie touristique, dans l'ensemble, est très sensible aux fluctuations économiques extra-saisonnières. L'étude des « coefficients cycliques » est une façon de mesurer, d'une manière spécifique, le degré d'autonomie d'une entreprise face aux différents cycles économiques.

Les fluctuations irrégulières sont vraiment le cauchemar des planificateurs et des décideurs du monde du tourisme. Le tourisme est un produit de type « quaternaire », il est donc très touché par les courants d'opinion, les modes et aussi les paniques liées à des phénomènes incontrôlés. Les catastrophes écologiques, la mauvaise température, les accidents naturels ou industriels peuvent faire baisser subitement l'arrivée des touristes ; les phénomènes politiques tels que le terrorisme, les grèves, etc. ont aussi des effets directs sur l'industrie du tourisme. Au niveau microéconomique, un coefficient irrégulier élevé est souvent le signe d'une mauvaise gestion des ressources et d'une méconnaissance des différents environnements de l'entreprise. Si les mouvements irréguliers peuvent être difficilement contrôlables au niveau macroéconomique, ils peuvent souvent être réduits aux plans local et régional. Des décisions administratives peuvent selon le cas être des facteurs anti-cycliques ou anti-aléas.

2.9. COMMENT CERNER LE MOUVEMENT CYCLIQUE[14] ET LE MOUVEMENT IRRÉGULIER

Les données corrigées des variations saisonnières (DCVS) sont surtout utiles pour dégager, dans le processus de décomposition d'une série temporelle, le mouvement cyclique et le mouvement irrégulier. Nous conservons le même exemple des chambres occupées du Grand Hôtel.

Dans le processus de décomposition, les DCVS correspondent à TCI ; ainsi :

$$CI = \frac{TCI}{T}$$

---

14. Dans la partie 4 du chapitre 5, nous verrons les mouvements cycliques portant sur plusieurs années ; ici, il s'agit des mouvements cycliques de très court terme.

En clair, il s'agit de diviser les DCVS (colonne 5 du tableau 5.8) par les valeurs de la tendance linéaire (colonne 3 du tableau 5.8). Dans la colonne 6 (du tableau 5.8), nous obtenons CI pour les 16 périodes.

*T*ableau 5.8

*LES CHAMBRES OCCUPÉES AU GRAND HÔTEL, PAR TRIMESTRE, DE L'ANNÉE 1 À L'ANNÉE 4. LA « RECOMPOSITION EMPIRIQUE »**

Trimestre/ années	Chambres occupées	Tendance linéaire	Coefficients saisonniers	DCVS	CI = Cycle + irrégulier	Coefficients cycliques	Coefficients irréguliers
T1 an 1	4 603	5 433	0,84	5 480	1,0085	–	–
T2	5 816	5 531	1,04	5 592	1,0110	–	–
T3	7 237	5 629	1,26	5 744	1,0204	1,0276	0,9929
T4	5 077	5 727	0,87	5 836	1,0190	1,0328	0,9866
T1 an 2	5 280	5 825	0,84	6 286	1,0792	1,0289	1,0488
T2	6 372	5 922	1,04	6 127	1,0345	1,0195	1,0148
T3	7 522	6 020	1,26	5 970	0,9916	0,9949	0,9968
T4	5 179	6 118	0,87	5 953	0,9730	0,9679	1,0053
T1 an 3	4 678	6 216	0,84	5 569	0,8960	0,9511	0,9420
T2	6 200	6 313	1,04	5 962	0,9443	0,9501	0,9938
T3	7 679	6 411	1,26	6 094	0,9506	0,9595	0,9907
T4	5 588	6 509	0,87	6 423	0,9868	0,9796	1,0073
T1 an 4	5 661	6 607	0,84	6 739	1,0200	0,9960	1,0241
T2	6 948	6 705	1,04	6 681	0,9964	1,0069	0,9896
T3	8 796	6 802	1,26	6 981	1,0263	–	–
T4	6 033	6 900	0,87	6 934	1,0050	–	–

* Pour une « recomposition » exacte de la série chronologique, nous allons utiliser, dans les calculs des CI et des coefficients cycliques et irréguliers, quatre chiffres après la virgule.

Le calcul du coefficient cyclique se fait en calculant une moyenne mobile qui dépasse l'année afin de bien saisir l'évolution extra-saisonnière du cycle. Ici, ce sera une MM5 car il s'agit de trimestre ; avec des données mensuelles, on utilisera une MM13 (ou plus). Le mouvement cyclique correspond donc à une moyenne mobile de CI plus large que l'année.

Le coefficient irrégulier sera obtenu par la formule :

$$I = \frac{CI}{C}$$

On divisera donc les données de la colonne 6 par celles de la colonne 7.

2.10. L'ANALYSE DES DIFFÉRENTS MOUVEMENTS

Le mouvement saisonnier est, de loin, le mouvement le plus important, avec un minimum de 0,84 et un maximum de 1,26. L'écart entre ces deux extrêmes est de 0,42. Il faut noter que dans l'analyse des mouvements d'une série chronologique, le niveau d'équilibre (idéal) correspond à 1. Il y a donc, pour cet hôtel de Montréal, une saisonnalité très prononcée pour trois trimestres (plus forte au troisième trimestre). Le seul trimestre équilibré est le deuxième trimestre avec un coefficient de 1,04.

En ce qui concerne le mouvement cyclique (il s'agit d'un micro-cycle, c'est-à-dire d'un cycle au niveau microéconomique), on observe un mini-cycle positif (voir la colonne 7 du tableau 5.8), c'est-à-dire supérieur à 1. Ce cycle débute au troisième trimestre de l'an 1 et se termine au deuxième trimestre de l'an 2 (il dure un an). Il y a ensuite un cycle négatif, c'est-à-dire inférieur à un, qui commence au troisième trimestre de l'an 2 pour finir au quatrième trimestre de l'an 3 (sa durée est donc de une année et demie). Par la suite, ce cycle devient positif pour toute l'année l'an 4 . L'amplitude de ce mini-cycle est assez faible ; elle est de 0,08 (le maximum 1,03 moins le minimum 0,95). Son écart-type est de 0,03 ; on peut donc croire que, dans ce cas, le mouvement cyclique a peu d'effet sur la série temporelle étudiée (les chambres occupées au Grand Hôtel).

Le mouvement irrégulier est, par définition, impossible à forma-liser. L'amplitude de ce mouvement est assez faible (elle est de 0,11). L'écart-type est de 0,02. Ces résultats indiquent que le mouvement irrégulier n'est pas une menace pour la série temporelle étudiée.

On doit donc conclure que, pour cet hôtel, le mouvement cyclique et le mouvement irrégulier sont négligeables et ne portent pas à consé-quence. Par contre, le mouvement saisonnier est assez préoccupant. Ces différents mouvements sont présentés dans la figure 5.2.

La prévision pour l'an 5 devra tenir compte de cette analyse ; cette prévision se résume donc à la formule : $Y_{pr} = T \times S$[15].

---

15. Nous verrons comment effectuer une prévision avec le mouvement saisonnier dans la partie 3 du chapitre 5.

*F*igure 5.2

*LES CHAMBRES OCCUPÉES AU GRAND HÔTEL, PAR TRIMESTRE, DE L'ANNÉE 1
À L'ANNÉE 4. LA DÉCOMPOSITION EMPIRIQUE : LES COEFFICIENTS*

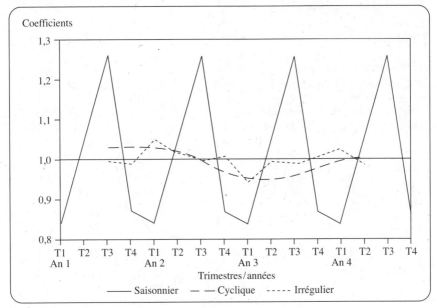

3. LA «RECOMPOSITION» DES SÉRIES CHRONOLOGIQUES ET LA PRÉVISION

La décomposition des séries chronologiques a pour principal objectif d'évaluer l'importance des différents mouvements propres à cette série. Il s'agit d'une analyse qui donnera des informations :

1. sur les performances de l'entreprise (de la région ou du pays), sur sa capacité à maîtriser les mouvements tendanciels, cycliques, saisonniers et irréguliers ;

2. sur la possibilité de faire des prévisions valables à court, à moyen ou à long terme.

3.1. *LA COMPARAISON DES DIFFÉRENTS MOUVEMENTS DES SÉRIES CHRONOLOGIQUES*

Dans la partie 2, nous avons fait l'analyse des mouvements de la série temporelle des chambres occupées du Grand Hôtel ; à des fins de comparaison, nous allons introduire un nouvel exemple de décomposition d'une série, celui de l'Auberge du Lac Noir (un nom fictif pour une entreprise réelle de la région des Laurentides). La décomposition de cette série apparaît dans le tableau 5.9.

Tableau 5.9

LES CHAMBRES OCCUPÉES À L'AUBERGE DU LAC NOIR, PAR TRIMESTRE, DE L'ANNÉE 1 À L'ANNÉE 4. LA « RECOMPOSITION EMPIRIQUE »*

Trimestre/ années	Chambres occupées	Tendance linéaire	Coefficients saisonniers	DCVS	CI = Cycle + irrégulier	Coefficients cycliques	Coefficients irréguliers
T1 an 1	1 211	776	1,94	624	0,8046	–	–
T2	395	763	0,79	500	0,6550	–	–
T3	437	751	0,73	599	0,7971	0,9039	0,8818
T4	506	739	0,53	955	1,2926	0,9604	1,3459
T1 an 2	1 367	726	1,94	705	0,9703	1,0341	0,9383
T2	613	714	0,79	776	1,0871	1,0275	1,0580
T3	524	701	0,73	718	1,0235	0,9746	1,0502
T4	279	689	0,53	526	0,7641	0,9982	0,7655
T1 an 3	1 349	677	1,94	695	1,0278	0,9636	1,0666
T2	571	664	0,79	723	1,0883	0,9737	1,1176
T3	435	652	0,73	596	0,9143	1,0625	0,8605
T4	364	639	0,53	687	1,0742	1,0876	0,9877
T1 an 4	1 469	627	1,94	757	1,2078	1,1239	1,0747
T2	560	615	0,79	709	1,1535	1,1240	1,0262
T3	558	602	0,73	764	1,2695	–	–
T4	286	590	0,53	540	0,9151	–	–

* Pour une « recomposition » exacte de la série chronologique, nous allons utiliser, dans les calculs des CI et des coefficients cycliques et irréguliers, quatre chiffres après la virgule.

À l'aide de ces résultats, on peut faire une comparaison entre les deux établissements d'hébergement. Cette comparaison apparaît dans le tableau 5.10.

Dans ce tableau, nous présentons deux écarts-types ; le premier est l'écart-type du mouvement étudié, le deuxième correspond à un intervalle de confiance à 95 % (1,96). On voit que, pour les deux établissements, le mouvement saisonnier est très important (comme dans la plupart des entreprises touristiques). On peut penser que dans l'avenir, le mouvement saisonnier (avec un niveau de confiance de 95 %) oscillera, pour le Grand Hôtel, entre ±0,33 et pour l'Auberge du Lac Noir entre ±1,12 (ce qui est énorme).

Tableau 5.10

LA COMPARAISON DES ÉCARTS-TYPES DES MOUVEMENTS DES CHAMBRES OCCUPÉES DU GRAND HÔTEL ET DE L'AUBERGE DU LAC NOIR

Établissements	Grand Hôtel		Auberge du Lac Noir	
Coefficients	Écart-type	Écart-type à 95 %	Écart-type	Écart-type à 95 %
Saisonniers	0,17	0,33	0,57	1,12
Cycliques	0,03	0,06	0,07	0,14
Irréguliers	0,02	0,04	0,15	0,29

En ce qui concerne le mouvement cyclique, il est de ±0,06 (à 95 %) pour le Grand Hôtel, ce qui veut dire qu'il sera négligeable dans le futur (le seuil limite serait de 0,10). Pour l'Auberge du Lac Noir, le microcyclique serait de ±0,14, donc au-delà de la limite de 0,10. Le mouvement irrégulier sera, dans l'avenir, à ±0,04 pour le Grand Hôtel et à ±0,29 pour l'Auberge du Lac Noir.

On peut, par un schéma, résumer l'analyse des mouvements pour ces deux entreprises (le signe + indique une grande importance et – une faible importance) :

Établissements	Mouvements			
	Tendance	Cycle	Saisonnier	Irrégulier
Grand Hôtel	+	–	+	–
Auberge du Lac Noir	+	+–	+	+

On voit ici que, dans le cas du Grand Hôtel, la tendance et la saisonnalité sont importantes et les mouvements cycliques et irréguliers sont peu importants : cela indique que cet hôtel a peu de problèmes et contrôle assez bien son évolution (il est « bien géré » au sens habituel du terme). Dans ces conditions, il sera possible, pour le Grand Hôtel, de faire des prévisions valables à court terme.

L'Auberge du Lac Noir a de gros problèmes :

1. une tendance à la baisse ;

2. un cycle qui dépasse 0,10 à un niveau de confiance de 95 % ;

3. le mouvement saisonnier est très fort, il y a un déséquilibre énorme entre le premier trimestre et les autres (voir la colonne 4 du tableau 5.9) ;

4. enfin, le mouvement irrégulier est très puissant et semble incontrôlable.

On peut conclure que l'Auberge du Lac Noir connaît des problèmes importants de gestion (au niveau des clientèles et de la gestion courante). Cette entreprise semble incapable de contrôler son environnement économique immédiat. Dans ce cas, la prévision devient impossible. Il faut alors, revenir sur le terrain : revoir les objectifs, le plan d'affaires, le financement, la gestion, etc. La décomposition de la série chronologique peut donc permettre de poser un diagnostic valable sur la survie de cette entreprise !

3.2. LA « RECOMPOSITION » DES SÉRIES CHRONOLOGIQUES

Dans le tableau 5.8, nous avons la « décomposition » de la série des chambres occupées au Grand Hôtel. Nous faisons l'hypothèse que ces mouvements sont multiplicatifs (nous verrons cet aspect à la fin de cette partie).

Dans l'exemple du Grand Hôtel (voir le tableau 5.11), nous ferons la recomposition pour le troisième trimestre de l'an 1. On aura donc :

$Y_i = T \times S \times C \times I$[16] ;

$$\begin{array}{cccc} T & S & C & I \\ 5\,629 \times & 1{,}26 \times & 1{,}0276 \times & 0{,}9929 = 7\,236{,}5 \end{array}$$

ce qui est assez près du résultat obtenu dans la réalité (les chambres occupées).

Comment interpréter cette « équation » ? Cela signifie que :

• la saisonnalité est un multiplicateur de 26 % de la tendance ;

• le cycle ajoute un autre 2,76 % à cette tendance ;

• tandis que le mouvement irrégulier (négatif) enlève un très faible −0,0071 % à cette même tendance linéaire.

Cela revient à dire, selon les mouvements, que l'on a :

• pour la saisonnalité :
(5 629 × 1,26) − 5 629 = 1 463 chambres occupées ;

---

16. Voir à ce sujet : R. MILLS (1977), *Statistics for Applied Economics and Business*, New York, McGraw-Hill, p. 448-449.

- pour le cycle :
  $(5\,629 \times 1{,}26) \times 1{,}0276 - (5\,629 \times 1{,}26) = 195$ chambres occupées ;
- pour le mouvement irrégulier :
  $(5\,629 \times 1{,}26 \times 1{,}0276 \times 0{,}9929) - (5\,629 \times 1{,}26 \times 1{,}0276)$
  $= -51{,}7$ ou -58 chambres occupées.

On voit bien ici que, pour ce troisième trimestre de l'an 1, TCS apporte des gains et I des pertes.

Dans l'exemple de l'Auberge du Lac Noir, le processus de « recomposition »[17] de la série chronologique des chambres occupées apparaît dans le tableau 5.11 (les résultats obtenus proviennent de la décomposition de cette série déjà effectuée dans le tableau 5.9). On voit dans la colonne 4 les valeurs de TS (toujours dans l'hypothèse d'un modèle multiplicatif) ; dans la colonne 5, nous avons TSC et dans la colonne 6 nous avons TSCI. Cette « recomposition » est représentée dans la figure 5.3 ; on voit l'ajout apporté par chacun des mouvements.

*T*ableau 5.11

*LES CHAMBRES OCCUPÉES À L'AUBERGE DU LAC NOIR,
PAR TRIMESTRE, DE L'ANNÉE 1 À L'ANNÉE 4.
LA « RECOMPOSITION » DE LA SÉRIE CHRONOLOGIQUE*

Trimestre/ années	Chambres occupées	Tendance linéaire	TS^1	TSC^2	$TSCI^3$
T3 an 1	437	751	548	496	437
T4	506	739	391	376	506
T1 an 2	1 367	726	1 409	1 457	1 367
T2	613	714	564	579	613
T3	524	701	512	499	524
T4	279	689	365	364	279
T1 an 3	1 349	677	1 313	1 265	1 349
T2	571	664	525	511	571
T3	435	652	476	506	435
T4	364	639	339	369	364
T1 an 4	1 469	627	1 216	1 367	1 469
T2	560	615	485	546	560

1. Tendance × Coefficient saisonnier.
2. Tendance × Coefficient saisonnier × Coefficient cyclique.
3. Tendance × Coefficient saisonnier × Coefficient cyclique × Coefficient irrégulier.

---

17. Voir au sujet de la « recomposition » des séries chronologiques : L. LAPIN (1973), *Statistics for Modern Business Decisions*, New York, Harcourt-Bruce-Jovanovich Inc., p. 537-544.

Figure 5.3

*LES CHAMBRES OCCUPÉES À L'AUBERGE DU LAC NOIR, PAR TRIMESTRE,
DE L'ANNÉE 1 À L'ANNÉE 4. LA « RECOMPOSITION EMPIRIQUE »*

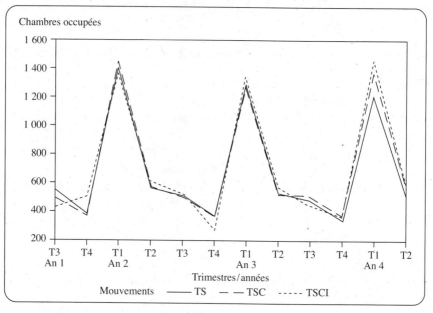

Si on essaie de recomposer la série (à partir du tableau 5.9), et pour le troisième trimestre de l'an 1, on aura :

1. T   × S   = TS
    751   × 0,73   = 548 ;

2. TS   × C   = TSC
    548   × 0,9039 = 496 (en arrondissant) ;

3. TSC × I   = TSCI
    496   × 0,8818 = 437 (en arrondissant).

Dans le tableau 5.12, nous avons les pertes et les gains qu'apporte chacun des mouvements de la série des chambres occupées à l'Auberge du Lac Noir et cela pour chacun des trimestres. Ces données sont reproduites dans la figure 5.4.

Tableau 5.12

LES CHAMBRES OCCUPÉES À L'AUBERGE DU LAC NOIR, PAR TRIMESTRE, DE L'ANNÉE 1 À L'ANNÉE 4. LA « RECOMPOSITION » DE LA SÉRIE CHRONOLOGIQUE : LES PERTES ET LES GAINS QU'APPORTE CHACUN DES MOUVEMENTS

Trimestre/ années	Chambres occupées	Tendance linéaire	S^1	C^2	I^3
T3 an 1	437	751	− 203	− 53	− 59
T4	506	739	− 347	− 15	130
T1 an 2	1 367	726	683	48	− 90
T2	613	714	− 150	16	34
T3	524	701	− 189	− 13	25
T4	279	689	− 324	− 1	− 85
T1 an 3	1 349	677	636	− 48	84
T2	571	664	− 139	− 14	60
T3	435	652	− 176	30	− 71
T4	364	639	− 300	30	− 5
T1 an 4	1 469	627	589	151	102
T2	560	615	− 129	60	14

1. Mouvement saisonnier.
2. Mouvement cyclique.
3. Mouvement irrégulier.

Nous pouvons remarquer, dans le tableau 5.12, que de tous les résultats qui apparaissent dans la quatrième colonne, seuls ceux du premier trimestre sont positifs. Pour le mouvement cyclique, sont positifs les coefficients des trimestres un et deux de l'an 2 et aussi les deux derniers trimestres de l'an 3 ainsi que les deux premiers de l'an 4.

Nous voyons par ces deux exemples que la décomposition-recomposition des séries chronologiques permet de bien cerner les différents mouvements et d'évaluer leur importance relative. Ce processus sert à établir un diagnostic sur la situation de l'entreprise et de la possibilité de faire des prévisions valables.

3.3. *HYPOTHÈSE ADDITIVE OU HYPOTHÈSE MULTIPLICATIVE ?*

On l'a vu, l'hypothèse additive suppose que les mouvements de la série sont indépendants les uns des autres alors que l'hypothèse multiplicative repose, au contraire, sur l'idée que les mouvements sont dépendants, interagissent les uns sur les autres[18]. Dans le domaine du tourisme, il s'agit surtout d'un problème académique car, à notre connaissance, près de 95 % des séries temporelles suivent un modèle multiplicatif.

---

18. Voir à ce sujet : B. PY (1987), *Statistique descriptive*, Paris, Économica, p. 229-230.

*F**igure 5.4*

LES CHAMBRES OCCUPÉES À L'AUBERGE DU LAC NOIR,
PAR TRIMESTRE, DE L'ANNÉE 1 À L'ANNÉE 4.
LES DIFFÉRENTS MOUVEMENTS DE LA SÉRIE CHRONOLOGIQUE

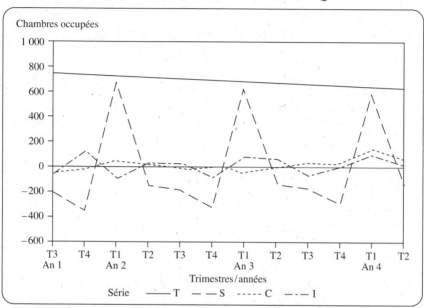

Il existe plusieurs méthodes pour nous aider à choisir entre ces deux hypothèses[19]. La méthode la plus simple est de trouver la moyenne et l'écart-type des valeurs observées (dans nos deux exemples, ce sont les chambres occupées) de chacune des années et de transposer ces valeurs sur un graphique.

Nous avons fait l'exercice pour le Grand Hôtel et pour l'Auberge du Lac Noir. Les résultats apparaissent dans les tableaux 5.13 et 5.14. Il s'agit par la suite de tracer un graphique ; ce graphique aura pour abscisse la moyenne mensuelle et pour ordonnée l'écart-type et cela, pour chacune des années de la série temporelle étudiée.

---

19.   Voir à ce sujet : B. PIGANIOL (1980), *Statistique*, Paris, Dalloz, p. 119-122.

*T*ableau 5.13

LES CHAMBRES OCCUPÉES AU GRAND HÔTEL ; LES STATISTIQUES DESCRIPTIVES

Années	Minimum	Maximum	Moyenne	Écart-type
An 1	4 603	7 237	5 683	1 150
An 2	5 179	7 522	6 088	1 098
An 3	4 678	7 679	6 036	1 261
An 4	5 661	8 796	6 859	1 400

*F*igure 5.5

LES CHAMBRES OCCUPÉES AU GRAND HÔTEL,
PAR TRIMESTRE, DE L'ANNÉE 1 À L'ANNÉE 4.
LA RECHERCHE DU TYPE DE MODÈLE : ADDITIF OU MULTIPLICATIF ?

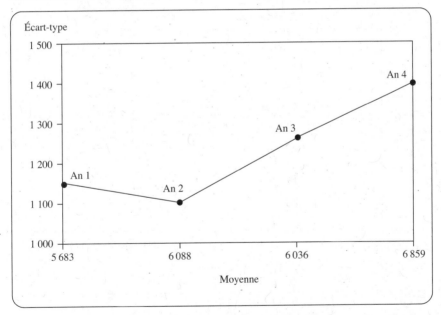

Le mode de lecture est que si les points de la figure donnent une ligne à peu près horizontale, il s'agit d'un modèle additif. Si la ligne tracée à l'aide des moyennes et des écarts-types donne une ligne oblique ou verticale, on a affaire à un modèle multiplicatif (l'écart-type tend à augmenter – ou diminuer avec les années).

*T*ableau 5.14

LES CHAMBRES OCCUPÉES À L'AUBERGE DU LAC NOIR ;
LES STATISTIQUES DESCRIPTIVES

Années	*Minimum*	*Maximum*	*Moyenne*	*Écart-type*
An 1	395	1 211	637	385
An 2	279	1 367	696	469
An 3	364	1 349	680	454
An 4	286	1 469	718	517

*F*igure 5.6

LES CHAMBRES OCCUPÉES À L'AUBERGE DU LAC NOIR,
PAR TRIMESTRE, DE L'ANNÉE 1 À L'ANNÉE 4.
LA RECHERCHE DU TYPE DE MODÈLE : ADDITIF OU MULTIPLICATIF ?

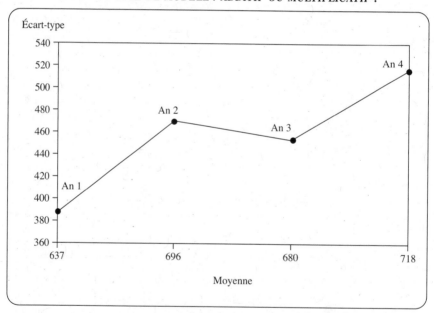

Dans le cas du Grand Hôtel (tableau 5.13 et figure 5.5), c'est l'hypothèse des mouvements multiplicatifs qui domine. On retrouve la même situation (avec des hauts et des bas) dans l'exemple de l'Auberge du Lac Noir (tableau 5.13 et figure 5.6) : là aussi, on peut conclure qu'il s'agit d'un schéma multiplicatif. Dans ces deux entreprises, les mouvements des séries chronologiques sont dépendants et ont une forte influence les uns sur les autres.

3.4. *LA PRÉVISION À L'AIDE DES DIFFÉRENTS MOUVEMENTS DE LA SÉRIE CHRONOLOGIQUE*

Une fois que la décomposition de la série est faite et que le diagnostic est établi, il est possible de formuler des prévisions à court terme qui tiennent compte de certaines fluctuations. Comment faire ces prévisions ?

On a vu, dans le cas du Grand Hôtel, que nous avions une tendance (T) et un mouvement saisonnier (S) assez important alors que les mouvements cycliques (C) et irréguliers (I) étaient négligeables (voir le tableau 5.8). Il est donc possible de faire des prévisions car la saisonnalité peut être facilement captée puisqu'elle est répétitive et permanente. Pour l'Auberge du Lac Noir, la prévision est impossible car C et I dépassent la barre de 10 %.

Nous avons dans le tableau 5.15 la prévision des chambres occupées, pour le Grand Hôtel, pour les quatre trimestres de l'an 5.

Tableau 5.15

LES CHAMBRES OCCUPÉES AU GRAND HÔTEL ;
LES PRÉVISIONS POUR LES QUATRE TRIMESTRES DE L'ANNÉE 5

Les trimestres de l'an 5	*Valeurs de la tendance linéaire*	*Coefficients saisonniers*	*Prévisions*
1 (17)	6 998	0,84	5 878
2 (18)	7 096	1,04	7 380
3 (19)	7 194	1,26	9 064
4 (20)	7 291	0,87	6 343

Nous avons dans la première colonne les trimestres de l'an 5 (il faut noter que le trimestre un de l'an 5 correspond à la période 21 pour l'équation de régression). Dans la deuxième colonne apparaissent les valeurs de la tendance ; celle-ci correspond à l'équation suivante : $Y_{pr} = 5\,335,675 + 97,781\,(t) + \epsilon$. Nous aurons donc pour la période 17 : $Y_{pr} = 5\,335,675 + 97,781\,(17) = 6\,997,952$ ou 6 998 (en arrondissant). Dans la troisième colonne, nous avons les coefficients saisonniers (voir le tableau 5.6). Nous obtenons la prévision en multipliant les valeurs obtenues par la tendance linéaire aux valeurs des coefficients saisonniers, ce qui donne la prévision des chambres occupées (dans la dernière colonne).

En résumé, l'ensemble de la démarche prévisionnelle de court terme consiste à :

1. cerner la tendance et les autres mouvements de la série (SCI) ;

2. évaluer l'importance relative de ces différents mouvements ; C et I sont difficiles à « modéliser », si ces deux mouvements sont importants, il est impossible de faire des prévisions valables ;

3. si C et I sont faibles, on peut les négliger et faire des prévisions en ne tenant compte que de la tendance (T) et du mouvement saisonnier (S).

Pour terminer, il faut se dire que l'analyse des mouvements d'une série chronologique n'est qu'une façon de bien comprendre une situation économique quelconque. Ainsi, selon Henri Guitton : « Il apparaît que chaque mouvement peut être étudié en soi, ou bien éliminé comme perturbateur des autres. On peut regarder chacun comme un idéal, ou comme un trouble-fête. Ainsi, ce que l'on appelle ajustement des courbes, qui n'est pas autre chose qu'une épuration statistique, est toujours relatif à la fin que l'on se propose. Il faut être conscient de cette déformation que l'on fait subir à la courbe réelle de tout mouvement économique[20]. »

4. LE CYCLE DE MOYEN TERME ET LE CYCLE DE LONG TERME

Il est assez facile de cerner le cycle à court terme, par l'approche de la décomposition des séries chronologiques. Pour bien capter le cycle de moyen terme ou de long terme, il vaut mieux travailler sur la base de plusieurs années. La périodisation de plus long terme permet d'éliminer la saisonnalité et de saisir les phases du macrocycle.

Il est impossible de « penser le tourisme » seulement de façon synchronique. Le tourisme fait partie, à la fois, de l'histoire générale et d'une histoire plus localisée ! À l'intérieur des mouvements longs, des tendances lourdes des sociétés, il existe des perturbations qui tendent à se reproduire dans le moyen terme et le long terme.

Ces fluctuations amènent à concevoir le temps : « […] comme composition de mouvements ondulatoires, comme succession périodique de

---

20. H. GUITTON (1971), *Les mouvements conjoncturels*, Paris, Dalloz, p. 49.

conjonctures multiples[21]. » Il est quelque peu rassurant de penser qu'il y a certaines régularités dans les changements incessants de l'économie globale.

La façon la plus simple de définir le macrocycle est de le percevoir comme des oscillations assez régulières autour de la tendance fondamentale de la série temporelle[22]. Le caractère régulier du cycle pose un certain problème : « Toutefois, la périodicité des cycles n'est pas rigoureuse, l'économie n'est pas un mouvement d'horloge et les cycles se succèdent en se ressemblant sans pour autant être identiques, ni dans leur forme ni dans leur durée[23]. »

4.1. LES PHASES DU CYCLE

En général, on découpe l'évolution du cycle en quatre phases :

- la phase 1 : où l'indicateur utilisé est à la hausse. Cette phase correspond à la période d'essor ou d'expansion de la variable. C'est le mouvement ascendant du cycle ;

- la phase 2 : c'est la crise ! Elle est caractérisée par une contraction brutale de l'activité économique. C'est le point de retournement de l'évolution de la série chronologique ;

- la phase 3 : c'est la période de dépression. Le niveau de l'activité économique devient faible ou très faible pendant une période assez longue ;

- la phase 4 : c'est la reprise de l'activité ; celle-ci peut être très lente, lente ou plus rapide.

Ces phases peuvent être résumées par un schéma.

Dans cette perspective, la crise n'est qu'un moment de l'activité économique globale. On a beaucoup écrit sur les causes et les conséquences des crises[24].

---

21. B. ROSIER et P. DOCKÈS (1983), *Rythmes économiques. Crises et changement social : une perspective historique*, Paris, Éditions La Découverte, p. 8.

22. Voir à ce sujet : M. FLAMANT (1985), *Les fluctuations économiques*, Paris, Presses universitaires de France, p. 6-7.

23. B. ROSIER (1987), *Les théories des crises économiques*, Paris, Éditions La Découverte, p. 20.

24. Voir à ce sujet : D. ARNOULD (1989), *Analyse des crises économiques*, Paris, Dunod ; et : M. CASTELLANI (1994), *Crise mondiale : théories et réalités*, Paris, Éditions Sirey.

Figure 5.7

LES PHASES DU CYCLE

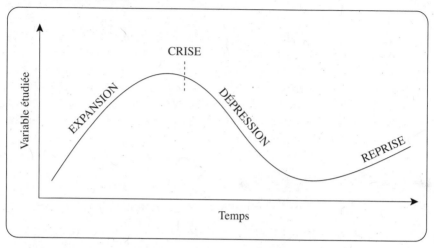

La phase « crisique » a un côté spectaculaire et alimente une vision « catastrophique » de l'évolution des sociétés. Citons quelques crises récentes[25] :

- krach d'octobre 1987 : une baisse de 20 % à 40 % des indices boursiers mondiaux ;
- nouvelle baisse en octobre 1989 ;
- une baisse de 30 % à la bourse de Tokyo en 1990 ;
- la guerre du Golfe a eu des effets en 1991 et 1992 ;
- la crise du Sud-Est asiatique en 1998-1999.

La périodicité des cycles est très variée. L'histoire économique établit une typologie des cycles[26] (chacun porte le nom de son auteur) :

- des cycles très courts, de type Kitchin (de moins de deux ans) ;
- des cycles courts, de type Juglar (de huit à dix ans) ;
- des cycles moyens, de type Hansen (de dix-huit à vingt-deux ans) ;
- des cycles longs, de type Kondratieff (de quarante à cinquante ans).

---

25. Pour les crises plus anciennes (une mini-histoire des crises), voir : J. ARROUS (1991), *Croissance et fluctuations*, Paris, Dalloz.
26. Voir à ce sujet : M. MONTOUSSÉ (1999), *Théories économiques*, Rosny, Bréal, chapitre 2.

4.2. LA MODÉLISATION DU CYCLE

Il est possible de capter l'évolution cyclique à l'aide d'une équation mathématique. Il est rare que cette méthode s'applique dans la réalité. À titre d'exemple, nous verrons le modèle sinusoïdal. Ce modèle[27] prendra la forme suivante :

$$Y_{pr} = a + b_1(t) + b_2 \cos\left(\frac{2\Pi t}{10}\right) + b_3 \sin\left(\frac{2\Pi t}{10}\right)$$

$$+ b_4 t \cos\left(\frac{2\Pi t}{10}\right) + b_5 t \sin\left(\frac{2\Pi t}{10}\right) + \in$$

Ici, $a + b_1(t)$ correspondent à la tendance linéaire alors que l'utilisation des cosinus et sinus sert à bien saisir l'amplitude et la périodicité du cycle.

Dans le tableau 5.16, nous avons un exemple de modèle sinusoïdal : celui des arrivées des touristes en Boldavie (un nom imaginaire pour un pays réel) sur trente années. La figure 5.8 reproduit les valeurs observées et les valeurs prévues à l'aide de ce modèle.

L'équation prévisionnelle donne :

$$Y_{pr} : 807,544 + 3,40(t) + 44,4 \cos\left(\frac{2\Pi t}{10}\right) - 2,4 \sin\left(\frac{2\Pi t}{10}\right)$$

$$- 2,9 t \cos\left(\frac{2\Pi t}{10}\right) - 2,1\left(\frac{2\Pi t}{10}\right).$$

Les résultats des tests sont les suivants :
- R :   0,891 ;
- R^2 :   0,794 ;
- F :   0,000 ;
- t :   tous significatifs à 0,01 ;
- DW : 2,051.

---

27.   Voir à ce sujet : W. MENDENHALL et J. REINMUTH (1971), *Statistics for Management and Economics*, Belmont, Duxbury Press, p. 399-402 ; pour l'application à des données saisonnières, voir : W. MENDENHALL et T. SINCICH, *A Second Course in Statistics : Regression Analysis*, New Jersey, Prentice-Hall, p. 528-532 et p. 548-550.

On peut constater dans la figure 5.8 que le modèle sinusoïdal réussit à capter assez bien l'évolution cyclique des trente premières années et à faire une projection du cycle pour les dix années suivantes. C'est une façon idéale de présenter l'évolution du cycle ; il est rare que celui-ci apparaisse de façon aussi claire et « stylisée ».

*F*igure 5.8

La prévision des arrivées des touristes étrangers par année (en milliers) en Boldavie ; un modèle sinusoïdal

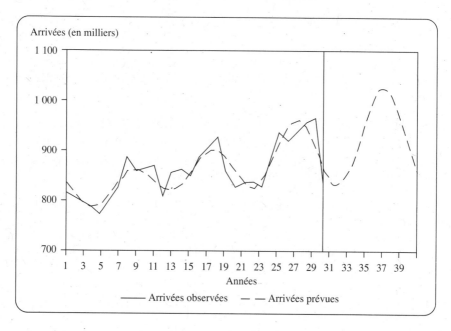

4.3. *La mesure empirique du cycle*

La mesure du cycle économique se fait habituellement en comparant l'évolution du PIB réel à l'évolution du PIB tendanciel ; les écarts entre ces deux données donnent une image des fluctuations cycliques[28]. C'est ce qu'on appelle le « cycle des affaires » au niveau macroéconomique[29].

---

28. Voir à ce sujet : M. Parkin, R. Bade et L. Phaneuf (1991), *Introduction à la macroéconomie moderne*, Montréal, Éditions ERPI, p. 115.

29. Pour la durée moyenne du cycle des affaires au Canada et aux États-Unis, de 1950 à 1994, voir : M. Marchon (1994), *Prévoir l'économie pour mieux gérer*, Montréal, Québec/Amérique, p. 78-79.

*T*ableau 5.16

LA PRÉVISION DES ARRIVÉES DES TOURISTES ÉTRANGERS EN BOLDAVIE PAR ANNÉE ; UN MODÈLE SINUSOÏDAL

Années	Arrivées (en milliers)	Prévisions avec un modèle sinusoïdal	Résidus	Intervalle inférieur à 95 %	Intervalle supérieur à 95 %
1	820	842	− 22	780	903
2	810	820	− 10	760	880
3	800	799	1	739	858
4	790	789	1	729	848
5	775	795	− 20	735	854
6	803	815	− 12	755	874
7	830	840	− 10	780	899
8	890	859	31	800	918
9	860	865	− 5	806	923
10	866	857	9	799	914
11	871	840	31	784	897
12	810	826	− 16	770	882
13	860	822	38	766	878
14	865	834	31	778	890
15	850	858	− 8	802	914
16	890	885	5	829	940
17	907	902	5	846	958
18	930	903	27	847	959
19	860	887	− 27	831	943
20	830	861	− 31	805	918
21	838	838	0	781	896
22	840	831	9	773	890
23	830	846	− 16	787	905
24	880	880	0	821	939
25	940	921	19	862	981
26	920	954	− 34	895	1 014
27	940	965	− 25	905	1 024
28	960	948	12	888	1 007
29	967	909	58	849	969
30	825	866	− 41	804	928
31	−	837	−	772	901
32	−	837	−	770	904
33	−	870	−	801	938
34	−	926	−	857	995
35	−	985	−	916	1 054
36	−	1 024	−	955	1 093
37	−	1 027	−	957	1 097
38	−	992	−	922	1 062
39	−	932	−	862	1 001
40	−	871	−	799	942

Au niveau d'une région, d'un domaine donné du tourisme (hébergement, restauration ou attractions touristiques), ou d'une entreprise, la mesure sera sensiblement la même. On tentera de cerner l'évolution cyclique par la création d'indices cycliques. Avant d'effectuer les calculs, on va décomposer la série chronologique ; on fait l'hypothèse que $Y_i = TC$; d'où :

$$\frac{Y_i}{T} = \frac{TC}{T} ;$$

donc, $C = \dfrac{Y_i}{T}$ [30].

Ici :

Y_i = les valeurs observées ;

T = une tendance linéaire ;

C = un cycle. C correspondra donc aux indices cycliques.

On peut aussi obtenir une mesure relative du cycle par la formule :

$$MRC = \frac{Y_i - Y_{pr}}{Y_{pr}} \times 100 \text{ [31]}.$$

Ici :

Y_i = les valeurs observées ;

Y_{pr} = les valeurs prévues de la tendance mathématique.

Enfin, on s'attardera à mesurer l'amplitude du cycle (sa force) et sa périodicité (son caractère redondant) afin d'évaluer son ampleur et de la comparer à d'autres cycles (pour d'autres clientèles). Le lien entre l'amplitude et la périodicité peut être étudiée de la façon suivante[32] :

---

30. Pour ces formules, voir : J. HANKE et G. REITSCH (1998), *Business Forecasting*, New Jersey, Prentice-Hall, p. 313.

31. Voir à ce sujet : D. BAILS et L. PEPPER (1993), *Business Fluctuations*, New Jersey, Prentice-Hall, p. 88-89.

32. Voir à ce sujet : J.-J. GRANELLE (1977), *Fluctuations économiques et conjonctures*, Paris, Masson, p. 277.

Figure 5.9

L'AMPLITUDE ET LA PÉRIODICITÉ DU CYCLE

		Périodicité	
		Constante	Variable
Amplitude	Constante	1	2
	Variable	3	4

Avec ce schéma simplifié, nous avons quatre types de situations possibles :

1. l'amplitude et la périodicité sont constantes, il s'agit du cycle idéal ;

2. l'amplitude du cycle est constante mais sa périodicité est variable ;

3. l'amplitude est variable mais la périodicité est constante ;

4. l'amplitude et la périodicité sont variables.

Dans le premier cas, la prévision est relativement facile : avec les données du passé, il est possible de faire des projections du cycle. Dans les cas deux et trois, un seul des éléments est utilisable dans la prévision, ce qui rend celle-ci plus difficile (c'est ce qui arrive le plus souvent). Enfin, dans le dernier cas, il y a cycle mais celui-ci a une évolution difficile à cerner ; si l'amplitude du cycle est faible, il sera possible de l'ignorer, si elle est forte, la prévision sera impossible !

4.4. LES TOURISTES DES ÉTATS-UNIS ET DE FRANCE AU QUÉBEC : ÉTUDE DES CYCLES

Dans le tableau 5.17, nous avons les indices cycliques des touristes des États-Unis et de France au Québec de 1980 à 2002. Ces données sont reproduites dans la figure 5.10.

On peut dire que le cycle des touristes français a une amplitude plus forte que celui des touristes américains. Le cycle des touristes français oscille entre 62 et 126 pour les indices cycliques alors que le cycle des touristes américains varie entre 88 et 117.

Tableau 5.17

LES TOURISTES DES ÉTATS-UNIS ET DE FRANCE AU QUÉBEC ;
LES INDICES CYCLIQUES DE 1980 À 2002

Années	États-Unis	France
1980	106	122
1981	102	112
1982	100	94
1983	96	65
1984	99	72
1985	103	62
1986	108	72
1987	110	91
1988	109	107
1989	105	106
1990	99	104
1991	92	118
1992	88	109
1993	89	120
1994	88	126
1995	95	123
1996	91	117
1997	89	109
1998	97	98
1999	103	99
2000	107	94
2001	108	85
2002	117	72

Source : Nos calculs, à partir des données de Statistique Canada.

L'écart-type du cycle de la clientèle française est de 19,59 alors que celui de la clientèle américaine est de 8,18. Entre 1980 et 1990, les deux cycles évoluent un peu dans le même sens (à la baisse et avec une très forte baisse pour la France) avec un taux de corrélation des indices de 0,30 entre les deux pays ; entre 1991 et 2002, les deux cycles ont un développement opposé, à ce moment le taux de corrélation des indices entre les pays devient négatif avec $-0,91$ (à ce moment c'est la France qui a un cycle à la hausse). À partir de 1998, la situation se transforme : les indices cycliques des États-Unis sont à la hausse et ceux de la France accusent une forte chute. On remarque aussi les effets de la profonde crise de 1982 (voir la figure 5.10) sur l'arrivée des touristes de France ; une crise qui a été dure à surmonter.

On peut donc constater que le cycle des touristes américains est assez faible et son effet sur la tendance semble négligeable. La situation est tout autre pour le cycle des touristes de France ; celui-ci est très ample (comme celui de la plupart des clientèles européennes d'ailleurs) et a sûrement un effet sur la tendance générale. On doit donc, dans ce cas, en tenir compte dans les prévisions à faire pour la clientèle française.

*F*igure 5.10

LES TOURISTES DES ÉTATS-UNIS ET DE FRANCE AU QUÉBEC ;
ÉTUDE DES DEUX CYCLES, DE 1980 À 2002

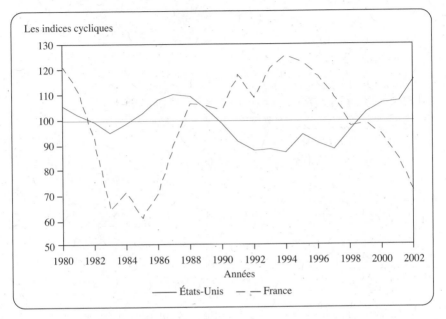

4.5. L'AMPLITUDE ET LA PÉRIODICITÉ DU CYCLE

Il est possible d'évaluer la force et la durée du cycle[33]. Dans le tableau 5.18, nous avons l'amplitude et la périodicité du cycle des touristes des États-Unis au Québec pour la période 1980 à 2002 ; les calculs sont effectués à partir des indices cycliques qui apparaissent dans le tableau 5.17. Nous avons isolé trois cycles complets :

1. de 1980 à 1990 ;

2. de 1991 à 1998 ;

3. et de 1999 à 2002.

Le dernier cycle (1999-2002) est tronqué et correspond à une période d'expansion.

---

33. Voir à ce sujet : C. DAUTEN et L. VALENTINE (1983), *Business Cycles and Forecasting*, Cincinnati, South-Western Publishing, p. 61-68 et : J. DUBOS (1970), *Statistique descriptive en science économique*, Paris, Dunod, chapitre 13.

Le tableau 5.18 comprend trois éléments d'analyse :

- les niveaux des indices du cycle ;
- l'amplitude du cycle ;
- la périodicité du cycle.

Tableau 5.18

L'AMPLITUDE ET LA PÉRIODICITÉ DU CYCLE DES TOURISTES DES ÉTATS-UNIS AU QUÉBEC PAR ANNÉE, DE 1980 À 2002

Cycle	Les niveaux des indices du cycle			L'amplitude du cycle			La périodicité du cycle		
	Début	Sommet	Fin	Hausse	Baisse	Hausse et baisse	Expansion	Récession	Expansion et récession
1	106	110	99	4	11	15	8	3	11
2	92	95	97	2	3	5	0	8	8
3	103	117	117	14	0	14	5	0	5
Moyenne	100	107	104	6,66	4,66	11,33	4	4	8

Les niveaux des indices du cycle tentent de cerner les phases du cycle en le découpant en trois périodes : le début du cycle, le sommet qui désigne (c'est un terme impropre), soit le point le plus élevé ou le plus bas du cycle et enfin l'indice qui apparaît à la fin de ce cycle.

L'amplitude du cycle se mesure par l'écart, à la hausse ou à la baisse, entre le début et le sommet et entre le sommet et la fin du cycle. La dernière colonne est l'addition des indices de hausse et de baisse à partir de l'indice 100. La périodicité du cycle est calculée en années ; on mesure la durée de la période d'expansion et de la période de récession et enfin de la durée totale du cycle (dernière colonne du tableau 5.18).

Si l'on considère les trois cycles qui apparaissent dans le tableau 5.18, nous remarquons :

- que l'amplitude est forte dans le premier cycle ; c'est l'effet principalement de la crise économique de 1982 ;
- pour les deux cycles qui suivent, l'amplitude à la hausse ou à la baisse est relativement faible ;
- la périodicité du cycle demeure variable avec une durée de onze années dans le premier cycle, de huit années dans le deuxième

cycle et de quatre années dans le troisième cycle. Il y a donc une suite : cycle long, cycle moyen, cycle court. Il faut aussi remarquer que le cycle qui débute en 1999, et qui n'est pas encore terminé, compte déjà quatre années d'expansion (1999 à 2002).

Nous avons fait le même exercice pour les touristes français au Québec ; les résultats sont présentés dans le tableau 5.19 (ils sont calculés à partir des données du tableau 5.17). Pour la clientèle de France, nous n'avons pu discerner que deux cycles pour les périodes 1980-1985 et 1986-2002.

Ce sont des cycles à fortes amplitudes qui posent et poseront des problèmes aux entreprises touristiques du Québec. Vu l'importance de cette clientèle, il faut absolument tenir compte de cet état de fait dans les stratégies de développement et les politiques touristiques !

Tableau 5.19

L'AMPLITUDE ET LA PÉRIODICITÉ DU CYCLE DES TOURISTES DE FRANCE AU QUÉBEC PAR ANNÉE, DE 1980 À 2002

Cycle	Les niveaux des indices du cycle			L'amplitude du cycle			La périodicité du cycle		
	Début	Sommet	Fin	Hausse	Baisse	Hausse et baisse	Expan-sion	Réces-sion	Expansion et récession
1	122	65	62	0	57	57	2	4	6
2	72	126	72	54	54	108	10	7	17
Moyenne	97	95,5	67	27	55,5	82,5	6	5,5	11,5

Les résultats obtenus dans les tableaux 5.18 et 5.19 sont peu concluants ; ils sont « ni chair, ni poisson ». Dans ce cas, il est difficile de conclure. La difficulté provient d'un certain nombre de causes :

- au plan technique, il faudrait pouvoir utiliser des périodes plus longues[34] ;

- tenir compte du caractère un peu « évanescent » de l'industrie touristique ;

---

34. Voir à ce sujet le « Business Cycle Reference » du National Bureau of Economic Research des États-Unis (NBER) ; l'étude des cycles débute en 1854 jusqu'à aujourd'hui ; référence : www.nber.org/.

- étudier de façon systématique le contexte socioéconomique de chacun des cycles (faire appel aux méthodes de la prospective).

Il faut se dire, en terminant, que la structure du cycle pourra varier selon le niveau où il est étudié ; le pays, le secteur de l'industrie, la région ou l'entreprise. Pour chacun de ces niveaux, il peut être semblable ou différent et seule une analyse détaillée peut donner une véritable explication de ces fluctuations.

4.6. *LA PRÉVISION AVEC LE CYCLE*

Nous avons vu que le cycle des arrivées des touristes des États-Unis au Québec est, dans l'ensemble, de faible amplitude et de courte durée. Dans le cas des États-Unis, il n'est pas nécessaire d'utiliser le cycle pour faire des prévisions à moyen ou à long terme !

Le cas des visiteurs de France est différent, le cycle a une forte amplitude et une durée assez longue. On a vu, dans le tableau 5.19, qu'il est difficile de tirer des conclusions à partir de l'étude de deux cycles seulement.

Le cycle futur étant difficile à saisir, nous avons utilisé pour la période 2002 à 2010, les huit prochaines années, la moyenne mobile (sur cinq années) pour définir le cycle. Dans le tableau 5.20, nous avons dans la colonne 2 la tendance linéaire et dans la colonne 3 les indices cycliques prévisionnels. La tendance linéaire de la période[35] multipliée par l'indice cyclique prévisionnel de la période donne la prévision finale de la période. Cette prévision finale apparaît dans la figure 5.11.

Les indices cycliques prévisionnels ont été formulés en deux temps. Premièrement, nous avons calculé une moyenne mobile sur cinq années de l'ensemble des indices cycliques de la période 1980-2002. Deuxièmement, nous avons conservé les huit dernières moyennes mobiles de la série lissée des indices cycliques (en faisant une hypothèse de croissance du tourisme durant cette période) et, enfin, nous avons attribué ces moyennes aux années 2003 à 2010.

---

35. L'équation de la tendance linéaire des arrivées des touristes de France durant la période 1980-2002 est :

$$Y_{pr} = -209\,726\,000,076 + 10\,625,963 \text{ (années)} + \epsilon$$
$$\phantom{Y_{pr} = } (-9,421) (9,503)$$

le R^2 : 0,811 ; F : 0,000 ; t : 0,000.

*T*ableau 5.20

LA PRÉVISION DES ARRIVÉES DES TOURISTES DE FRANCE AU QUÉBEC
PAR ANNÉE, DE *2003* À *2010* ; UNE TENDANCE LINÉAIRE COUPLÉE
À UN CYCLE CONJONCTUREL

Années	Tendance linéaire	Indices cycliques prévisionnels	Prévision finale
2003	311 205	0,86	267 636
2004	321 831	0,84	270 338
2005	332 457	0,84	279 264
2006	343 083	0,85	291 620
2007	353 709	0,91	321 875
2008	364 335	0,96	349 762
2009	374 960	1,03	386 209
2010	385 586	1,10	424 145

*F*igure 5.11

LA PRÉVISION DES ARRIVÉES DES TOURISTES DE FRANCE AU QUÉBEC,
PAR ANNÉE, DE *1980* À *2010*

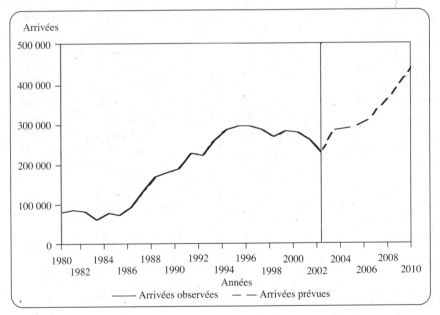

Nous pouvons remarquer, dans la figure 5.11, que les prévisions futures ressemblent beaucoup aux valeurs observées dans le passé : cela fait partie du caractère quelque peu mécanique de la prévision et de l'hypothèse principale qui est à la base même de ces méthodes prévision-nelles. Cette hypothèse suppose qu'il y a, dans le passé, des constantes qui tendent à se reproduire même si les causes qui les provoquent sont différentes.

Les prévisions des arrivées des touristes de France qui apparaissent dans le tableau 5.20 (et la figure 5.11) ne sont qu'une hypothèse d'évo-lution parmi beaucoup d'autres. Elles ne sont qu'une tentative de visua-liser l'avenir. La clientèle touristique provenant de France correspond à une tendance forte depuis 1984 ; le cycle ne fait qu'infléchir positivement ou négativement, selon les années, cette tendance fondamentale.

* * *

Ainsi, dans ce chapitre, nous avons vu comment défaire et refaire une série chronologique. Par le travail de la décomposition d'une série temporelle en ses principaux mouvements, nous pouvons évaluer l'impor-tance relative de chacun de ces mouvements et son impact sur la cons-truction des prévisions à moyen terme.

La décomposition/recomposition des séries est un bon outil de diag-nostic sur la performance du tourisme (selon les différents niveaux : pays, régions, secteurs, villes, entreprises). Cette démarche de déstructuration/ restructuration nous prépare bien à prendre en compte, dans notre éva-luation de la situation et dans nos prévisions, les différentes fluctuations qui affectent toutes les séries chronologiques dans le domaine du tou-risme[36]. Cette approche strictement endogène peut sembler réductrice mais elle ne doit pas empêcher l'utilisation de méthodes plus centrées sur l'explication même des fluctuations.

---

36. Une étude de la Commission canadienne du tourisme tend à démontrer que le cycle du tourisme a, en général, une amplitude plus forte que celle du cycle économique de référence ; voir à ce sujet : *Le Communiqué de la CCT* d'août 1998, p. 6.

Des exemples
de prévision
à moyen terme

Dans ce chapitre, nous voulons donner des exemples concrets d'études prévisionnelles sans trop s'embarrasser de techniques et de formules. Les objectifs des approches prévisionnelles (la prévision et son prolongement, la prospective) sont toujours les mêmes : essayer de jouer un rôle dans l'établissement des stratégies commerciales ou dans la formulation des politiques touristiques mais le but ultime est, aussi et surtout, d'aboutir à une certaine connaissance de l'évolution sociale et économique.

1. LES CLIENTÈLES TOURISTIQUES DE LA VILLE DE MARRAKECH

Le Maroc est une destination touristique mondiale qui dispose de nombreux atouts. Parmi ceux-ci, les villes impériales arrivent en première place et Marrakech en est le plus important fleuron. Dans le tableau 6.1, nous avons les nuitées des touristes à Marrakech, pour les principales clientèles (ces six pays représentent 76 % des nuitées dans la région de Marrakech-Tensit-Al Haouz en 2002), de 1993 à 2003. Ce tableau présente aussi les taux d'accroissement annuel moyen (moyenne géométrique) par blocs de cinq années, pour les trois dernières années et enfin pour l'ensemble de la période.

Les années récentes (2000/2003) montrent une croissance négative du TAAM pour quatre de ces pays (France, Espagne, Allemagne et Italie) : deux pays se distinguent par une croissance positive, soit l'Angleterre (avec 1,8 %) et le Maroc (avec 12,6 %) ; cette faible croissance est due, en grande partie, à un cycle négatif de l'ensemble de l'industrie touristique internationale et aux problèmes de sécurité liés au développement du terrorisme international. Malgré tout cela la clientèle principale de Marrakech, la France, a un taux annuel de croissance de 6,8 % entre 1993 et 2003.

*T*ableau 6.1

LES NUITÉES DES TOURISTES À MARRAKECH, DE 1993 À 2003 ;
LES TAUX D'ACCROISSEMENT ANNUEL MOYEN POUR CERTAINS PAYS
(MOYENNE GÉOMÉTRIQUE)

Années	*France*	*Espagne*	*Angleterre*	*Allemagne*	*Italie*	*Maroc*	*TOTAL*
1993	951 524	223 256	57 706	154 920	220 380	487 783	2 095 569
1994	965 143	126 793	62 737	184 950	211 077	494 938	2 045 638
1995	817 495	56 521	57 660	168 031	169 069	500 165	1 768 941
1996	1 003 534	117 412	60 455	157 723	158 717	517 871	2 015 712
1997	1 073 324	147 036	70 388	168 938	250 376	533 806	2 243 868
1998	1 278 204	159 563	110 938	182 442	239 243	524 354	2 494 744
1999	1 765 288	168 272	103 497	150 087	226 479	408 849	2 822 472
2000	1 998 366	181 183	131 500	139 542	220 666	318 543	2 989 800
2001	1 926 963	131 926	154 633	126 837	203 050	377 710	2 921 119
2002	1 836 757	84 032	135 834	68 722	136 981	388 899	2 651 225
2003	1 837 455	75 257	138 820	41 430	107 638	454 304	2 654 904
TAAM 1993 / 1997	3,1 %	− 9,9 %	5,1 %	2,2 %	3,2 %	2,3 %	1,7 %
TAAM 1998 / 2003	7,5 %	− 14,0 %	4,6 %	− 25,7 %	− 14,8 %	− 2,8 %	1,3 %
TAAM 2000 / 2003	− 2,8 %	− 25,4 %	1,8 %	− 33,3 %	− 21,3 %	12,6 %	− 3,9 %
TAAM 1993 / 2003	6,8 %	− 10,3 %	9,2 %	− 12,4 %	− 6,9 %	− 0,7 %	2,4 %

Source : Délégation régionale de Marrakech, ministère du Tourisme, Royaume du Maroc.

Les statistiques descriptives des nuitées selon les diverses clientèles (tableau 6.2) traduisent bien cette évolution en dents de scie. Dans l'ensemble, les coefficients de variation des séries étudiées sont très élevés. L'Angleterre et l'Espagne dépassent les autres pays pour les coefficients de variation (Angleterre, 38,4 % ; l'Espagne, 37 %). La moyenne des coefficients de variation des six pays est de 30 %.

En ce qui concerne les parts de marché des nuitées des principales clientèles touristiques de Marrakech pendant la période 1993-2003, la France est dominante avec une moyenne de 45,4 % (voir le tableau 6.3). L'Allemagne et l'Espagne sont les clientèles dont les fluctuations sont les plus fortes (avec des coefficients de variation de 42,5 % pour l'Allemagne et de 39,4 % pour l'Espagne). La moyenne des coefficients de variation des parts de marché des nuitées est de 30,5 % pour cette période.

Tableau 6.2

LES STATISTIQUES DESCRIPTIVES DES NUITÉES À MARRAKECH POUR LES PRINCIPALES CLIENTÈLES, PAR ANNÉE, DE 1993 À 2003

	Minimum	*Maximum*	*Moyenne*	*Écart-type*	*Coefficient de variation en %*
Total des nuitées	1 768 941	2 989 800	2 427 635,6	414 139,79	17,1
France	817 495	1 998 366	1 404 913,9	464 683,26	33,1
Espagne	56 521	223 256	133 750,1	49 469,28	37,0
Angleterre	57 660	154 633	98 560,7	37 799,25	38,4
Allemagne	41 430	184 950	140 329,3	45 882,80	32,7
Italie	107 638	250 376	194 879,6	45 418,13	23,3
Maroc	318 543	533 806	455 202,0	71 257,51	15,7

Source : Nos calculs à partir des données de la Délégation régionale de Marrakech, ministère du Tourisme, Royaume du Maroc.

L'évolution des parts de marché des nuitées à Marrakech apparaît dans la figure 6.1.

Tableau 6.3

LES STATISTIQUES DESCRIPTIVES DES PARTS DE MARCHÉ DES NUITÉES
À MARRAKECH POUR LES PRINCIPALES CLIENTÈLES, PAR ANNÉE,
DE 1993 À 2003 (EN POURCENTAGE)

Pays	Minimum	Maximum	Moyenne	Écart-type	Coefficient de variation en %
France	45,4	69,3	56,500	10,107	17,9
Espagne	2,8	10,7	5,578	2,199	39,4
Angleterre	2,8	5,3	3,943	0,980	24,8
Allemagne	1,6	9,5	6,098	2,589	42,5
Italie	4,1	11,2	8,236	2,261	27,5
Maroc	10,7	28,3	19,645	5,897	30,0

Source : Nos calculs à partir des données de la Délégation régionale de Marrakech, ministère du Tourisme, Royaume du Maroc.

Figure 6.1

LES PARTS DE MARCHÉ DES NUITÉES À MARRAKECH,
POUR DIVERS PAYS, PAR ANNÉE, DE 1993 À 2003

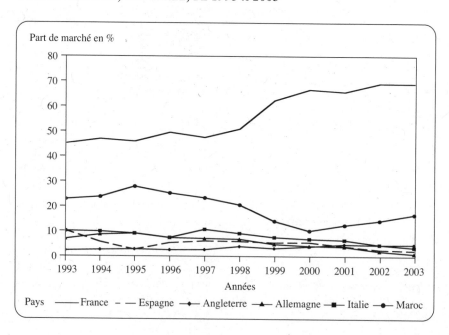

Nous pouvons constater à la lecture de la figure 6.1, que la clientèle des touristes de France est, de loin, la plus importante (le pourcentage oscille entre 45,4 % et 69,2 %). Les années 2001 à 2003 montrent une baisse importante pour la plupart des clientèles. Le vide a cependant été comblé, en partie, par les nuitées de Marocains ; cette clientèle a connu une croissance de 12,6 % entre les années 2000 et 2003.

L'évolution des autres clientèles apparaît dans la figure 6.2.

Figure 6.2

LES PARTS DE MARCHÉ DES NUITÉES À MARRAKECH, POUR DIVERS PAYS (SANS LA FRANCE ET LE MAROC), DE 1993 À 2003

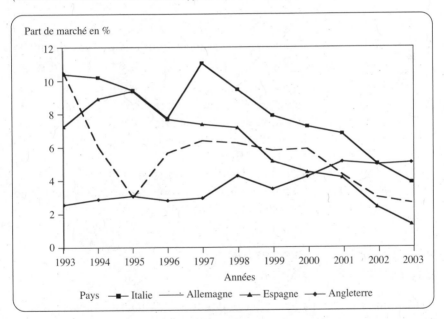

Pour les clientèles de l'Allemagne et de l'Italie la baisse des parts de marché a démarré dès 1998 ; les parts de marché des clientèles de la France ont augmenté de façon importante dans les années récentes malgré un taux de croissance négatif (−2,8 %).

Il est possible de comparer les principales clientèles de Marrakech non pas en termes du volume des nuitées mais bien en fonction de la forme même de l'évolution de ces différentes séries. Ainsi, on peut constater certaines similitudes entre :

- la France et l'Angleterre (le coefficient de corrélation de Pearson est de 0,87 entre ces deux pays), ce sont les deux pays où l'on observe une faible croissance ou une faible décroissance ;

- l'Allemagne et l'Italie (le coefficient de Pearson donne 0,89), deux pays où la décroissance des nuitées est très forte dans les années récentes.

L'Espagne n'est corrélée fortement avec aucun pays. Pour le Maroc, la corrélation positive la plus forte est avec l'Allemagne (avec 0,80) ; le Maroc a une corrélation négative avec la France (−0,90) : quand les nuitées des touristes Français diminuent un peu les nuitées des touristes Marocains augmentent plus fortement.

On peut conclure que :

- Marrakech connaît une croissance lente des nuitées durant la période étudiée (2,4 % par année de 1993 à 2003) ;

- la clientèle étrangère principale est la France (les parts de marché de la France étaient de 45 % en 1993 et de 69 % en 2003), cette dépendance peut causer des problèmes difficiles à plus long terme ; l'importance des autres clientèles européennes reste assez marginale et connaît de fortes fluctuations (l'Espagne, l'Allemagne et l'Italie connaissent une très forte décroissance des nuitées depuis 1998) ; il faudrait faire des efforts soutenus pour augmenter de façon significative les parts de marché de ces clientèles.

2. LES ARRIVÉES DES TOURISTES INTERNATIONAUX

Cet exemple porte sur les arrivées des touristes internationaux dans le monde. Nous tenterons de cerner la meilleure tendance pour les dix prochaines années. Nous disposons des arrivées des touristes internationaux de 1964 à 2003. Les taux d'accroissement annuels moyens[1] sont, par blocs de dix années :

- de 1964 à 1973 : 7,40 % ;
- de 1974 à 1983 : 3,87 % ;
- de 1984 à 1993 : 5,65 % ;
- de 1994 à 2003 : 3,03 %.

---

1. Il s'agit ici de la moyenne géométrique.

On voit un léger déclin de la tendance sur une quarantaine d'années. On perçoit un certain essoufflement dans le développement du tourisme à l'échelle mondiale.

Comment saisir la tendance principale au plan mathématique ? Le logiciel statistique SPSS propose, dans le menu *Analyze* un module «Régression» qui offre deux possibilités pour la recherche des tendances : *Linear* et *Curve Estimation* ; nous verrons la première possibilité dans le chapitre 7.

La commande *Curve Estimation* donne accès à onze tendances mathématiques. Il s'agit donc d'appliquer cette commande aux données du tourisme international. Les résultats apparaissent dans l'encadré ci-dessous.

Encadré 1

LES ÉQUATIONS DES PRINCIPALES TENDANCES DU TOURISME INTERNATIONAL
POUR LA PÉRIODE 1964 À 2003

Dependent	Mth	Rsq	d.f.	F	Sigf	Upper Bound	b0	b1	b2	b3
ARRIVEES	LIN	,967	38	1097,65	,000		31186,9	16277,5		
ARRIVEES	LOG	,714	38	95,03	,000		−151724	187309		
ARRIVEES	INV	,272	38	14,19	,001		427403	−584563		
ARRIVEES	QUA	,993	37	2635,46	,000		106165	5566,40	261,247	
ARRIVEES	CUB	,993	36	1709,50	,000		106286	5533,02	263,258	−,0327
ARRIVEES	COM	,986	38	2688,38	,000		114230	1,0504		
ARRIVEES	POW	,888	38	299,93	,000		55890,8	,6250		
ARRIVEES	S	,432	38	28,87	,000		12,8908	−2,2052		
ARRIVEES	GRO	,986	38	2688,38	,000		11,6460	,0492		
ARRIVEES	EXP	,986	38	2688,38	,000		114230	,0492		
ARRIVEES	LGS	,986	38	2688,38	,000	,	8,8E-06	,9520		

Independent: TIME

Nous voyons dans l'encadré 1 que la tendance quadratique et la tendance cubique ont le R^2 le plus élevé avec 0,993. La tendance cubique doit être rejetée car les paramètres de l'équation ne sont pas significatifs par rapport au test T de Student. Dans le modèle de la tendance quadratique tous les tests usuels sont significatifs ; ce sera donc cette tendance qui sera utilisée pour faire une prévision. L'équation de la tendance quadratique des arrivées des touristes internationaux est :

$$Y_{pr} = 106164,854251 + 5566,401885 (t) + 261,247348 (t^2) + \epsilon$$
$$(12,821) \qquad\qquad (5,976) \qquad\qquad (11,858)$$

Les tests donnent les résultats suivants :

- R = 0,99651 ;

- R^2 = 0,99303 ;

- F = 0,000 ;

- t = tous les paramètres sont significatifs au seuil de 0,0000.

Dans le tableau 6.4, nous avons les prévisions des arrivées internationales des touristes de 1964 à 2013, en plus des résidus (les erreurs prévisionnelles) et des intervalles de confiance de ces prévisions. La croissance prévue est de 3,31 % par année. Ces prévisions semblent bien cadrer avec la réalité observée au cours des quarante dernières années. La planète pourrait donc compter un peu plus de un milliard de touristes en 2013.

La figure 6.3 présente cette évolution sans surprise.

*T*ableau 6.4

LES ARRIVÉES DES TOURISTES INTERNATIONAUX DANS LE MONDE ;
LA PRÉVISION PAR UNE TENDANCE QUADRATIQUE, PAR ANNÉE, DE 1964 À 2013

	Années	Arrivées en milliers	Prévision	Résidus	Intervalle inférieur à 95 %	Intervalle supérieur à 95 %
1	1964	104 601	111 993	− 7 392	75 107	148 878
2	1965	112 863	118 343	− 5 480	82 039	154 647
3	1966	119 980	125 215	− 5 235	89 397	161 033
4	1967	129 782	132 610	− 2 828	97 190	168 031
5	1968	131 201	140 528	− 9 327	105 426	175 630
6	1969	143 511	148 968	− 5 457	114 115	183 822
7	1970	165 787	157 931	7 856	123 264	192 598
8	1971	178 853	167 416	11 437	132 883	201 949
9	1972	189 129	177 424	11 705	142 979	211 868
10	1973	198 906	187 954	10 952	153 562	222 345
11	1974	205 667	199 006	6 661	164 638	233 375
12	1975	222 290	210 581	11 709	176 214	244 948
13	1976	228 873	222 679	6 194	188 297	257 061
14	1977	249 264	235 299	13 965	200 892	269 706
15	1978	267 076	248 442	18 634	214 004	282 879
16	1979	283 089	262 107	20 982	227 638	296 576
17	1980	285 997	276 294	9 703	241 796	310 793
18	1981	287 139	291 004	− 3 865	256 481	325 527
19	1982	286 097	306 237	− 20 140	271 696	340 777
20	1983	289 618	321 992	− 32 374	287 442	356 541
21	1984	316 357	338 269	− 21 912	303 720	372 819
22	1985	327 188	355 069	− 27 881	320 529	389 610
23	1986	338 854	372 392	− 33 538	337 869	406 915

/...

Tableau 6.4

*LES ARRIVÉES DES TOURISTES INTERNATIONAUX DANS LE MONDE ; LA PRÉVISION
PAR UNE TENDANCE QUADRATIQUE, PAR ANNÉE, DE 1964 À 2013 (suite)*

	Années	Arrivées en milliers	Prévision	Résidus	Intervalle inférieur à 95 %	Intervalle supérieur à 95 %
24	1987	363 766	390 237	− 26 471	355 739	424 735
25	1988	394 810	408 604	− 13 794	374 136	443 073
26	1989	426 461	427 495	− 1 034	393 057	461 932
27	1990	458 229	446 907	11 322	412 500	481 314
28	1991	463 951	466 842	− 2 891	432 460	501 224
29	1992	503 356	487 300	16 056	452 932	521 667
30	1993	519 045	508 280	10 765	473 911	542 648
31	1994	550 471	529 782	20 689	495 390	564 174
32	1995	565 495	551 807	13 688	517 363	586 251
33	1996	596 524	574 354	22 170	539 821	608 888
34	1997	610 763	597 424	13 339	562 758	632 091
35	1998	635 100	621 017	14 083	586 163	655 870
36	1999	650 400	645 132	5 268	610 030	680 234
37	2000	687 300	669 769	1 7531	634 349	705 190
38	2001	684 100	694 929	− 10 829	659 111	730 747
39	2002	702 600	720 612	− 18 012	684 308	756 916
40	2003	720 567	746 817	− 26 250	709 931	783 703
41	2004	−	773 544	−	735 973	811 116
42	2005	−	800 794	−	762 426	839 162
43	2006	−	828 566	−	789 286	867 847
44	2007	−	856 861	−	816 546	897 177
45	2008	−	885 679	−	844 203	927 155
46	2009	−	915 019	−	872 253	957 784
47	2010	−	944 881	−	900 695	989 068
48	2011	−	975 266	−	929 526	1 021 006
49	2012	−	1 006 173	−	958 746	1 053 601
50	2013	−	1 037 603	−	988 356	1 086 851

Source : Nos calculs à partir des données de l'Organisation mondiale du tourisme (OMT).

On remarque un faible cycle autour de la tendance cubique. Ce faible cycle apparaît dans la figure 6.4 dans la colonne des résidus.

Dans la figure 6.4, on peut voir les périodes cycliques :

- de 1964 à 1969 : période de baisse ;
- de 1970 à 1980 : période de hausse ;
- de 1981 à 1988 : période de baisse ;
- de 1989 à 2000 : période de hausse ;
- à partir de 2001 : période de baisse.

F*igure 6.3*

LES ARRIVÉES DES TOURISTES INTERNATIONAUX DANS LE MONDE ;
LA PRÉVISION PAR UNE TENDANCE QUADRATIQUE, PAR ANNÉE, DE 1964 À 2013

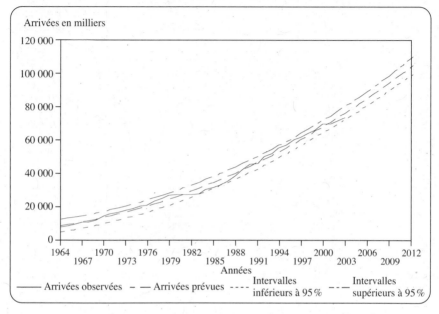

F*igure 6.4*

LES ARRIVÉES DES TOURISTES INTERNATIONAUX DANS LE MONDE ; LES INDICES
CYCLIQUES AVEC LA TENDANCE QUADRATIQUE ; PAR ANNÉE, DE 1964 À 2003

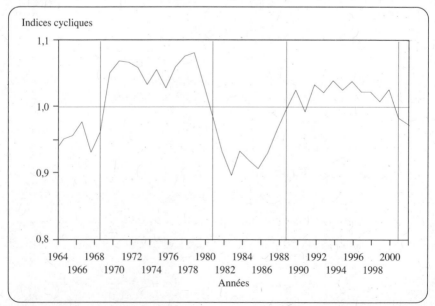

La périodicité des cycles n'est pas très claire puisque dans les années récentes, on observe huit années de baisse et douze années de hausse.

Il faut souligner que l'écart-type des indices cycliques, calculé à partir de la tendance cubique n'est que de 0,05. Les cycles ont donc une faible amplitude et n'ont donc pas une grande influence sur la tendance observée.

Au plan technique, il aurait été possible d'obtenir un lissage maximal de la série chronologie des arrivées des touristes internationaux par une tendance linéaire. Dans la figure 6.5, nous avons la prévision par une tendance linéaire et une tendance quadratique, cette dernière a déjà été présentée dans la figure 6.3. Le taux d'accroissement par la tendance linéaire est de 2,13 % par année. Il s'agit donc d'une hypothèse faible si on compare cette progression à celle de la tendance quadratique.

Figure 6.5

LES ARRIVÉES DES TOURISTES INTERNATIONAUX DANS LE MONDE ;
LA PRÉVISION PAR LA TENDANCE LINÉAIRE ET PAR LA TENDANCE
QUADRATIQUE, PAR ANNÉE, DE 1964 À 2013

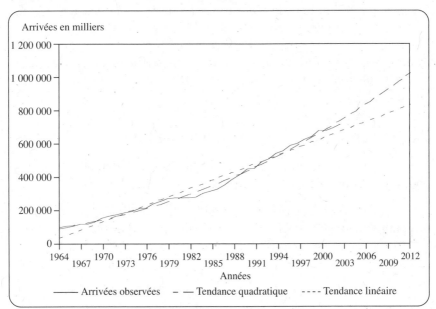

On remarque aussi dans la figure 6.5 que la tendance linéaire suggère deux très longs cycles :

• un cycle positif de 1960 à 1973 ;

- un long cycle négatif de dix-huit années, de 1974 à 1991 ;

- et un autre cycle positif, plus court, qui débuterait en 1992 jusqu'à aujourd'hui (2003). Ces cycles ne coïncident pas avec la perception que nous avons de l'économie internationale.

L'augmentation des arrivées des touristes internationaux dans le monde est une tendance profondément enracinée depuis les années 1960. Nous avons tenté de cerner cette évolution par une tendance mathématique et la tendance quadratique est celle dont le degré d'ajustement est le plus élevé. Il s'agit d'une hypothèse d'évolution parmi d'autres. Elle nous semble à l'heure actuelle la plus sensée compte tenu des observations que nous avons du passé et des connaissances que nous avons du présent.

3. L'ÉTUDE DE LA SAISONNALITÉ DE L'OFFRE HÔTELIÈRE AU QUÉBEC

Dans cette partie, nous allons étudier l'offre des chambres disponibles dans les hôtels du Québec sous l'aspect de la saisonnalité. Les données brutes apparaissent dans le tableau 6.5. On peut remarquer que sur une période de dix années, le taux d'accroissement annuel moyen est très faible : à peine 0,65 % par année entre 1994 et 2003. Les taux d'accroissement par mois sont aussi très faibles ; ils oscillent entre 1,23 % (la valeur la plus forte au mois de mars) à 0,31 % (la valeur la plus faible en juin).

3.1. *LA SAISONNALITÉ : LES DONNÉES BRUTES*

Dans la figure 6.6A, nous avons l'évolution des chambres disponibles pour les trois premiers mois, de 1994 à 2003.

On peut constater une certaine stagnation de l'offre des chambres disponibles de 1994 à 1998 ; on assiste à une baisse sensible des chambres en 1999 suivie d'un rétablissement de l'offre pour les années suivantes (les années 2000 à 2003).

Les mois de janvier, février et mars (voir la figure 6.6A) vont suivre la tendance annuelle décrite plus haut. Pour les mois d'avril, mai et juin (voir la figure 6.6B) la cassure observée en 1999 est toujours visible ; la croissance de l'offre des chambres est, malgré tout, positive entre 1994 et 2003.

Tableau 6.5

LA MOYENNE MENSUELLE DES CHAMBRES DISPONIBLES ET LES TAUX D'ACCROISSEMENT MENSUEL MOYEN (MOYENNE GÉOMÉTRIQUE) DE 1994 À 2003

Mois	Année 1994	Année 1995	Année 1996	Année 1997	Année 1998	Année 1999	Année 2000	Année 2001	Année 2002	Année 2003	TAMM en %
Janvier	64 697	68 151	68 216	67 890	68 273	66 092	67 049	70 106	70 782	70 441	0,94
Février	64 355	68 078	67 957	67 940	69 204	65 420	67 904	70 003	71 408	70 470	1,01
Mars	64 126	68 288	67 289	67 009	70 470	65 563	67 941	69 594	70 626	71 608	1,23
Avril	64 398	68 391	67 120	67 325	70 433	64 525	68 147	70 728	71 032	70 253	0,98
Mai	69 556	72 977	71 608	70 713	66 201	66 888	70 663	71 842	73 499	71 608	0,32
Juin	73 609	76 423	74 298	76 967	75 182	72 243	74 644	75 747	75 990	75 698	0,31
Juillet	74 213	76 350	75 323	78 459	77 571	73 795	75 685	77 359	77 561	77 397	0,47
Août	74 031	75 541	74 221	78 352	73 450	74 764	75 700	77 504	77 535	77 185	0,46
Septembre	72 453	73 039	71 802	77 978	72 120	73 004	74 482	75 975	75 885	76 305	0,57
Octobre	70 856	71 635	70 158	73 886	68 374	69 748	70 556	72 948	73 506	74 265	0,52
Novembre	68 549	68 285	67 393	68 170	66 378	66 965	68 861	70 096	71 511	71 845	0,52
Décembre	68 686	68 245	67 301	67 963	65 788	67 088	69 257	70 814	70 141	72 101	0,54
Moyenne annuelle	69 127	71 283	70 224	71 888	70 287	68 841	70 892	72 726	73 265	73 265	0,65

Source : Nos calculs à partir des données de Tourisme Québec.

*F*igure 6.6A

LA MOYENNE DES CHAMBRES DISPONIBLES DANS LES HÔTELS DU QUÉBEC,
POUR LES MOIS DE JANVIER, FÉVRIER ET MARS, DE 1994 À 2003

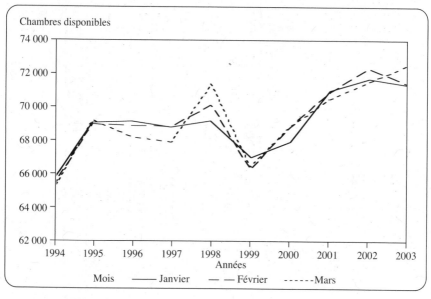

*F*igure 6.6B

LA MOYENNE DES CHAMBRES DISPONIBLES DANS LES HÔTELS DU QUÉBEC,
POUR LES MOIS D'AVRIL, MAI ET JUIN, DE 1994 À 2003

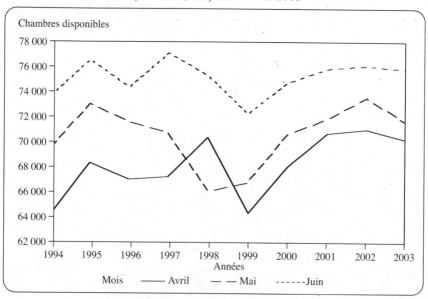

Figure 6.6C

LA MOYENNE DES CHAMBRES DISPONIBLES DANS LES HÔTELS DU QUÉBEC, POUR LES MOIS DE JUILLET, AOÛT ET SEPTEMBRE, DE 1994 À 2003

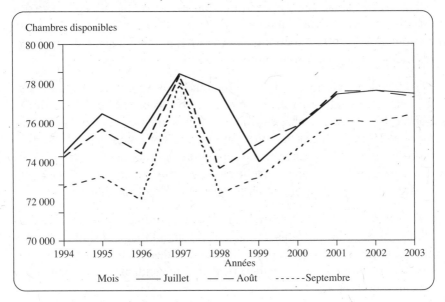

Figure 6.6D

LA MOYENNE DES CHAMBRES DISPONIBLES DANS LES HÔTELS DU QUÉBEC, POUR LES MOIS D'OCTOBRE, NOVEMBRE ET DÉCEMBRE, DE 1994 À 2003

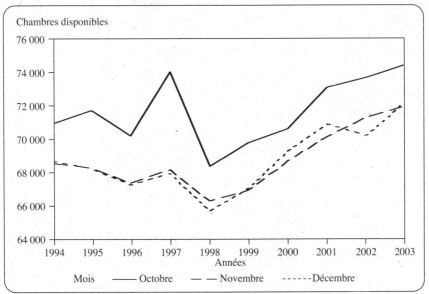

Pour les mois d'été (juillet, août et septembre) on peut voir un hausse importante de l'offre des chambres en 1997 (voir la figure 6.6C) avec une baisse en 1998 pour les mois d'août et septembre et aussi une baisse en 1999 pour le mois de juillet. Par la suite la hausse de l'offre des chambres est constante ; pour les mois de juillet et d'août l'offre reste stationnaire de 2001 à 2003 alors que l'offre augmente quelque peu, pour les mêmes années, en septembre.

Les derniers mois de l'année (octobre, novembre et décembre) connaissent une évolution en deux temps de l'offre des chambres disponibles. Pour les mois de novembre et décembre, il y a une baisse entre les années 1994 et 1998 avec, par la suite, une hausse constante de 1998 à 2003 (voir la figure 6.6D). Le mois de septembre connaît une baisse en 1996, une hausse en 1997 et une nouvelle baisse en 1998 ; de l'année 1999 à 2003 l'offre des chambres, pour ce mois, augmente de façon significative.

Les hausses de l'offre des chambres disponibles dans les cinq dernières années pour les mois de janvier, février et mars ainsi que pour les mois d'octobre, novembre et décembre sont des bonnes nouvelles pour l'industrie touristique, car celle-ci est très dépendante des « mauvaises saisons » de l'année.

3.2. *LES COEFFICIENTS SAISONNIERS DE L'OFFRE DES CHAMBRES*

On a vu dans la section 2 du chapitre 5 que les coefficients saisonniers permettent de mesurer la performance de chacun des mois (ou des trimestres) par rapport à une moyenne annuelle. Ce traitement permet de calculer des valeurs standards pour un même mois et sur plusieurs années (de trois à cinq années).

Dans le tableau 6.6, nous avons les coefficients saisonniers des chambres disponibles au Québec pour deux blocs de cinq années : 1994 à 1998 et 1999 à 2003. Ces données sont reproduites dans la figure 6.7.

À partir du tableau 6.6 et de la figure 6.7, on peut constater, entre les deux périodes étudiées, une hausse de l'offre pour les mois de janvier à avril et à une baisse de l'offre des chambres pour les mois de juin et juillet.

Pour la plupart des mois, de mai à décembre, les coefficients saisonniers baissent légèrement ou sont stables pour la période 1999-2003 par rapport à la période 1994-1998. Il faut souligner qu'il y a une légère augmentation en septembre et une croissance nulle en novembre et en décembre.

Tableau 6.6

LES COEFFICIENTS SAISONNIERS ET LE RATIO 1999-2003/1994-1998
DES MOYENNES DES CHAMBRES DISPONIBLES DANS LES HÔTELS DU QUÉBEC,
PAR MOIS, POUR LES PÉRIODES 1994-1998 ET 1999-2003

Mois	CS des chambres 1994-1998	CS des chambres 1999-2003	Ratio (sur 100) 1999-2003/ 1994-1998
Janvier	0,96	0,97	101
Février	0,96	0,97	101
Mars	0,96	0,96	100
Avril	0,96	0,97	101
Mai	1,00	1,00	100
Juin	1,07	1,04	97
Juillet	1,08	1,06	98
Août	1,06	1,06	100
Septembre	1,03	1,04	101
Octobre	1,01	1,00	99
Novembre	0,96	0,96	100
Décembre	0,96	0,96	100

Sourcè : Nos calculs à partir des données de Tourisme Québec.

Figure 6.7

LA MOYENNE DES CHAMBRES DISPONIBLES DANS LES HÔTELS DU QUÉBEC,
LES COEFFICIENTS SAISONNIERS PAR MOIS, 1994 À 1998 ET 1999 À 2003

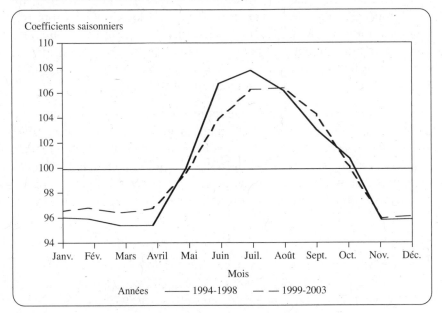

Le ratio des coefficients saisonniers (la colonne 4 du tableau 6.6), traduit les changements observés et on retrouve à peu près le même schéma au sujet des chambres occupées des hôtels du Québec[2]. Il est difficile de dire maintenant si nous sommes face à une tendance profonde : une hausse significative de la demande et de l'offre pour les quatre premiers mois de l'année.

3.3. *LE MOUVEMENT CYCLIQUE ET LE MOUVEMENT IRRÉGULIER*

Le mouvement cyclique et le mouvement irrégulier de l'offre des chambres d'hôtels au Québec pour la période 1999-2003 apparaissent dans la figure 6.8.

Ce cycle de courte durée prend la forme suivante :

- l'indice est sous la barre de 1,00 (bien qu'en croissance) de janvier 1999 à novembre 2000 (23 mois) ;
- le cycle est à la hausse de décembre 2000 à mai 2002 (18 mois) ;
- une stagnation et une très faible baisse des indices cycliques entre juin 2002 et septembre 2003 (16 mois) ;
- enfin, une hausse des indices pour les trois derniers mois de 2003 (3 mois).

On a donc un cycle négatif de 23 mois et un cycle positif ou neutre de 37 mois. Il s'agit d'un cycle assez faible où les variations sont très amorties. Le mouvement irrégulier varie aussi très peu, les fluctuations sont presque imperceptibles pour l'ensemble de la période considérée ; même les effets des actions terroristes à New York, à l'automne 2001, n'influencent pas les indices du mouvement irrégulier.

Le mouvement cyclique et le mouvement irréguliers sont presque insignifiants : les indices du mouvement cyclique oscillent entre 0,9393 et 1,0466 et les indices du mouvement irrégulier vont de 0,9877 à 1,0150. Ces mouvements sont donc négligeables ; ce qui indique que l'offre des chambres disponibles a une remarquable stabilité ce qui rend très prévisible l'évolution de cette série chronologique.

---

2. Voir à ce sujet : J. STAFFORD et B. SARRASIN (1999), « La saisonnalité dans les hôtels du Québec : problème ou opportunité », *Téoros*, vol. 18, n° 1, p. 70-72.

F igure 6.8

LES CHAMBRES DISPONIBLES DANS LES HÔTELS DU QUÉBEC ; LE MOUVEMENT
CYCLIQUE ET LE MOUVEMENT IRRÉGULIER PAR MOIS, DE *1999* À *2003*

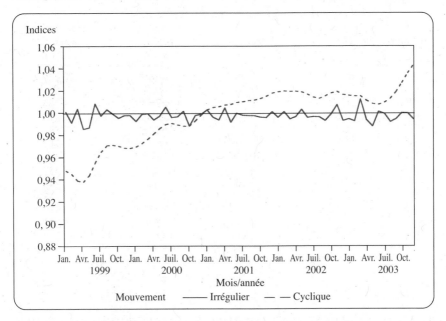

3.4. *LA PRÉVISION DE L'OFFRE DES CHAMBRES DISPONIBLES DANS LES HÔTELS DU QUÉBEC*

Le mouvement cyclique et le mouvement irrégulier étant très faibles, il devient plus facile de faire des prévisions. Pour simplifier la lecture, nous ferons des prévisions annuelles. Dans le tableau 6.7, nous avons la prévision de l'offre des chambres pour les années 1994 à 2006. Le modèle suggère une augmentation des chambres disponibles d'environ 0,36 % par année ; c'est une croissance très modeste, infime, qui ne contredit pas les données antérieures. Les résultats prévisionnels sont présentés dans la figure 6.9.

Dans l'ensemble, l'offre des chambres disponibles dans les hôtels du Québec est assez stagnante, si on la compare à d'autres pays. La légère hausse de l'offre des chambres disponibles dans les premiers et les derniers mois de l'année est un très bon signe ; elle indique que la lourde rigidité saisonnière (pour les saisons les plus froides) peut être assouplie. Elle montre aussi, que même s'il y a des limites à cet assouplissement, la puissante imagerie de l'hiver peut encore jouer un rôle dans la croissance de la demande touristique.

Tableau 6.7

LA PRÉVISION DES CHAMBRES DISPONIBLES DANS LES HÔTELS DU QUÉBEC ;
UNE TENDANCE LINÉAIRE COUPLÉE À UN CYCLE CONJONCTUREL POSITIF,
PAR ANNÉE, DE 1994 À 2006

Années	Moyennes des chambres disponibles	Prévision	Intervalle inférieur à 95 %	Intervalle supérieur à 95 %
1994	69 127	68 964	66 999	70 929
1995	71 283	71 466	69 405	73 528
1996	70 224	69 499	67 635	71 364
1997	71 888	72 002	70 086	73 917
1998	70 287	70 035	68 188	71 882
1999	68 841	70 302	68 432	72 173
2000	70 892	70 570	68 655	72 486
2001	72 726	73 073	71 208	74 937
2002	73 265	73 340	71 435	75 245
2003	74 327	73 608	71 643	75 573
2004	–	73 876	71 832	75 919
2005	–	74 143	72 006	76 281
2006	–	74 411	72 165	76 657

Source : Nos calculs à partir des données de Tourisme Québec.

Figure 6.9

LA PRÉVISION DES CHAMBRES DISPONIBLES DANS LES HÔTELS DU QUÉBEC ;
UNE TENDANCE LINÉAIRE COUPLÉE À UN CYCLE CONJONCTUREL POSITIF,
PAR ANNÉE, DE 1994 À 2006

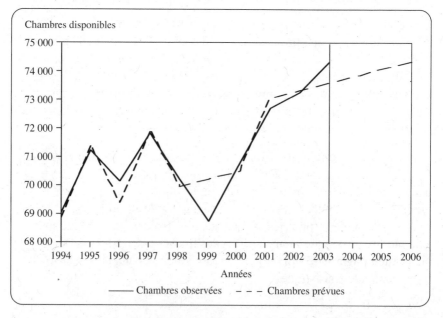

4. LE MARCHÉ DES EMPLOIS À TEMPS PLEIN DANS LES SECTEURS DE L'HÔTELLERIE ET DE LA RESTAURATION DANS LES RÉGIONS CANADIENNES

La situation du marché des emplois à temps plein dans les secteurs de l'hôtellerie et de la restauration est un bon indicateur des performances de l'industrie touristique. Dans cette partie, nous allons tenter de cerner les principales tendances de ce marché dans les dernières années. Cette étude est basée sur : « L'enquête sur la population active (EPA), estimations selon le Système de classification des industries de l'Amérique du Nord (SCIAN) ». Les régions étudiées sont :

- l'Est du Canada (Terre-Neuve, l'Île-du-Prince-Édouard, Nouvelle-Écosse et Nouveau-Brunswick) ;
- le Québec ;
- l'Ontario ;
- l'Ouest du Canada (Manitoba, Saskatchewan et Alberta) ;
- la Colombie-Britannique.

4.1. L'ÉVOLUTION INDICIELLE DES EMPLOIS À TEMPS PLEIN DANS LES SECTEURS DE L'HÔTELLERIE ET DE LA RESTAURATION

Dans le tableau 6.8, nous avons l'évolution indicielle des emplois à temps plein dans les secteurs de l'hôtellerie et de la restauration, pour diverses régions, par année, de 1985 à 2002 (base 100 = 1985). Ces données sont reproduites dans la figure 6.10.

Le tableau 6.8 nous indique que c'est la Colombie-Britannique qui a obtenu la meilleure performance pour cette période. Le Québec et l'Ontario ont connu une baisse sensible des indices en 1991-1992 et en 1995-1996.

Les régions de l'Est, de l'Ouest et la Colombie-Britannique connaissent, durant cette période, une croissance lente mais continue. Pour le Québec et l'Ontario l'influence des cycles économiques est très visible.

Les taux d'accroissement annuels moyens (moyenne géométrique) pour ces régions est de :

- 2,92 % pour la région de l'Est ;
- 1,24 % pour le Québec ;
- 2,15 % pour l'Ontario ;
- 2,73 % pour la région de l'Ouest ;
- 3,66 % pour la Colombie-Britannique.

La croissance moyenne pour l'ensemble des régions est de 2,33 % ; le nombre des emplois à temps plein augmente donc très lentement. La Colombie-Britannique connaît une croissance élevée alors que le Québec et l'Ontario sont sous la moyenne.

Tableau 6.8

L'ÉVOLUTION INDICIELLE DES EMPLOIS À TEMPS PLEIN POUR LES SECTEURS DE L'HÔTELLERIE ET DE LA RESTAURATION, POUR LES RÉGIONS DU CANADA, PAR ANNÉE, DE 1985 À 2002 (BASE 100 = 1985)

Indices Années	Indices Est	Indices Québec	Indices Ontario	Indices Ouest	Indices Colombie-Britannique	Indices Total
1 1985	100	100	100	100	100	100
2 1986	101	111	103	102	107	105
3 1987	106	124	109	100	118	112
4 1988	113	118	116	100	116	114
5 1989	125	121	119	107	139	120
6 1990	127	121	117	122	143	123
7 1991	115	111	104	118	148	115
8 1992	114	111	112	119	145	118
9 1993	114	118	108	121	146	118
10 1994	125	119	113	128	153	123
11 1995	129	113	115	130	161	125
12 1996	131	113	124	138	167	130
13 1997	126	121	119	139	170	130
14 1998	136	130	137	144	181	142
15 1999	145	122	141	142	174	141
16 2000	146	125	138	157	193	146
17 2001	156	131	134	155	203	148
18 2002	163	123	144	158	184	148

Source : Nos calculs à partir des données de Statistique Canada.

Figure 6.10

L'ÉVOLUTION INDICIELLE DES EMPLOIS À TEMPS PLEIN POUR LES SECTEURS DE L'HÔTELLERIE ET DE LA RESTAURATION, POUR LES RÉGIONS DU CANADA, PAR ANNÉE, DE 1985 À 2002 (BASE 100 = 1985)

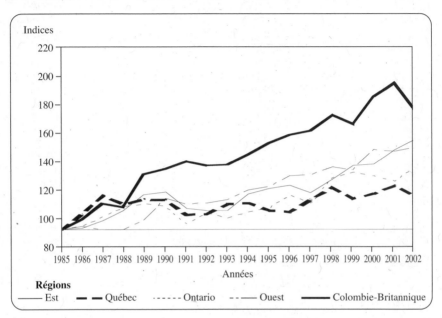

4.2. LES PARTS DE MARCHÉ SELON LES RÉGIONS

Les parts de marché montre la place qu'occupe chacune des régions dans le marché du travail à temps dans les secteurs de l'hôtellerie et de la restauration. Dans le tableau 6.9, nous présentons l'évolution des parts de marché selon les régions ; ces résultats sont reproduits dans la figure 6.11.

Les régions du Québec et de l'Ontario accaparent 61,18 % du marché en 1985 et 55,96 % en 2002 ; ce tandem, est en perte de vitesse. La région de l'Ouest et la Colombie-Britannique ont vu augmenter légèrement leurs parts de marché durant cette période. La région de l'Est a connu une modeste augmentation, mais sa part de marché reste inférieure à 10 %.

L'analyse factorielle de la restauration montre que la région de l'Ouest et la Colombie-Britannique forment un groupe (un facteur) qui représente peut-être l'avenir de l'industrie[3] alors que le Québec et l'Ontario donnent une image de son passé.

---

3. Ce premier facteur (ou composante principale) représente près de 82 % de la variance expliquée.

Tableau 6.9

*LES PARTS DE MARCHÉ EN POURCENTAGE DES EMPLOIS À TEMPS PLEIN
DANS LES SECTEURS DE L'HÔTELLERIE ET DE LA RESTAURATION,
POUR LES RÉGIONS DU CANADA, PAR ANNÉE, DE 1985 À 2002*

Années	Est	Québec	Ontario	Ouest	Colombie-Britannique
1 1985	7,56	24,67	36,51	17,98	13,28
2 1986	7,25	26,09	35,63	17,52	13,52
3 1987	7,16	27,25	35,53	16,03	14,02
4 1988	7,55	25,62	37,36	15,89	13,57
5 1989	7,82	24,86	35,97	15,99	15,35
6 1990	7,78	24,26	34,64	17,89	15,43
7 1991	7,56	23,71	33,10	18,50	17,12
8 1992	7,31	23,32	34,79	18,18	16,39
9 1993	7,26	24,60	33,40	18,39	16,36
10 1994	7,66	23,79	33,38	18,68	16,49
11 1995	7,81	22,45	33,78	18,82	17,15
12 1996	7,62	21,35	34,93	19,09	17,01
13 1997	7,32	22,95	33,26	19,19	17,28
14 1998	7,22	22,52	35,11	18,26	16,88
15 1999	7,78	21,30	36,39	18,12	16,40
16 2000	7,56	?1,14	34,45	19,27	17,58
17 2001	7,98	21,83	33,09	18,85	18,25
18 2002	8,33	20,55	35,41	19,19	16,52

Source : Nos calculs à partir des données de Statistique Canada.

Figure 6.11

*LES PARTS DE MARCHÉ EN POURCENTAGE DES EMPLOIS À TEMPS PLEIN
DANS LES SECTEURS DE L'HÔTELLERIE ET DE LA RESTAURATION,
POUR LES RÉGIONS DU CANADA, PAR ANNÉE, DE 1985 À 2002*

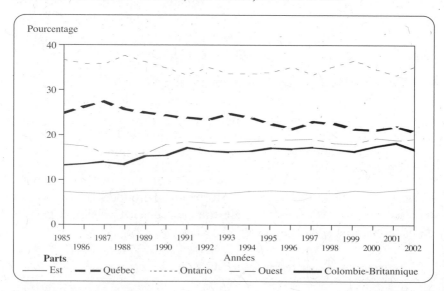

4.3. LES EMPLOIS À TEMPS PLEIN :
LES MOUVEMENTS DE LA SÉRIE TEMPORELLE

Nous avons fait la décomposition de la série temporelle pour les cinq dernières années pour lesquelles nous disposons des données observées : de 1998 à 2002. Dans le tableau 6.10, nous avons les coefficients saisonniers des emplois à temps plein, par trimestre.

Tableau 6.10

LES COEFFICIENTS SAISONNIERS DES EMPLOIS À TEMPS PLEIN DANS LES SECTEURS DE L'HÔTELLERIE ET DE LA RESTAURATION, POUR LES RÉGIONS DU CANADA, PAR TRIMESTRE, DE 1985 À 2002

Régions	Trimestres			
	1	2	3	4
Est	85,51	99,07	121,96	93,44
Québec	90,72	99,50	114,42	95,34
Ontario	93,19	99,96	112,68	96,73
Ouest	90,60	99,10	96,90	106,40
Colombie-Britannique	95,32	102,92	106,52	95,22
Moyenne	91,06	100,11	110,49	97,40

Source : Nos calculs à partir des données de Statistique Canada.

Une première constatation : la saisonnalité des emplois à temps plein est beaucoup moins forte que dans d'autres domaines du tourisme (les transports, les attractions touristiques, etc.). Quatre régions sur cinq ont un écart-type des mouvements saisonniers inférieur à 10 % (le Québec, l'Ontario, la région de l'Ouest et la Colombie-Britannique) ; la région de l'Est a un écart-type de 13,92 %.

Cette saisonnalité diffère peu entre les régions. On peut voir dans le tableau 6.10 :

- que la région de l'Est a le plus faible coefficient (avec un indice de 85,51) pour le premier trimestre de l'année ;
- au deuxième trimestre les variations sont presque nulles ;
- au troisième trimestre la région de l'Est (avec un indice 121,96) connaît une forte augmentation des emplois à temps plein, le Québec et l'Ontario ont aussi des indices plus élevés que la moyenne de ce trimestre ;

- enfin, au quatrième trimestre c'est la région de l'Ouest qui a l'indice le plus élevé (un indice de 106,40).

Dans le tableau 6.11, nous avons les écarts-types du mouvement cyclique et du mouvement irrégulier.

*T*ableau 6.11

LES ÉCARTS-TYPES DU MOUVEMENT CYCLIQUE ET DU MOUVEMENT IRRÉGULIER DES EMPLOIS À TEMPS PLEIN DANS LES SECTEURS DE L'HÔTELLERIE ET DE LA RESTAURATION, POUR LES RÉGIONS DU CANADA, PAR TRIMESTRE, DE 1985 À 2002

Régions	Mouvement	
	Cyclique	Irrégulier
Est	7,19	2,92
Québec	2,24	2,31
Ontario	3,07	1,30
Ouest	4,57	1,50
Colombie-Britannique	6,04	2,88
Moyenne	4,62	2,18

Source : Nos calculs à partir des données de Statistique Canada.

Nous voyons, dans le tableau 6.11, que le mouvement cyclique est faible et le mouvement irrégulier encore plus faible. Dans tous les cas, les écarts-types des mouvements cycliques sont inférieurs à 10 %. On peut donc conclure que le mouvement cyclique est faible et peu préoccupant.

Le mouvement irrégulier est presque inexistant ; il ne joue donc aucun rôle dans les séries temporelles du marché de l'emploi à temps plein dans les secteurs de l'hôtellerie et de la restauration. Ces domaines sont donc atypiques par rapport aux autres domaines du tourisme. Le développement de ces secteurs semble plus lié à l'économie globale qu'à l'économie des industries du tourisme.

4.4. L'AVENIR DU MARCHÉ DES EMPLOIS À TEMPS PLEIN DANS LES SECTEURS DE L'HÔTELLERIE ET DE LA RESTAURATION

On peut s'attendre à ce que l'ensemble du marché des emplois à temps plein dans ces secteurs connaisse une faible croissance dans les cinq prochaines années. Dans cet ensemble, la région de l'Ouest et la Colombie-Britannique devraient se distinguer et avoir une croissance annuelle des emplois à temps plein d'environ 3 % à 4 %. Dans les autres régions, la croissance des emplois à temps plein sera faible ou nulle. Ces tendances semblent très probables compte tenu de l'étude des mouvements de ces séries chronologiques dans le passé récent.

Les tendances ont de bonnes chances de se réaliser car, on l'a vu, le mouvement saisonnier, le mouvement cyclique et le mouvement irrégulier sont faibles et leurs contributions à l'évolution des séries temporelles ne sont pas très importantes. Ces faiblesses vont favoriser la prospection des tendances passées dans le futur immédiat (les trois prochaines années).

Chapitre 7

Des méthodes
de prévision
plus complexes

Dans ce chapitre, nous allons étudier des méthodes de prévision plus complexes. Ce sont des méthodes plus exigeantes au plan méthodologique qui visent davantage l'explication des phénomènes que leur description. Cette recherche d'explication pose aussi des problèmes au niveau de l'interprétation des résultats.

La plupart de ces méthodes reposent sur l'analyse de régression. On peut considérer qu'il y a deux types de régression :

1. les modèles de type I (la régression linéaire et ses dérivées que nous avons déjà étudiées dans le chapitre 4). Dans ce genre de modèle, la variable indépendante est toujours le temps (t) ou une des composantes de celui-ci (la tendance, le cycle, la saisonnalité et les phénomènes aléatoires).

2. les modèles de type II où la variable indépendante n'est plus le temps mais une variable qui explique en grande partie l'évolution de la variable dépendante.

Dans ce chapitre, nous allons surtout étudier les modèles de type II.

1. LA PRÉVISION AVEC LA RÉGRESSION MULTIPLE

L'objectif de la régression multiple est de bâtir un modèle mathématique de la réalité. Ce type de modèle suppose qu'une variable dépendante est « expliquée » en tout ou en partie par une ou plusieurs variables indépendantes. Le principal travail du prévisionniste est de retracer ces variables et d'analyser leurs relations. L'idée générale de cette approche est que : « Les variables économiques étant souvent très dépendantes les unes des autres, il suffirait de n'en retenir que les plus représentatives et les plus directement liées à l'objet de la prévision pour avoir une bonne image de leur ensemble réel[1]. »

1.1. *LA NOTION DE MODÈLE*

Selon Christian Goux : « Un modèle consiste en une formalisation qui se traduit en général par un système mathématique exposant les relations entre les grandeurs caractéristiques du phénomène étudié et les facteurs qui jouent un rôle significatif dans le fonctionnement du système[2]. » Cette représentation d'une réalité repose sur un ensemble d'hypothèses de base qu'il faut tester. La force d'un modèle quantitatif, son pouvoir d'explication, vient de sa capacité à résister à plusieurs tests statistiques. Ces tests permettent d'évaluer la force et le sens des relations des variables les unes par rapport aux autres. De la cohérence du modèle dépendra la qualité des prévisions.

Les modèles visent, par la mesure des corrélations entre les variables, à une meilleure compréhension du phénomène étudié. Cette compréhension permet de bâtir des équations prévisionnelles qui vont nous aider à simuler la réalité. La construction d'un modèle dépasse donc la simple prévision puisqu'une fois le modèle construit, on peut simuler toutes sortes de situations.

---

1.   A. MARTIN (1961), *La prévision économique et la direction des entreprises*, Paris, Éditions de l'Entreprise moderne, p. 249.
2.   C. GOUX (1969), *L'horizon prévisionnel*, Paris, Cujas, p. 20.

1.2. LES ÉTAPES DE LA MODÉLISATION

La formulation d'un modèle quantitatif comporte habituellement cinq grandes étapes[3] :

1. La première étape est le choix des variables explicatives (on suppose que la variable dépendante va de soi). Il faut opérer une sélection parmi les variables existantes et choisir les variables qui sont susceptibles d'influencer directement et fortement la variable dépendante (la variable à prévoir, à simuler). Cette étape consiste donc à isoler ces variable.

2. Il faut ensuite opérer une « mise en forme » des variables sélectionnées. Dans certains cas, certaines variables doivent être transformées ; par exemple : certaines séries peuvent être traduites en indices, des séries temporelles seront utilisées en dollars constants plutôt qu'en dollars courants, etc.[4]

3. L'analyse des relations entre les variables est la troisième étape. Il s'agit de mesurer les relations entre les variables sélectionnées à partir d'une batterie de tests[5].

4. En fonction des relations établies entre les variables sélectionnées, il faut établir des prévisions et les confronter à la réalité. Cette étape (l'interprétation des tests) permet de rejeter soit une ou plusieurs variables, soit l'ensemble du modèle. Si les résultats du modèle sont compatibles avec la réalité observée, il devient possible de prévoir celle-ci et de faire des simulations.

5. La dernière étape est plus une affaire de communication. C'est l'utilisation des résultats du modèle dans les décisions à prendre et les stratégies à établir dans l'économie globale ou dans l'entreprise.

---

3. Voir à ce sujet : J. CLEARY et H. LEVENBACH (1982), *The Professional Forecaster : The Forecasting Process Throught Data Analysis*, Belmont, Lifetime Learning Publications.

4. Voir à ce sujet : R. MARICOURT (1985), *La prévision des ventes*, Paris, Presses universitaires de France, p. 74-75.

5. Ces tests ont déjà été présentés dans la partie 2 du chapitre 4.

1.3. LES MODÈLES QUANTITATIFS APPLIQUÉS AU TOURISME

Il faut distinguer plusieurs familles de modèles quantitatifs applicables au tourisme[6]. La première a subi l'influence à la fois des sciences régionales, de la géographie et des sciences du loisir. Elle est basée essentiellement sur l'utilisation de modèles gravitationnels. Les modèles gravitationnels, selon D. Lesceux, utilisent surtout trois grands types de variables :

« • les variables propres à caractériser la zone émettrice de flux touristique (i) ;

• les facteurs concernant la zone réceptrice (j) ;

• tous les éléments qui composent le voyage entre les zones " i " et " j " »[7].

Ces modèles sont surtout orientés vers l'analyse des zones émettrices et réceptrices des touristes et les hypothèses concernent surtout l'étude des « flux » et des « stocks » touristiques[8].

La deuxième famille de modèles quantitatifs en tourisme se limite à l'étude de la demande touristique surtout au niveau macroéconomique. Les variables les plus utilisées sont :

• l'évolution des revenus ;   • les coûts des transports ;

• les taux de change ;   • l'évolution du PIB, etc.[9].

• le niveau d'inflation ;

Il faut aussi ajouter les modèles axés sur des dimensions microéconomiques : sur l'entreprise, au niveau local. Ce sont souvent des modèles simples construits avec des données propres à l'entreprise et qui jouent un rôle dans les orientations de celle-ci.

---

6. Voir à ce sujet : N. Van Hove (1980), « Forecasting in Tourism », dans la *Revue de Tourisme*, Berne, vol. 35, n° 3.
7. D. Lesceux (1978), *La demande touristique en Méditerranée*, tomes I et II, Aix-en-Provence, Université d'Économie et des Sciences d'Aix-Marseille, p. 75.
8. Voir à ce sujet : S. Smith (1989), *Tourism Analysis*, Harlow, Longman, p. 111-121.
9. Voir à ce sujet : B. Archer (1976), *Demand Forecasting*, Bangor, University of Wales Press.

D'autres modèles tentent d'opérer une certaine synthèse de plusieurs approches qui ont, après tout, beaucoup de parenté entre elles[10]. Enfin, certains auteurs s'intéressent à l'utilisation des résultats des modèles dans la gestion quotidienne du tourisme[11].

Le petit nombre de séries temporelles en tourisme et la fragilité des données touristiques en général vont limiter le choix des méthodes de travail. Dans l'ensemble, la formulation de modèles quantitatifs en tourisme est encore en gestation et la concurrence relative des modèles ne peut que favoriser leur perfectionnement.

1.4. LES ASPECTS TECHNIQUES DE L'ANALYSE DE RÉGRESSION MULTIPLE

L'équation de la régression multiple va prendre la forme suivante :

$Y_{pr} = b_0 + b_1x_1 + b_2x_2 + b_3x_3 + b_nx_n + \epsilon$; où :

Y_{pr} = prévision et simulation de la variable dépendante ;

b_0 = terme constant ;

b_1, b_2, b_3, b_n = les coefficients de la régression ;

x_1, x_2, x_3, x_n = les valeurs des variables indépendantes ;

ϵ = le terme d'erreur, les résidus, les écarts de la prévision.

L'analyse de régression multiple repose sur cinq hypothèses de base qui doivent, dans la mesure du possible, être respectées[12]. Voici ces cinq hypothèses :

1. Les erreurs de mesure. Ces erreurs peuvent toucher la variable dépendante ou la variable indépendante. À ce moment, l'erreur de mesure s'ajoutera à l'erreur résiduelle. Cette hypothèse suppose que la moyenne du terme d'erreur soit égale à zéro. En pratique, ce type d'erreur est difficile à détecter. La façon la plus rapide de vérifier cette hypothèse est de faire un graphique des résidus reliés à chacune

---

10. C. BRANDON, R. FRITZ et J. XANDER (1984), « Combining Time-Series and Econometric Forecast of Tourism Activity », dans la revue *Annals of Tourism Research*, Wisconsin, vol. 11, n° 2.

11. P.. FAULKNER et P. VALERIO (1995), « An Integrative Approach to Tourism Demand Forecasting », dans la revue *Tourism Management*, London, vol. 16, n° 1.

12. Voir à ce sujet : D. GUJARATI (1992), *Essentials of Econometrics*, New York, McGraw-Hill ; et : R. BOURBONNAIS (1993), *Économétrie*, Paris, Dunod.

des variables du modèle. Si ces résidus sont alignés parallèlement au point zéro, il y a de bonnes chances que les variables du modèle soient mesurées sans erreur.

2. La multicolinéarité : cette hypothèse demande que les variables explicatives (les variables indépendantes) ne soient pas trop fortement corrélées entre elles. Par exemple, une forte scolarité est souvent fortement corrélée à des revenus élevés. Ces variables deviennent alors des « doublets » et n'apportent aucune explication nouvelle à l'analyse. On peut donc enlever l'une de ces variables du modèle. On peut détecter ces doublets par la matrice de corrélation entre les variables et surtout par le test « t » de Student (voir la partie 2, chapitre 4).

3. L'autocorrélation des erreurs : cette hypothèse s'applique aux cas où le terme d'erreur d'une observation est corrélé au terme d'erreur de l'observation suivante. Le test de Durbin-Watson donne une mesure de l'autocorrélation des erreurs (voir la partie 2, chapitre 4).

4. La normalité des erreurs : cette hypothèse suppose que les erreurs du modèle (les résidus) ont une forme normale ou quasi normale. Cette hypothèse peut être vérifiée par le test de Jacque-Bera[13] qui est une adaptation du test du khi-carré. C'est donc un test d'hypothèse où :

H_0 : la série temporelle est normalement distribuée ;

H_1 : la série temporelle n'est pas normalement distribuée.

La formule est :

$$X^2 = \frac{n-k}{6}\left(S^2 + \frac{1}{4}(K-3)^2\right)$$

où :

n = nombre d'observations ;

k = le nombre de coefficients de régression ;

S = le « shewness » ou la mesure de l'asymétrie de la courbe ;

K = le « kurtosis » ou la mesure de l'aplatissement de la courbe.

---

13. P. Gaynor et R. Kirkpatrick (1994), *Introduction to Time-Series Modeling and Forecasting in Business and Economics*, New York, McGraw-Hill, p. 186.

5. L'hétéroscédasticité des erreurs : la dernière hypothèse est que les erreurs du modèle doivent être homoscédastiques, c'est-à-dire que la variance du terme d'erreur doit être constante pour toutes les variables indépendantes. La meilleure façon de détecter l'hétéroscédasticité est de placer, sur un graphique, les résidus en ordonnée et les variables explicatives en abscisse. Si les résidus sont distribués aléatoirement (si aucune forme spécifique ne se dégage), il y a de bonnes chances pour que l'hypothèse d'homoscédasticité soit confirmée[14].

1.5. LA RÉGRESSION MULTIPLE À DEUX VARIABLES

Dans ce premier exemple, nous avons comme variable dépendante les ventes des séjours en croisière (en milliers de dollars) et comme variable indépendante le nombre de dépliants publicitaires distribués. Ces dépliants publicitaires sont coûteux à imprimer et sont généralement fournis à des clientèles bien ciblées. Le propriétaire de l'agence veut savoir s'il y a un lien sérieux entre ces deux variables.

Dans le tableau 7.1, nous avons ces deux variables pour quinze périodes ; nous avons aussi les résultats de l'analyse de régression : les prévisions, les résidus et les intervalles de confiance. Dans ce modèle, tous les tests sont significatifs :

- $R^2 =$ 0,91 ;
- $F =$ 0,000 ;
- $t =$ le terme constant et la variable explicative sont significatifs au seuil de 0,000 ;
- DW = 1,847.

L'équation de la régression donne :

Ventes prévues = 2 071,19929 + 0,25483902 (dépliants) + ε.
            (360,8)   (0,022)

---

14.   Il existe des méthodes plus complexes pour déterminer l'hétéroscédasticité ; voir à ce sujet : D. GUJARATI (1992), *Essentials of Econometrics*, New York, McGraw-Hill, chapitre 10.

Tableau 7.1

UNE ANALYSE DE RÉGRESSION MULTIPLE ; LE NOMBRE DE DÉPLIANTS PUBLICITAIRES DISTRIBUÉS ET LES VENTES DE CROISIÈRES

Périodes	Dépliants publicitaires	Ventes (000 $)	Prévision (000 $)	Résidus (000 $)	Intervalle inférieur à 95 % (000 $)	Intervalle supérieur à 95 % (000 $)
1	11 100	4 500	4 900	− 400	4 225	5 575
2	12 300	5 000	5 206	− 206	4 548	5 863
3	11 700	5 000	5 053	− 53	4 387	5 719
4	13 500	6 000	5 512	488	4 867	6 156
5	18 300	7 000	6 735	265	6 091	7 379
6	19 500	7 000	7 041	− 41	6 384	7 697
7	15 900	6 500	6 123	377	5 489	6 757
8	17 100	6 000	6 429	− 429	5 792	7 066
9	18 300	6 500	6 735	− 235	6 091	7 379
10	12 300	5 500	5 206	294	4 548	5 863
11	13 500	5 500	5 512	− 12	4 867	6 156
12	20 700	7 500	7 346	154	6 672	8 020
13	21 900	7 500	7 652	− 152	6 957	8 348
14	17 100	6 500	6 429	71	5 792	7 066
15	15 900	6 000	6 123	− 123	5 489	6 757

Source : Données des auteurs.

La prévision se fait de la façon suivante :

- Par exemple, pour la période 1 (voir tableau 7.1) :

    Ventes prévues = 2 071,19929 + 0,25483902 (11 100)
    = 4 899,91246 $ ou 4 900 $ (en milliers de $).

- Autre exemple, pour la période 15 (voir tableau 7.1), on aura :

    Ventes prévues = 2 071,19929 + 0,25483902 (15 900)
    = 6 123,139708 $ ou 6 123 $ (en milliers de $).

La simulation consiste à faire des hypothèses pour les périodes suivantes. Supposons que l'on se propose, à la période 16, de faire imprimer 25 000 dépliants : quelles seront les ventes à ce moment ? La réponse est :

Ventes prévues = 2 071,19929 + 0,25483902 (25 000) = 8 442 $ (en milliers de $).

Supposons, au contraire, que nous sommes face à un marché limité où l'on ne peut faire distribuer que 8 000 dépliants ; les ventes prévues seront :

Ventes prévues = 2 071,19929 + 0,25483902 (8 000) = 4 109,9 $ ou 4 110 $ (en milliers de $).

Dans la figure 7.1, nous avons les valeurs observées (ventes) dans la réalité, selon les périodes et les valeurs prévues par le modèle de régression.

Figure 7.1

UNE ANALYSE DE RÉGRESSION MULTIPLE ; LA DISTRIBUTION
DE DÉPLIANTS PUBLICITAIRES ET LES VENTES DE CROISIÈRES

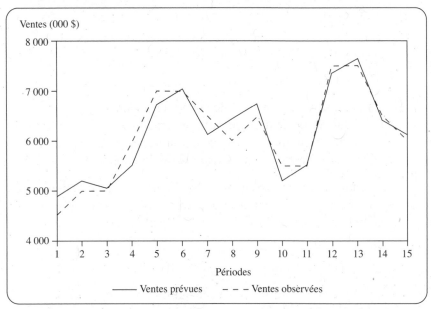

Les écarts qui apparaissent entre les deux courbes sont les résidus, les erreurs du modèle (ces erreurs sont présentées dans la cinquième colonne du tableau 7.1). La relation entre les ventes et la distribution des dépliants est très forte ; puisque le coefficient de corrélation simple entre les deux variables est de 0,954 (il faut se rappeler que le maximum est 1 et le minimum 0). On doit donc conclure qu'il y a un lien réel et important entre la distribution des dépliants et les ventes de séjours de croisières.

1.6. LA RÉGRESSION MULTIPLE À PLUSIEURS VARIABLES

Un chercheur en tourisme travaillant pour une association régionale d'agences de voyages tente d'élaborer un modèle prévisionnel. Ce chercheur dispose, pour toutes les agences membres de l'association, de trois variables explicatives pouvant expliquer les ventes. Ces variables sont :

1. le nombre d'annonces passées à la télévision régionale ;

2. le nombre de conseillers travaillant pour l'agence ;

3. le nombre d'années en affaires.

Les résultats des tests de la régression sont les suivants :

- $R^2 = 0,989$;

- $F = 0,000$;

- $t =$ le terme constant : 0,115 et la variable années en affaires : 0,521 ;

- DW = 1,862.

Le terme constant et la variable années en affaires ne sont donc pas significatifs statistiquement en ce qui concerne le test « t » de Student. On doit donc refaire le modèle en rejetant la variable années en affaires (le terme constant n'est pas, en soi, une variable explicative).

Après un second « passage » à l'ordinateur avec seulement deux variables explicatives (les annonces à la télévision régionale et le nombre des conseillers de l'agence), on obtient les résultats des tests suivants :

- $R^2 = 0,989$;

- $F = 0,000$;

- $t =$ tous les coefficients sont significatifs ; le terme constant à la valeur la plus faible avec 0,01 ;

- DW = 1,9.

L'équation de la régression multiple sera :

Ventes prévues = 271,799843 + 82,3053785 (les annonces à la télévision régionale) + 259,327237 (conseillers) + ϵ.

Dans le tableau 7.2, nous avons pour chacune des agences de la région : le nombre d'annonces achetées à la télévision régionale, le nombre de conseillers en voyages, les ventes (en 000 $) et aussi les résultats du modèle de régression multiple : les ventes prévues, les résidus et les intervalles de confiance.

*T*ableau 7.2

LA PRÉVISION DES VENTES DES AGENCES DE VOYAGES PAR UNE ANALYSE DE RÉGRESSION MULTIPLE

Agences	Annonces TV	Nombre de conseillers	Années en affaires	Ventes (000 $)	Prévision (000 $)	Résidus (000 $)	Intervalle inférieur à 95 % (000 $)	Intervalle supérieur à 95 % (000 $)
1	10	6	16 et plus	2 710	2 651	59	2 405	2 897
2	14	8	6 à 10	3 400	3 499	−99	3 252	3 745
3	12	6	11 à 15	2 900	2 815	85	2 571	3 060
4	18	7	16 et plus	3 666	3 569	97	3 327	3 810
5	24	9	5 et moins	4 490	4 581	−91	4 339	4 823
6	16	6	16 et plus	3 260	3 145	115	2 900	3 390
7	22	10	11 à 15	4 623	4 676	−53	4 425	4 927
8	32	11	6 à 10	5 810	5 758	52	5 508	6 008
9	26	7	11 à 15	4 370	4 227	143	3 979	4 475
10	14	6	16 et plus	3 060	2 980	80	2 736	3 225
11	20	9	5 et moins	4 150	4 252	−102	4 007	4 497
12	8	7	5 et moins	2 610	2 746	−136	2 495	2 996
13	18	7	11 à 15	3 550	3 569	−19	3 327	3 810
14	34	11	16 et plus	6 050	5 923	127	5 673	6 173
15	38	10	6 à 10	6 001	5 993	8	5 742	6 244
16	18	6	6 à 10	3 400	3 309	91	3 063	3 556
17	22	9	16 et plus	4 370	4 416	−46	4 174	4 659
18	16	6	11 à 15	3 240	3 145	95	2 900	3 390
19	26	8	16 et plus	4 610	4 486	124	4 244	4 728
20	28	8	6 à 10	4 499	4 651	−152	4 407	4 895
21	14	7	16 et plus	3 137	3 239	−102	2 997	3 482
22	32	9	11 à 15	5 140	5 240	−100	4 994	5 485
23	18	8	11 à 15	3 870	3 828	42	3 586	4 070
24	10	6	11 à 15	2 760	2 651	109	2 405	2 897
25	36	9	16 et plus	5 732	5 569	163	5 317	5 820
26	36	8	11 à 15	5 107	5 309	−202	5 050	5 569
27	10	6	6 à 10	2 810	2 651	159	2 405	2 897
28	14	9	6 à 10	3 790	3 758	32	3 503	4 013
29	24	10	5 et moins	4 970	4 840	130	4 592	5 088
30	26	9	16 et plus	4 777	4 746	31	4 504	4 987
31	16	7	11 à 15	3 290	3 404	−114	3 162	3 646
32	12	6	6 à 10	2 710	2 815	−105	2 571	3 060
33	32	11	6 à 10	5 902	5 758	144	5 508	6 008
34	38	11	6 à 10	6 290	6 252	38	6 001	6 503
35	34	10	16 et plus	5 460	5 663	−203	5 417	5 910
36	20	7	11 à 15	3 630	3 733	−103	3 491	3 975
37	24	8	11 à 15	4 240	4 322	−82	4 081	4 562
38	16	6	11 à 15	2 940	3 145	−205	2 900	3 390
39	20	8	16 et plus	3 870	3 993	−123	3 752	4 233
40	24	8	6 à 10	4 433	4 322	111	4 081	4 562

Source : Données des auteurs.

Donnons un exemple d'application de la formule pour l'agence n° 1 (voir tableau 7.2) :

Ventes prévues = 271,799843 + 82,3053785 (10) + 259,327237 (6) = 2 650,81705 $ ou 2 651 $.

Les résultats prévisionnels des ventes observées et des ventes prévues par le modèle, selon les agences, apparaissent dans la figure 7.2.

*F*igure 7.2

LA PRÉVISION DES VENTES DES AGENCES DE VOYAGES
PAR UNE ANALYSE DE RÉGRESSION MULTIPLE

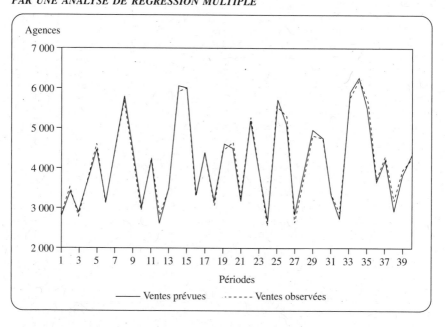

Nous voyons dans cette figure que les écarts sont relativement faibles, ce qui indique la qualité du modèle. Les deux variables explicatives : les annonces à la télévision et le nombre de conseillers en voyages influencent très fortement les ventes.

La matrice de corrélation indique que les annonces à la télévision ont un impact plus élevé sur les ventes que le nombre de conseillers à l'agence. Même si ces deux variables jouent un rôle important, la première se démarque de la deuxième. Dans un sens, on pourrait dire, à la lecture des résultats de ce modèle, que c'est plus rentable pour l'agence de placer des annonces publicitaires que d'ajouter un nouveau conseiller. La formule la plus payante est d'environ dix conseillers et entre 35-40 annonces publicitaires.

Le modèle permet donc de faire de multiples simulations en s'appuyant sur l'une ou l'autre des variables explicatives. Chacune des annonces télévisées rapporte 81 624 $ alors qu'un conseiller en voyages génère 263 590 $; mais il est plus facile de louer de l'espace publicitaire que d'engager de bons conseillers en voyages. Les simulations servent souvent à définir le niveau minimum et le niveau maximum possibles pour chacune des variables indépendantes.

2. LA PRÉVISION AVEC DES VARIABLES MUETTES

Il arrive souvent dans la recherche touristique, dans les sciences de la gestion, d'avoir affaire à des variables explicatives qui ne sont pas strictement quantitatives. Ce sont des variables explicatives qualitatives (la plupart du temps de forme nominale). Ces variables qualitatives sont du genre oui/non, accord/désaccord, masculin/féminin, etc.

On appelle ces variables qualitatives des « variables muettes » ou des « variables auxiliaires ». Dans l'équation de régression multiple, elles vont prendre la forme 0 ou 1 ; ainsi : « En associant des nombres (0 et 1) aux deux catégories, on transforme astucieusement le problème à l'aide d'une variable muette en un problème " numérique ", susceptible d'être traité par tous les outils statistiques classiques[15]. »

2.1. *LE TEMPS COMME PRINCIPALE VARIABLE MUETTE*

Le temps, on l'a vu, peut être divisé en plusieurs séquences : jours, semaines, mois, trimestre, années, ou « blocs » d'années.

Dans l'exemple qui suit, dont les principales données apparaissent dans le tableau 7.3, nous avons les chambres occupées dans une région du Québec, par trimestre[16] qui sont identifiés par les valeurs 0 ou 1. L'équation de la régression multiple avec variables muettes s'écrira[17] :

---

15. T. WONNACOTT et R. WONNACOTT (1984), *Statistique*, Paris, Économica, p. 416.
16. Ce modèle de régression multiple avec variables muettes s'applique aussi aux données mensuelles : on aura alors onze variables muettes pour les onze premiers mois de l'année.
17. Voir à ce sujet : W. MENDENHALL et T. SINCICH (1996), *A Second Course in Statistics : Regression Analysis*, New Jersey, Prentice-Hall, p. 516.

Tableau 7.3

LES CHAMBRES OCCUPÉES, PAR TRIMESTRE, DANS UNE RÉGION TOURISTIQUE DU QUÉBEC ; LA RÉGRESSION LINÉAIRE AVEC DES VARIABLES MUETTES

Périodes	1er trimestre	2e trimestre	3e trimestre	Chambres occupées	Prévision	Résidus	Intervalle inférieur à 95%	Intervalle supérieur à 95%
1	1	0	0	7 173	6 586	587	5 352	7 820
2	0	1	0	4 916	4 412	504	3 178	5 647
3	0	0	1	7 420	7 859	−439	6 625	9 094
4	0	0	0	4 490	4 723	−233	3 488	5 957
5	1	0	0	6 421	6 855	−434	5 649	8 061
6	0	1	0	4 874	4 682	192	3 476	5 888
7	0	0	1	7 491	8 129	−638	6 923	9 334
8	0	0	0	4 911	4 992	−81	3 786	6 198
9	1	0	0	6 575	7 125	−550	5 933	8 316
10	0	1	0	4 788	4 951	−163	3 760	6 142
11	0	0	1	8 280	8 398	−118	7 206	9 589
12	0	0	0	5 606	5 261	345	4 070	6 453
13	1	0	0	7 330	7 394	−64	6 203	8 585
14	0	1	0	5 317	5 220	97	4 029	6 412
15	0	0	1	9 887	8 667	1 220	7 476	9 859
16	0	0	0	5 775	5 531	244	4 339	6 722
17	1	0	0	8 128	7 663	465	6 457	8 869
18	0	1	0	5 888	5 490	398	4 284	6 696
19	0	0	1	8 769	8 936	−167	7 731	10 142
20	0	0	0	5 318	5 800	−482	4 594	7 006
21	1	0	0	7 929	7 933	−4	6 698	9 167
22	0	1	0	4 731	5 759	−1 028	4 525	6 993
23	0	0	1	9 348	9 206	142	7 971	10 440
24	0	0	0	6 276	6 069	207	4 835	7 304
25	1	0	0	–	8 202	–	6 926	9 478
26	0	1	0	–	6 028	–	4 753	7 304
27	0	0	1	–	9 475	–	8 199	10 751
28	0	0	0	–	6 339	–	5 063	7 614
29	1	0	0	–	8 471	–	7 142	9 800
30	0	1	0	–	6 298	–	4 969	7 626
31	0	0	1	–	9 744	–	8 415	11 073
32	0	0	0	–	6 608	–	5 279	7 937

Source : Nos calculs, à partir des données de Tourisme Québec.

$Y_{pr} = b_0 + b_1T_1 + b_2T_2 + b_3T_3 + b_4P + \epsilon$; où :

Y_{pr} = la prévision ;

b_0 = une constante du modèle ; ici b_0 correspond au quatrième trimestre ;

T_1 = le premier trimestre ;

T_2 = le deuxième trimestre ;

T_3 = le troisième trimestre ;

P = la période

b_1, b_2, b_3, b_4 = les coefficients de la régression multiple ;

ϵ = le terme d'erreur (les résidus).

Afin de bien saisir l'évolution de cette série temporelle, nous avons calculé cinq tendances[18] ; les résultats des tests pour chacune de ces tendances sont présentés dans le tableau 7.4.

*T*ableau 7.4

LA COMPARAISON DES TESTS DES TENDANCES DES CHAMBRES OCCUPÉES DANS UNE RÉGION DU QUÉBEC

			Tests	
Tendances	*R^2*	*F*	*t**	*DW*
Linéaire	0,91	0,000	1 paramètre non significatif	1,613
Parabolique	0,91	0,000	3 paramètres non significatifs	1,619
Semi-log	0,91	0,000	1 paramètre non significatif	1,254
Double-log	0,89	0,000	2 paramètres non significatifs	1,04
Logistique	0,838	0,000	2 paramètres non significatifs	0,970

* Au seuil de 0,000.

Source : Nos calculs à partir des données de Tourisme Québec.

Comme on le voit dans le tableau 7.4, trois tendances sur cinq ont plus d'un paramètre non significatif au test « t » de Student ; on doit rejeter ces tendances. Nous avons donc le choix entre la tendance semi-logarithmique et la tendance linéaire ; les résultats du test de Durbin-Watson montre une autocorrélation des résidus pour la tendance semi-logarithmique ; la tendance linéaire semble donc la plus acceptable. Le deuxième trimestre est peu

---

18. Pour les calculs de ces tendances, voir le chapitre 4.

significatif car il est négatif dans l'équation. Cela veut dire que le deuxième trimestre n'apporte pas grand chose à l'évolution de la série temporelle observée.

L'équation de la tendance linéaire avec variables muettes, pour les chambres occupées de cette région est :

La prévision des chambres occupées = 4 453,4 + 67,3 (P) + 2 065,3 (T_1) − 175,7 (T_2) + 3 203,8 (T_3) + ϵ.

Pour faire des prévisions, il s'agit de remplacer P et T dans les parenthèses par les valeurs qui apparaissent dans les colonnes un, deux, trois et quatre du tableau 7.3. Donnons, à titre d'exemple, comment sont calculées les chambres occupées pour les périodes 1, 2, 3 et 4. On aura donc :

La prévision des chambres occupées à P_1 = 4 453,4 + 67,3 (1) + 2 065,3 (1) − 175,7 (0) + 3 203,8 (0) = 6 586 ;

La prévision des chambres occupées à P2 = 4 453,4 + 67,3 (2) + 2 065,3 (0) − 175,7 (1) + 3 203,8 (0) = 4 412 ;

La prévision des chambres occupées à P3 = 4 453,4 + 67,3 (3) + 2 065,3 (0) − 175,7 (0) + 3 203,8 (1) = 7 859 ;

La prévision des chambres occupées à P4 = 4 453,4 + 67,3 (4) + 2 065,3 (0) − 175,7 (0) + 3 203,8 (0) = 4 723.

Pour les périodes futures, on applique, de la même façon, l'équation. Par exemple pour la période 32, on aura les résultats prévisionnels (présentés dans le tableau 7.3) :

La prévision des chambres occupées à P32 = 4 453,4 + 67,3 (32) + 2 065,3 (0) − 175,7 (0) + 3 203,8 (0) = 6 608.

Ce modèle avec variables muettes nous indique :

- qu'il y a une constante de 4 453 chambres occupées quelle que soit la période ;

- que le premier trimestre fournit à la région 2 065 chambres occupées ;

- que le deuxième trimestre accuse une perte de 176 chambres occupées ;

- que le troisième trimestre procure 3 204 chambres occupées ;

- et, enfin, que le quatrième trimestre correspond à une faible addition de 67 chambres occupées.

On peut donc ainsi évaluer tangiblement l'importance relative de chacun des trimestres dans l'évolution de cette série temporelle.

Figure 7.3

LA PRÉVISION DES CHAMBRES OCCUPÉES, PAR TRIMESTRE, DANS UNE RÉGION TOURISTIQUE DU QUÉBEC – LA RÉGRESSION MULTIPLE AVEC VARIABLES MUETTES

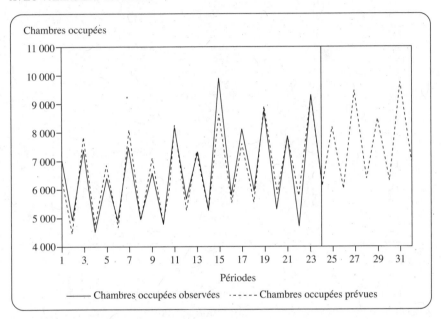

2.2. UNE AUTRE UTILISATION DES VARIABLES MUETTES

Dans le tableau 7.5, nous avons un autre exemple d'utilisation d'une variable muette dans la régression multiple. Dans ce tableau :

- la colonne 1 correspond aux semaines ;
- la colonne 2, nous avons une réduction de 20 % sur le prix d'entrée (0 = non et 1 = oui) ;
- la colonne 3 : le nombre des entrées observées pour chacune des semaines ;
- la colonne 4: le nombre des entrées prévues pour chacune des semaines ;
- la colonne 5: les résidus de la prévision.

Tableau 7.5

LA RÉGRESSION MULTIPLE ; LA PRÉVISION AVEC LE TEMPS
ET UNE VARIABLE MUETTE ; LES ENTRÉES DANS UN MUSÉE PAR SEMAINE

Semaines	Réduction : non = 0 ; oui = 1	Entrées observées	Entrées prévues	Résidus
1	0	1 021	1 094	−73
2	0	1 145	1 312	−167
3	0	1 525	1 531	−6
4	0	1 784	1 749	35
5	0	2 148	1 967	181
6	0	2 337	2 186	151
7	0	2 261	2 404	−143
8	0	2 677	2 623	54
9	0	2 809	2 841	−32
10	1	4 869	4 954	−85
11	1	5 534	5 172	361
12	1	5 625	5 391	234
13	1	5 495	5 609	−115
14	1	5 670	5 828	−158
15	1	5 952	6 046	−94
16	1	5 775	6 264	−489
17	1	6 365	6 483	−118
18	1	7 166	6 701	464

Source : Données des auteurs.

Dans un premier temps, nous avons calculé la régression avec seulement les semaines comme variable indépendante. Les résultats des tests sont :

- $R^2 = 0,934$;

- $F = 0,000$;

- t = le terme constant n'est pas significatif avec 0,256 ;

- DW = non significatif avec 0,874.

À la vue de ces tests, on doit donc rejeter ce modèle.

Dans un deuxième temps, nous avons ajouté la variable indépendante réduction du prix d'entrée de 20 % (colonne 2 du tableau 7.5). À ce moment, les tests de ce modèle sont :

- $R^2 = 0,989$;

- $F = 0,000$;

- t = tous les paramètres sont significatifs au seuil de 0,000 ;
- DW = 1,423.

Ce modèle est donc utilisable.

L'équation de régression nous donne :

Les entrées prévues = 875,382 + 218,413 (semaine) + 1 894,51 (réduction oui/non) + ϵ.

Reprenons cette équation pour la semaine 1 (voir tableau 7.5) :

Les entrées prévues à la semaine 1 = 875,382 + 218,413 (1) + 1 894,51 (0) = 1 094.

Ici, le zéro dans la dernière parenthèse signifie qu'il n'y a pas eu de réduction pour la première semaine de la série temporelle.

On voit, dans le tableau 7.5 (colonne 2), que la réduction de 20 % du tarif d'entrée dans ce musée a commencé à la dixième semaine. La prévision pour cette dixième semaine sera :

Les entrées prévues à la semaine 10 = 875,382 + 218,413 (10) + 1 894,51 (1) = 4 954.

Les prévisions sont présentées dans la colonne 4 du tableau 7.5 et aussi dans la figure 7.4.

L'équation prévisionnelle nous indique :

- qu'il y a, pour chacune des semaines, une constante de 875 entrées dans ce musée ;
- qu'à chacune des semaines s'ajoutent 218 nouvelles entrées ;
- qu'une réduction du prix d'entrée au musée entraîne 1 894 nouvelles admissions.

Avec ce modèle, nous pouvons aussi faire des simulations. Supposons qu'à la dix-neuvième semaine on décide de conserver la réduction du prix d'entrée, on aura :

les entrées prévues avec réduction à la 19e semaine = 875,382 + 218,413 (19) + 1 894,51 (1) = 6 919,739.

*F*igure 7.4

LA RÉGRESSION MULTIPLE ; LA PRÉVISION AVEC LE TEMPS
ET UNE VARIABLE MUETTE ; LES ENTRÉES DANS UN MUSÉE PAR SEMAINE

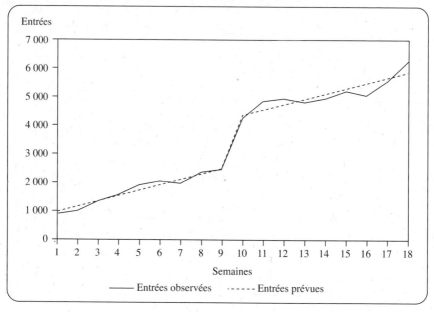

Supposons, qu'au contraire, on se propose de ne pas réduire le prix d'entrée, on aura :

les entrées prévues sans réduction à la 19e semaine = 875,382 + 218,413 (19) + 1 894,51 (0) = 5 025.

Les variables muettes permettent donc d'intégrer aux modèles quantitatifs des variables explicatives qualitatives et d'obtenir ainsi de meilleures prévisions.

3. LA PRÉVISION AVEC RETARDS ÉCHELONNÉS

Il arrive quelquefois que la corrélation entre variables se fasse avec un certain retard. Ces situations se produisent dans le cas de politiques gouvernementales ou plus rarement dans le cas de certaines campagnes publicitaires (pour des produits spécifiques). Ce retard correspond au temps demandé pour que l'information soit entendue par ceux qui sont visés par cette information. Ce délai peut être en semaines, en mois, en trimestre ou en années.

Dans sa forme la plus simple, l'équation de la régression multiple sera :

$Y_{pr} = b_0 + b_1 X_{t-1} + \epsilon$; s'il y a plusieurs décalages, l'équation est un peu plus complexe :

$Y_{pr} = b_0 + b_1 X_t + b_1 X_{t-1} + b_3 X_{t-2} + b_n X_{t-n} + \epsilon$[19].

Donnons un exemple de cette approche. Dans le tableau 7.6, nous avons :

- dans la première colonne les périodes en trimestre ;
- dans la deuxième colonne les ventes pour un restaurant ;
- dans la troisième colonne les coûts de la publicité pour ce trimestre.

Dans un premier temps, nous avons effectué la régression avec ces trois variables. Les résultats des tests sont :

- $R^2 = 0,497$;
- $F = 0,016$;
- $t =$ le terme constant n'est pas significatif (avec 0,635) et les trimestres sont au seuil de 0,104 ;
- $DW = 0,775$.

Donc, ce modèle ne peut convenir pour faire des prévisions.

Dans un deuxième temps, pour obtenir un meilleur modèle, nous avons retardé la publicité d'un trimestre[20] et nous avons effectué une nouvelle régression. Cette fois encore, le modèle doit être rejeté car la publicité (non retardée) a une valeur de 0,361 au test de Student.

Enfin, dans un troisième temps, nous avons fait un dernier essai avec les deux variables indépendantes : les trimestres et la publicité retardée d'une période[21]. Les résultats obtenus des tests sont :

19. Voir à ce sujet : D. SALVATORE (1985), *Économétrie et statistiques appliquées*, New York, McGraw-Hill, p. 206.
20. Voir ces valeurs retardées d'un trimestre dans la colonne 4 du tableau 7.6.
21. Nous avons testé des modèles où les trimestres sont retardés de deux ou trois périodes ; ces modèles ne sont pas valables car le R^2 tend à diminuer de façon importante avec les décalages. Une analyse plus raffinée avec des décalages de mois ou de semaines pourrait donner des résultats intéressants.

- $R^2 = 0,86$;

- $F = 0,000$;

- $t =$ tous les coefficients sont significatifs au seuil de 0,02 ;

- $DW = 2,461$.

Ce modèle est donc valable pour faire des prévisions et des simulations.

L'équation de la régression obtenue est :

Ventes prévues $= -164,37 - 3,596$ (trimestre) $+ 38,485$ (publicité retardée d'un trimestre).

Les valeurs prévues apparaissent dans la colonne 5 du tableau 7.6. La figure 7.5 présente les ventes observées et les ventes prévues pour les quatorze derniers trimestres (car il y a décalage d'un trimestre dans ce modèle).

Tableau 7.6

LA RÉGRESSION MULTIPLE AVEC RETARDS ÉCHELONNÉS ;
LES VENTES ET LA PUBLICITÉ D'UN RESTAURANT, PAR TRIMESTRE

Trimestre	Ventes	Publicité	Publicité retardée	Prévision	Résidus	Intervalle inférieur à 95%	Intervalle supérieur à 95%
	(000 $)	(000 $)	(000 $)	(000 $)	(000 $)	(000 $)	(000 $)
1	190	10,0	–	–	–	–	–
2	180	9,6	10,0	214	–34	165	262
3	210	11,0	9,6	195	15	146	243
4	240	11,5	11,0	245	–5	199	291
5	260	12,5	11,5	260	0	214	307
6	300	11,5	12,5	295	5	246	345
7	280	11,0	11,5	253	27	208	299
8	240	11,2	11,0	230	10	186	275
9	220	9,5	11,2	235	–15	190	279
10	200	10,0	9,5	166	34	119	212
11	160	9,0	10,0	181	–21	136	227
12	140	9,5	9,0	139	1	90	188
13	150	11,0	9,5	155	–5	107	203
14	200	12,0	11,0	209	–9	162	256
15	240	12,7	12,0	244	–4	193	295

Source : Données des auteurs.

Figure 7.5

LA RÉGRESSION MULTIPLE AVEC RETARDS ÉCHELONNÉS ;
LES VENTES ET LA PUBLICITÉ D'UN RESTAURANT, PAR TRIMESTRE

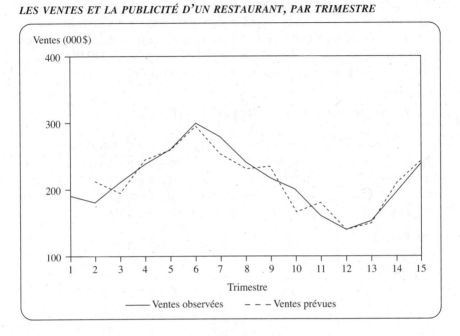

Les modèles avec retards échelonnés permettent donc de tenir compte des décalages dans la propagation de l'information dans le temps. Avec l'exemple que nous avons présenté, on doit affirmer que, pour le premier modèle utilisé, la relation est faible entre les ventes et la publicité. En décalant la publicité d'une période (un trimestre), nous pouvons démontrer que la publicité joue bel et bien un rôle dans les ventes totales.

4. LES MODÈLES AUTORÉGRESSIFS DE PRÉVISION

Dans cette partie, nous verrons des modèles autorégressifs de prévision des séries temporelles. Ces modèles se distinguent par l'intégration qu'ils font de trois éléments :

- l'utilisation de moyennes mobiles ;
- l'hypothèse qu'il existe une corrélation assez forte entre les valeurs actuelles et les valeurs passées ;
- l'usage de la régression, donc d'une tendance ; cette tendance pouvant prendre des formes diverses.

Ce qui caractérise aussi ces modèles, c'est qu'ils associent des qualités un peu contradictoires : ce sont des modèles assez complexes au plan mathématique et ce sont, en même temps, des modèles empiriques qui se veulent quasi automatiques dans l'usage quotidien. Mais dans la réalité, nous sommes loin de la coupe aux lèvres. Dans cette partie, nous allons voir les deux modèles les plus connus : la méthode X11-ARIMA Box et Jenkins et la méthode du Census Bureau des États-Unis.

4.1. LA MÉTHODE ARIMA (BOX-JENKINS)

La méthode ARIMA (Auto/Regressive/Integrated/Moving Average) est une généralisation des méthodes du lissage exponentiel[22]. L'objectif est, comme dans tous les modèles de prévision, d'obtenir un ajustement maximum entre les valeurs observées (celles de la série temporelle) et les valeurs prévues (les valeurs générées par le modèle utilisé).

Dans ce modèle, les formules suivantes sont appliquées[23] :

- dans la forme AR (autorégressive)

$$Y_{pr} = \emptyset_0 + \emptyset_1 Y_{t-1} + \emptyset_2 Y_{t-2} + \ldots + \emptyset_n Y_{t-n} + \epsilon_t$$

où :

Y_{pr} = la variable dépendante à prévoir ;

$\emptyset_0 + \emptyset_1 + \emptyset_2 + \emptyset_n$ = sont des coefficients de régression ;

ϵ = le terme d'erreur, les résidus du modèle.

- dans la forme MA (moyenne mobile) :

$$Y_{pr} = P_0 + \epsilon_t t - P_1 \epsilon_{t-1} - P_2 \epsilon_{t-2} - \ldots - P_n \epsilon_{t-n}, \text{ où :}$$

Y_{pr} = la variable dépendante ;

P = le poids alloué aux erreurs passées ;

ϵ_{t-1} = les résidus.

- dans la forme ARIMA, il y a une addition des deux approches ; la formule utilisée devient :

$$Y_{pr} = \emptyset_0 + \emptyset_1 Y_{t-1} + \emptyset_2 Y_{t-2} + \ldots + \emptyset_n Y_{t-n} + \epsilon_t - P_1 \epsilon_{t-1} - P_2 \epsilon_{t-2} - \ldots - P_n \epsilon_{t-n}.$$

---

22. Voir à ce sujet la partie 4 du chapitre 3.
23. Voir à ce sujet : J. HANKE et A. REITSCH (1998), *Business Forecasting*, New Jersey, Prentice-Hall, p. 407-420.

La méthode mise au point par George Box et Gwilym Jenkins[24] propose la démarche suivante :

Figure 7.6

LA MÉTHODOLOGIE DE BOX ET JENKINS

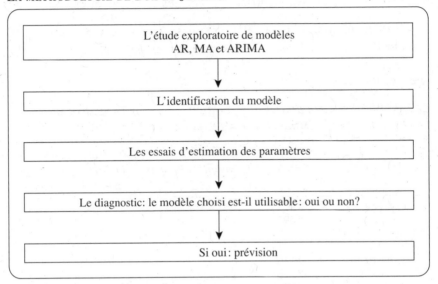

Au plan pratique, pour fonctionner, ce modèle va identifier la dimension autorégressive par « p », la dimension de différenciation par « d » et la dimension moyenne mobile par « q »[25]. Les aspects saisonniers de la série chronologique et pour chacune des dimensions seront définis par « sp », « sd » et « sq » ; ces dimensions prennent habituellement des valeurs entre 0 et 3[26].

4.2. UN EXEMPLE D'UTILISATION DE LA MÉTHODE BOX-JENKINS ARIMA

Nous avons dans le tableau 7.7 les arrivées des touristes, par mois, dans une ville européenne. Pour discriminer entre les modèles possibles, la

24. Pour ce schéma, traduit de : G. BOX et G. JENKINS (1976), *Time Series Analysis, Forecasting and Control*, San Francisco, Holden-Day, p. 19.

25. Nous utilisons ici comme logiciel de calculs statistiques le logiciel SPSS sous Windows : on trouve la méthode ARIMA dans le module « Trends ».

26. Voir à ce sujet les valeurs suggérées par : R. LEWANDOWSKI (1979), *La prévision à court terme*, Paris, Dunod, p. 102-117.

meilleure façon est de considérer l'autocorrélation des erreurs[27]. Il faut choisir le modèle dont les autocorrélations des résidus restent à l'intérieur des intervalles de confiance à 95 %. À partir de cette analyse préliminaire, nous optons pour un modèle Box-Jenkins ARIMA (2, 1, 0) (0, 0, 0) car c'est le seul où l'autocorrélation des résidus est acceptable et où le test de Student est significatif pour tous les paramètres.

Les résultats prévisionnels apparaissent dans le tableau 7.7 à la colonne 3. Ces résultats sont aussi reproduits dans la figure 7.7.

Tableau 7.7

LES ARRIVÉES DES TOURISTES DANS UNE VILLE EUROPÉENNE, PAR MOIS ;
LA PRÉVISION PAR UN MODÈLE BOX-JENKINS ARIMA (2, 1, 0) (0, 0, 0)

Mois/Années	*Arrivées*	*Prévision*	*Résidus*	*Intervalle inférieur à 95 %*	*Intervalle supérieur à 95 %*
Janvier 1998	81 794	–	–	–	–
Février 1998	81 920	–	–	–	–
Mars 1998	87 287	–	–	–	–
Avril 1998	86 554	–	–	–	–
Mai 1998	90 560	–	–	–	–
Juin 1998	88 787	–	–	–	–
Juillet 1998	91 282	–	–	–	–
Août 1998	93 125	–	–	–	–
Septembre 1998	88 995	–	–	–	–
Octobre 1998	95 342	–	–	–	–
Novembre 1998	95 180	–	–	–	–
Décembre 1998	111 933	–	–	–	–
Janvier 1999	89 706	–	–	–	–
Février 1999	86 072	89 849	– 3 777	83 368	96 330
Mars 1999	96 266	93 015	3 251	87 102	98 929
Avril 1999	97 555	94 234	3 321	88 730	99 737
Mai 1999	99 244	98 635	609	93 132	104 139
Juin 1999	99 654	98 061	1 593	92 557	103 564
Juillet 1999	100 593	101 810	– 1 217	96 307	107 314
Août 1999	101 391	102 533	– 1 142	97 030	108 037
Septembre 1999	97 867	98 470	– 603	92 967	103 974
Octobre 1999	101 074	104 294	– 3 220	98 791	109 797
Novembre 1999	99 676	102 500	– 2 824	96 997	108 004
Décembre 1999	118 414	118 340	74	112 837	123 844
Janvier 2000	88 853	95 555	– 6 702	90 052	101 059
Février 2000	87 902	88 672	– 770	83 168	94 175

/...

---

27. Avec le logiciel SPSS sous Windows, la séquence pour obtenir l'analyse des autocorrélations est : le module « Graph » puis « Time Series » et « Auto-Correlations ».

Tableau 7.7

LES ARRIVÉES DES TOURISTES DANS UNE VILLE EUROPÉENNE, PAR MOIS ;
LA PRÉVISION PAR UN MODÈLE BOX-JENKINS ARIMA (2, 1, 0) (0, 0, 0) (suite)

Mois/Années	Arrivées	Prévision	Résidus	Intervalle inférieur à 95 %	Intervalle supérieur à 95 %
Mars 2000	98 474	99 354	– 880	93 851	104 858
Avril 2000	99 847	9 8575	1 272	93 071	104 078
Mai 2000	102 692	101 379	1 313	95 875	106 882
Juin 2000	100 771	102 446	– 1 675	96 943	107 950
Juillet 2000	102 945	102 633	312	97 129	108 136
Août 2000	101 475	103 948	– 2 473	98 444	109 451
Septembre 2000	100 100	98 808	1 292	93 305	104 312
Octobre 2000	103 222	102 969	253	97 466	108 473
Novembre 2000	106 223	101 099	5 124	95 595	106 602
Décembre 2000	124 693	122 527	2 166	117 024	128 031
Janvier 2001	93 687	93 667	20	88 164	99 171
Février 2001	91 229	93 689	– 2 460	88 186	99 193
Mars 2001	106 105	103 231	2 874	97 727	108 734
Avril 2001	106 315	105 631	684	100 128	111 135
Mai 2001	110 185	108 239	1 946	102 736	113 742
Juin 2001	112 956	108 150	4 806	102 647	113 654
Juillet 2001	111 908	112 114	– 206	106 610	117 617
Août 2001	112 573	110 541	2 032	105 037	116 044
Septembre 2001	110 315	111 226	– 911	105 722	116 729
Octobre 2001	113 010	113 170	– 160	107 667	118 674
Novembre 2001	116 210	116 617	– 407	111 113	122 120
Décembre 2001	138 011	134 759	3 252	129 256	140 263
Janvier 2002	105 435	105 071	363	99 568	110 575
Février 2002	106 031	102 652	3 379	97 148	108 55
Marg 2002	116 639	119 793	– 3 154	114 290	125 297
Avril 2002	116 689	118 160	– 1 471	112 656	123 663
Mai 2002	123 657	122 282	1 375	116 779	127 786
Juin 2002	124 325	124 761	– 436	119 258	130 264
Juillet 2002	118 898	123 342	– 4 444	117 839	128 845
Août 2002	122 995	122 870	125	117 367	128 374
Septembre 2002	116 277	120 462	– 4 185	114 959	125 966
Octobre 2002	121 574	120 250	1 324	114 747	125 754
Novembre 2002	125 621	125 001	6 210	119 497	130 504
Décembre 2002	144 135	145 998	– 1 863	140 494	151 501
Janvier 2003	111 162	113 139	– 1 977	107 636	118 643
Février 2003	107 930	113 249	– 5 319	107 745	118 752
Mars 2003	122 512	120 893	1 619	115 390	126 397
Avril 2003	125 452	121 773	3 679	116 270	127 277
Mai 2003	132 682	129 321	3 361	123 818	134 825
Juin 2003	127 307	132 150	– 4 843	126 647	137 653
Juillet 2003	127 835	125 246	2 589	119 742	130 749
Août 2003	133 467	130 848	2 619	125 345	136 352
Septembre 2003	126 516	123 677	2 839	118 173	129 180

/...

Tableau 7.7

LES ARRIVÉES DES TOURISTES DANS UNE VILLE EUROPÉENNE, PAR MOIS ; LA PRÉVISION PAR UN MODÈLE BOX-JENKINS ARIMA (2, 1, 0) (0, 0, 0) (suite)

Mois/Années	Arrivées	Prévision	Résidus	Intervalle inférieur à 95 %	Intervalle supérieur à 95 %
Octobre 2003	128 489	131 402	– 2 913	125 899	136 906
Novembre 2003	130 901	134 543	– 3 642	129 040	140 047
Décembre 2003	151 812	151 622	190	146 119	157 125
Janvier 2004	117 807	118 123	– 316	112 620	123 627
Février 2004	112 006	114 295	– 2 289	108 791	119 798
Mars 2004	126 581	128 466	– 1 885	122 963	133 970
Avril 2004	128 055	130 520	– 2 465	125 017	136 024
Mai 2004	137 766	136 152	1 614	130 649	141 656
Juin 2004	132 696	131 564	1 132	126 061	137 068
Juillet 2004	133 081	132 153	928	126 649	137 656
Août 2004	136 404	138 712	– 2 308	133 209	144 216
Septembre 2004	136 990	130 850	6 140	125 347	136 354
Octobre 2004	135 400	135 581	– 181	130 078	141 084
Novembre 2004	133 134	137 042	– 3 908	131 538	142 545
Décembre 2004	163 838	158 070	5 768	152 566	163 573
Janvier 2005	–	126 058	–	120 555	131 562
Février 2005	–	119 761	–	112 735	124 787
Mars 2005	–	135 633	–	129 219	142 048
Avril 2005	–	136 396	–	129 058	143 734
Mai 2005	–	145 682	–	137 770	153 594
Juin 2005	–	141 152	–	132 738	149 566
Juillet 2005	–	141 422	–	132 414	150 430
Août 2005	–	144 640	–	135 106	154 175
Septembre 2005	–	145 361	–	135 331	155 391
Octobre 2005	–	143 766	–	133 230	154 302
Novembre 2005	–	141 485	–	130 464	152 506
Décembre 2005	–	172 232	–	160 740	183 724

Source : Données des auteurs.

Dans la figure 7.7, nous avons une prévision à court terme, pour une seule année. Il faut remarquer qu'après une année, les intervalles de confiance deviennent exagérément larges et mettent en cause la valeur des prévisions suggérées.

Cette méthode de prévision est quelquefois utilisée en tourisme[28]. En général, il faut apporter quelques réserves au sujet de son utilisation quotidienne : comme le soulignent Régis Bourbonnais et Jean-Claude

---

28. Voir à ce sujet : F.L. CHU (1998), « Forecasting Tourism : A Combined Approach », dans la revue *Tourism Management*, vol. 19, n° 6, Great Britain.

Usunier : « L'univers des modèles possibles est donc important et la tentation d'effectuer un très grand nombre de tests existe. Très vite l'utilisateur risque d'être noyée sous les résultats[29]. » L'étape de l'identification du modèle est très longue et difficile en tenant compte de la pléthore de modèles imaginables.

Figure 7.7

LES ARRIVÉES DES TOURISTES DANS UNE VILLE EUROPÉENNE PAR MOIS ; LA PRÉVISION PAR UN MODÈLE BOX-JENKINS ARIMA (2, 1, 0) (0, 0, 0)

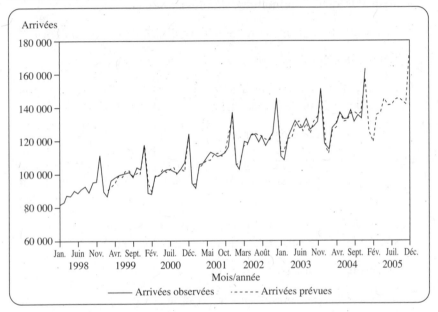

Cette méthode est donc très exigeante :

• elle demande soixante périodes (mois ou trimestre ou années) pour être utilisée ;

• c'est une méthode complexe qui suppose une grande connaissance des données utilisées et du milieu socioéconomique ;

• il y a un avantage certain à l'utiliser de façon quasi automatique « pour voir » et formuler des hypothèses concernant l'évolution future de la série temporelle étudiée.

29. R. BOURBONNAIS et J.-C. USUNIER (1992), *Pratique de la prévision des ventes*, Paris, Économica, p. 92.

4.3. *LA MÉTHODE X11-ARIMA*

La méthode de prévision X11-ARIMA est une version récente d'une procédure de décomposition des séries chronologiques mise au point par le Census Bureau des États-Unis dans les années 1960[30]. Dans les années 1980, des statisticiens travaillant pour Statistique Canada ont amélioré la méthode en ajoutant le volet ARIMA[31].

La méthode X11-ARIMA est donc, à la fois, une méthode de décomposition très sophistiquée des séries chronologiques et une méthode très raffinée et quasi automatique de prévision à court terme[32].

Les résultats fournis par le logiciel se divisent en sept catégories[33] :

1. l'étude des données brutes de la série temporelle ;

2. une première estimation des phénomènes irréguliers et des poids reliés aux valeurs extrêmes de la série ;

3. l'estimation finale des poids ;

4. l'estimation finale des mouvements saisonniers (coefficients saisonniers), des mouvements cycliques (trend cycle) et des mouvements irréguliers ;

5. revue de la série d'origine, de la série corrigée des variations saisonnières, de la série des valeurs irrégulières, etc. ;

6. un résumé des analyses faites de 1 à 5 ;

7. des graphiques reproduisant les résultats. Ce qui donne, au total, soixante-deux tableaux.

Le programme X11-ARIMA fournit aussi, dans les parties 3 et 4, des prévisions à court terme de la variable dépendante et des coefficients saisonniers prévus de celle-ci.

---

30. Voir à ce sujet : N. FARNUM et L. STANTON (1989), *Quantitative Forecasting Methods*, Boston, PWS-Kent Publishing Company, p. 438.

31. Voir à ce sujet : En collaboration (1993), *SPSS for Windows Trends*, Chicago, SPSS Inc., p. 229.

32. La procédure à suivre avec le logiciel SPSS sous Windows est : dans le module « Analyse », puis « Time Series », ensuite « X11-ARIMA » et « ARIMA », enfin « Best Automatic Model ».

33. Pour une description très détaillée de ces catégories, voir : S. MAKRIDAKIS, S. WHEELWRIGHT et V. MCGEE (1983), *Forecasting : Methods and Applications*, New York, John Wiley and Sons, p. 149-178.

4.4. LES RÉSULTATS DE LA MÉTHODE X11-ARIMA

En plus de fournir des informations très intéressantes et très complètes sur l'état de la série chronologique (TSCI) la méthode X11-ARIMA donne des prévisions à court terme assez semblables aux prévisions obtenues, après de multiples tâtonnements, par la méthode Box-Jenkins ARIMA.

Nous avons effectué une prévision par la méthode X11-ARIMA avec les mêmes données que celles qui apparaissent dans le tableau 7.7 (les arrivées des touristes dans une ville européenne). Dans le tableau 7.8, nous présentons la comparaison des prévisions obtenues par les deux méthodes. Dans la colonne 2 du tableau 7.8, nous avons les arrivées

Tableau 7.8

LA PRÉVISION DES ARRIVÉES DES TOURISTES DANS UNE VILLE EUROPÉENNE, PAR MOIS ; LA COMPARAISON DES PRÉVISIONS D'UN MODÈLE BOX-JENKINS-ARIMA ET D'UN MODÈLE X11-ARIMA

Mois/Années	Arrivées	Box-Jenkins ARIMA (2, 1, 0) (0, 0, 0)	X11-ARIMA (0, 1, 1) (0, 1, 1)
Janvier 2004	117 807	118 123	–
Février 2004	112 006	114 295	–
Mars 2004	126 581	128 466	–
Avril 2004	128 055	130 520	–
Mai 2004	137 766	136 152	–
Juin 2004	132 696	131 564	–
Juillet 2004	133 081	132 153	–
Août 2004	136 404	138 712	–
Septembre 2004	136 990	130 850	–
Octobre 2004	135 400	135 581	–
Novembre 2004	133 134	137 042	–
Décembre 2004	163 838	158 070	–
Janvier 2005	–	126 058	124 280
Février 2005	–	118 761	119 470
Mars 2005	–	135 633	134 926
Avril 2005	–	136 396	136 710
Mai 2005	–	145 682	146 017
Juin 2005	–	141 152	141 367
Juillet 2005	–	141 422	141 234
Août 2005	–	144 640	145 334
Septembre 2005	–	145 361	143 093
Octobre 2005	–	143 766	143 294
Novembre 2005	–	141 485	142 944
Décembre 2005	–	172 232	172 143

observées pour la dernière année ; dans la colonne 3, nous avons les prévisions générées par la méthode Box-Jenkins ARIMA et dans la colonne 4, les prévisions issues de la méthode X11-ARIMA.

Dans la figure 7.8, nous présentons les mêmes données qui apparaissent dans le tableau 7.8.

On peut remarquer qu'il y a très peu de différences entre les prévisions émises par les deux méthodes.

À notre avis, la méthode X11-ARIMA est plus facile à utiliser et donne de meilleures informations que la méthode Box-Jenkins ARIMA. Selon S. Wheelwright et S. Makridakis : « [...] cette méthode a subi le test répété de centaines de milliers de séries, la validité et la précision des résultats ont été prouvées, non pas théoriquement (comme dans les méthodes mathématiques sophistiquées de prévision), mais empiriquement[34]. »

Figure 7.8

LES ARRIVÉES DES TOURISTES DANS UNE VILLE EUROPÉENNE, PAR MOIS ; COMPARAISON DES PRÉVISIONS AVEC DEUX MODÈLES ARIMA : BOX-JENKINS ARIMA ET X11-ARIMA

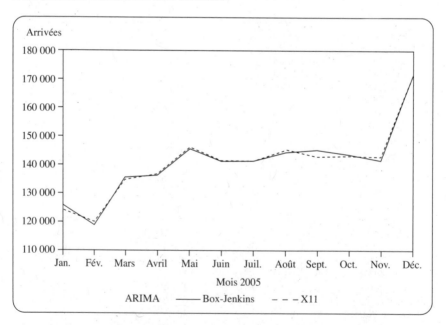

---

34.   S. WHEELWRIGHT et S. MAKRIDAKIS (1983), *Méthodes de prévision pour la gestion*, Paris, Les Éditions d'Organisation, p. 147.

* * *

Nous avons vu dans ce dernier chapitre des méthodes de prévision plus complexes qui tentent de tenir compte d'un plus grand nombre de facteurs. Malgré tout, elles restent des méthodes empiriques dont la base épistémologique est sensiblement la même que celles des autres méthodes présentées dans les premiers chapitres. L'hypothèse centrale est que si nous arrivons à bien cerner les variables qui déterminent le passé, nous pouvons, sous certaines conditions (les fameux tests) projeter ces fameuses variables dans l'avenir.

Les méthodes de prévision à long terme
La prospective

Ce chapitre constitue la seconde partie de cet ouvrage consacré à la prévision-prospective en tourisme. Il s'intéresse au volet qualitatif de la construction de l'avenir, mais s'alimente de la démarche quantitative préalable. Nous croyons en effet qu'en l'absence de données quantitatives il devient très difficile de structurer et de baliser la démarche prospective. C'est pour cette raison que nous avons choisi d'approfondir les premières et de terminer par la seconde. Nous verrons dans ce chapitre comment s'articule la méthode prospective et, à l'aide d'exemples, son utilisation dans la compréhension de l'avenir de phénomènes sociaux et touristiques.

1. LES ÉLÉMENTS DE LA RECHERCHE PROSPECTIVE

Nous savons que l'avenir n'existe pas, que le futur n'est pas univoque mais plutôt modelable, donc réalisable au sens propre. La prévision-prospective, en s'intéressant aux événements du passé qui s'articulent et se reproduisent sous la forme d'une tendance lourde, permet d'anticiper le cours des choses et donne les moyens de construire l'avenir plutôt que de le subir. Comme le souligne à juste titre Michel Godet : « Trop souvent, les médias nous présentent l'actualité comme une fin et non pas un moyen de déceler que sous l'apparence de nouveauté les événements ponctuels sont souvent un leurre[1]. »

Nous avons abordé les théories et méthodes prévisionnelles comme moyen d'identifier des tendances lourdes et projeter leur mouvement dans le moyen terme. Cette démarche s'inscrit dans la volonté d'obtenir des « faits scientifiques » au sens de Gaston Bachelard, de façon à se dégager des intuitions et de la fiction. La démarche prospective, en contribuant à mieux saisir l'environnement dans lequel nous évoluons, permet d'explorer les futurs possibles (les futuribles)[2], c'est-à-dire ce qui pourrait changer, comment il pourrait changer et les stratégies à mettre de l'avant pour éviter ou réaliser ce changement.

Comme nous l'avons évoqué au premier chapitre, la prévision et la prospective ne sont pas, dans notre perspective, des approches antinomiques dans l'appréhension du futur. Ces deux formes de connaissance se complètent et favorisent la complémentarité entre les dimensions quantitatives et qualitatives de la recherche sur l'avenir puisque l'objectif est le même : réduire les incertitudes. Dans le long terme, la prévision se confond à la prospective. Ainsi, « Entre prévision et prospective il ne s'agit pas d'indifférence ou de duel, mais de dialogue. La méthode prospective permet d'approfondir la prévision en mettant en question les hypothèses d'invariance et en introduisant une exigence de cohérence globale. La quantification à laquelle aboutit la prévision peut être un point de départ pour la prospective[3]. »

---

1.   M. GODET (1991), *L'avenir autrement*, Paris, Armand Colin, p. 8.
2.   Voir à ce sujet le périodique *Futuribles. Analyse et prospective*, en particulier l'article de H. DE JOUVENEL (1999), « L'anticipation pour l'action », *Futuribles. Analyse et prospective*, hors série, janvier, p. 11-17.
3.   C. GOUX (1969), *L'horizon prévisionnel*, Paris, Éditions Cujas, p. 77.

Si la prévision et la prospective partagent le même objectif, elles se distinguent essentiellement par leur démarche. La première utilise des variables quantitatives (les nuitées dans un hôtel, les arrivées de touristes dans un pays, etc.) et s'appuie sur des méthodes utilisant un système d'équations mathématiques qui tentent de résumer le passé avant de le reproduire de façon plus ou moins mécaniste, à condition que « tout soit égal par ailleurs » (chapitre 4). Dans ces conditions, les fluctuations sont perçues comme étant statistiquement négligeables à long terme.

Dans un contexte où « rien n'est égal par ailleurs », la complexité de notre environnement ne nous permet pas de nous limiter à une vision linéaire des choses. À l'aide de l'analyse systémique, la prospective s'intéressera à la dimension du temps long pour appréhender l'ensemble des éléments, quantitatifs et qualitatifs, les discontinuités et les ruptures qui peuvent remettre en cause le cours des tendances identifiées par la prévision. Cette démarche mènera à la mise en forme de scénarios qui tenteront de résumer et de comprendre, parmi les évolutions possibles, lesquelles sont probables et souhaitables. Schématiquement, quatre types de situations peuvent être définies :

Tableau 8.1

LA TYPOLOGIE DES SITUATIONS POSSIBLES DANS L'ANALYSE PROSPECTIVE

		Situations souhaitables	
		oui	*non*
Situations probables	**oui**	1	2
	non	3	4

Dans le cas 1 nous avons les phénomènes à la fois souhaitables et probables, il n'y a donc ici aucun problème. Dans le cas 2 nous avons une situation probable mais non souhaitable ; dans le cas 3 une situation peu probable mais qui serait souhaitable. Ce sont ces deux derniers cas qui exigent des actions normatives de la part des décideurs du secteur privé ou du secteur public. Le cas 4 regroupe les situations non probables et aussi non souhaitables. Ce dernier cas représente les situations où l'aléatoire est roi, ce sont souvent des situations de rupture violente avec le passé et aussi de rupture « naturelle » comme les catastrophes ou cataclysmes.

Afin d'illustrer les différentes situations possibles, nous utiliserons comme référence le rapport intitulé *Les risques émergents du XXIe siècle. Vers un programme d'action*[4], de l'OCDE, publié en 2003. Ce rapport présente une analyse des risques émergents dont la nature, la portée et les effets ont considérablement changé au cours de la dernière décennie (terrorisme, maladies infectieuses, catastrophes naturelles, sécurité alimentaire, etc.)

Cas 1 : « les avancées en matière de technologie de nouvelle génération (biotechnologies, robotique, xénotransplantation, nanotechnologies, etc.) représentent un potentiel de transformation des êtres humains et de leur environnement probablement sans précédent. » Ces nouvelles technologies devraient permettre de répondre aux besoins présents et futurs de la population mondiale qui devrait s'accroître de 50 % au cours du demi-siècle à venir.

Cas 2 : L'augmentation de la population mondiale qui devrait atteindre 9,3 milliards d'individus en 2050 va aggraver les diverses contraintes imposées à l'environnement (dégradation des réserves d'eau douce, réduction de la biodiversité, etc.). L'évolution démographique va également amplifier les flux migratoires et l'émergence d'une urbanisation intensive.

Cas 3 : Les technologies de nouvelle génération devraient apporter des solutions durables dans le domaine de la santé (l'éradication de toutes les maladies infectieuses actuelles ou futures), l'utilisation des ressources énergétiques (vulgarisation et nouveaux procédés de production d'énergie propre), les besoins alimentaires des populations des pays en voie de développement (cultures OGM qui soient capables de survivre dans un environnement climatique défavorable), etc.

Cas 4 : Les aléas climatiques et les catastrophes naturelles (inondations, tempêtes, tremblements de terre, etc.) sont des événements difficiles à prévoir dans l'analyse prospective. Toutefois, il est de plus en plus reconnu que le réchauffement climatique pourrait être responsable du surcroît global de précipitations et une hausse de la fréquence des conditions climatiques extrêmes dans de nombreuses régions du monde.

---

4.   OCDE (2003), *Les risques émergents au XXIe siècle*, Paris, OCDE.

La prospective aura donc une fonction normative parce qu'elle suppose qu'à partir des prévisions qui ont été faites, des actions seront menées pour donner une « mesure » à l'avenir. Cette aide apparaîtra[5] :

- dans la clarification des objectifs ;
- dans une meilleure connaissance des blocages organisationnels ;
- dans une mise à jour des modèles et des valeurs de l'entreprise (ou de la société) ;
- dans la formulation d'une stratégie générale ;
- dans l'élaboration de différents scénarios de développement.

La prospective touristique aura donc un rôle important au niveau de l'aménagement, de la définition de nouveaux produits et de la diversification des marchés. Elle devra tenir compte d'éléments laissés de côté par la prévision quantitative et pourra intégrer aux scénarios ces dimensions oubliées :

- les contraintes historiques ;
- les aspects géographiques et écologiques ;
- les dimensions sociales et politiques ;
- l'évolution des valeurs et des modèles de comportements dans le domaine du tourisme.

1.1. BREF HISTORIQUE DE LA PROSPECTIVE

La volonté de se soustraire aux contingences de l'avenir, comme le propose la prévision-prospective, ne date pas d'hier. L'objectif de ce chapitre n'étant pas de présenter un historique complet de la prospective, il importe cependant d'identifier les principaux facteurs ayant présidé à l'émergence de cette discipline.

Fabrice Hatem[6] et Michel Godet[7] passent en revue ce qui, en Europe et en Amérique du Nord du moins, aurait contribué à institutionnaliser la demande d'analyse prospective depuis la fin de la Seconde Guerre mondiale. Avant même que Gaston Berger ne donne à la prospective le sens qu'on lui connaît aujourd'hui, les premières analyses de ce genre ont

---

5. C. DUPONT (1971), *Prévisions à long terme et stratégies*, Paris, Dunod, p. 114.
6. F. HATEM avec la collaboration de B. CAZES et F. ROUBELAT (1993), *La Prospective. Pratiques et méthodes*, Paris, Économica.
7. M. GODET (1991), *op. cit.*

d'abord été le résultat de demandes politiques et économiques. Le groupe d'experts de la *Commission Paley*, créée par le président Truman en 1951, est identifié comme une première du genre. À l'époque où la Guerre de Corée se préparait, cette commission était chargée de situer dans le long terme le boom des produits de base en évaluant quels seraient les besoins et les ressources en matières premières des États-Unis en 1975. De la même façon, en France, la publication en 1964 de *Réflexions pour 1985* constitue une des premières utilisations explicites de l'analyse prospective qui décelait déjà la montée internationale du Japon et la révolution technologique. Ce genre de rapport a débouché sur des images optimistes ou pessimistes de l'avenir, la prospective n'étant de toute façon pas un méthode objective, même si elle a gagné en rigueur depuis les cinquante dernières années.

C'est ainsi que depuis les années 1960 se succèdent les publications des courants optimistes, dont l'ouvrage de Herman Kahn et Anthony Weiner en 1967 sur l'an 2000 a marqué l'envol. On présentait alors la croissance économique et démographique comme étant non seulement inévitable mais aussi souhaitable. *A contrario*, la fondation du *Club de Rome* en 1968 et notamment la publication en 1972 du rapport *Halte à la croissance* de Meadows ont créé les assises d'un courant plus pessimiste de la prospective. Dans un sens comme dans l'autre, la démarche s'inspire de ce que Gaston Berger[8] a identifié comme composantes fondamentales de la méthode :

- l'avenir dessiné par les tendances lourdes peut à tout moment se transformer au contact de certaines discontinuités (technologie, etc.) ;

- l'avenir n'est pas prédéterminé mais ouvert, l'essentiel n'étant pas de le deviner mais bien de le construire.

Dans le contexte de notre ouvrage et dans l'esprit d'une complémentarité avec la démarche prévisionnelle, nous serons d'accord avec Michel Godet pour qui « l'objet de la prospective est double, il comprend d'une part une phase exploratoire de " prévision " et d'autre part une phase normative de " rétrovision ". La prospective a pour but de préparer l'avenir retenu comme objectif (c'est-à-dire un souhaitable réalisable)[9]. »

---

8. Voir G. BERGER (1967), *Recueil de textes*, *Étapes de la prospective*, Paris, Presses universitaires de France.

9. M. GODET (1977), *Crise de la prévision, essor de la prospective*, Paris, Presses universitaires de France, p. 51.

Il ajoute à cette définition que la prospective exploratoire « [...] est un panorama des futurs possibles (futuribles), c'est-à-dire des scénarios non improbables, compte tenu du poids des déterminismes du passé et de la confrontation des projets d'acteurs. Chaque scénario (jeu d'hypothèses cohérent) de la prospective peut faire l'objet d'une appréciation chiffrée, c'est-à-dire d'une prévision[10]. » La prospective repose donc sur trois principes :

- elle implique une image globale de l'évolution des sociétés. En ce sens, elle « ratisse » plus large que la prévision. Cette démarche suppose la prise en charge de dimensions non seulement économiques mais sociales et politiques ;
- l'analyse de l'évolution doit tenir compte de l'action humaine, de l'idéologie des acteurs, des valeurs qu'ils véhiculent, de leur vision du monde, etc. ;
- la prospective doit mener à des objectifs viables pour l'ensemble de la société ou de l'organisation. Elle doit s'interroger sur les possibilités de cohabitation de ces divers objectifs et en proposer une synthèse.

La prospective doit aussi déboucher sur la planification stratégique. Celle-ci va plus loin que fixer des objectifs et tente de voir comment les objectifs peuvent être réalisés à partir de certains moyens d'action. Ces moyens d'action sont définis en fonction d'une analyse approfondie des acteurs du système. L'élaboration de stratégies à partir de prévisions et de scénarios doit prendre en compte l'étude des relations entre les acteurs impliqués dans le problème traité. Le choix des options stratégiques ne peut se faire sans cette connaissance préalable et nous verrons aux sections suivantes comment s'articulent certains de ces éléments.

Michel Godet présente la relation entre prospective (exploration) et stratégie (préparation à l'action) à partir de cinq questions fondamentales que nous reprenons ici[11] :

- Qui suis-je ?
- Que peut-il advenir ?
- Que puis-je faire ?
- Que vais-je faire ?
- Comment le faire ?

10. M. GODET (1985), *Prospective et planification stratégique*, Paris, Économica, p. 31.
11. M. GODET (1997), *Manuel de prospective stratégique*, tome 1 : une indiscipline intellectuelle, Paris, Dunod.

La première question est préalable à toute réflexion sur l'avenir. Si l'entreprise n'est pas en mesure de situer ses moyens d'actions face aux phénomènes qui préoccupent ses dirigeants, il devient très difficile de répondre aux questions suivantes. C'est sur la seconde question que repose l'analyse prospective telle que nous l'avons présentée. La prospective devient stratégique lorsqu'on se demande au sein de l'entreprise « que puis-je faire ? ». La stratégie s'amorce sur cette question pour s'engager dans l'action avec les deux questions suivantes, soit « que vais-je faire ? » et « comment le faire ? ». Ces questions permettent de saisir plus claire-ment la dialectique qui existe entre prospective et stratégie en guidant le gestionnaire dans l'articulation de sa réflexion sur l'avenir.

Mais avant d'en arriver à planifier l'action, la connaissance des objectifs principaux des acteurs et des moyens dont ils disposent doit permettre une analyse très poussée des interrelations entre les principaux intervenants du système. Par exemple, l'évaluation des politiques touris-tiques dans une région donnée pourra dépendre des différentes associa-tions professionnelles (hôteliers, restaurateurs, etc.), des groupes de pression (Chambre de commerce, syndicats) mais aussi d'autres groupes impliqués plus ou moins directement dans le développement touristique (associations de consommateurs, groupes centrés sur la défense écolo-gique, etc.).

Au-delà des prévisions des ventes, des prévisions financières, de l'intuition et de l'expérience des gestionnaires, les acteurs de l'industrie touristique ne semblent pas être suffisamment sensibilisés à l'importance d'anticiper les changements de leur environnement pour éviter de les subir. En ce sens, les acteurs de l'industrie touristique s'inscrivent géné-ralement dans la catégorie des « réactifs » présentée au tableau 8.2. Au Canada, seuls quelques organismes publics comme Tourisme Québec, Tourisme Montréal, la Commission canadienne du tourisme ou Industrie Canada et quelques grandes entreprises (transporteurs aériens, chaînes hôtelières) ont développé une utilisation plus ou moins approfondie et systématique des méthodes prévisionnelles et prospectives en tourisme[12].

---

12. Voir notamment Tourisme Montréal (1999), *Le tourisme au 21ᵉ siècle : les principales tendances sociales et démographiques, Orientations stratégiques 2000 – 2005*, Direction de la recherche, 11 mars ; Canadian Tourism Research Institute (1997), *Travel Forecast 2000 : Twenty-One Questions for the 21st Century*, July.

Tableau 8.2

LA TYPOLOGIE DES ATTITUDES FACE À L'AVENIR

Passive	Subir le changement. Stéréotype : l'autruche.
Réactive	Attendre que le problème éclate avant d'intervenir. Stéréotype : le pompier.
Préactive	Se préparer aux changements prévisibles en sachant que la réparation coûte plus cher que la prévention. Stéréotype : l'assureur.
Proactive	Agir pour provoquer les changements souhaités. Stéréotype : conspirateur.

Source : M. GODET (1997), *Manuel de prospective stratégique*, Paris, Dunod.

D'autres organisations, en dehors du secteur du tourisme, intègrent également les méthodes de la prévision et prospective dans le cadre de leur mission et de leurs activités.

À titre d'exemple, l'UNESCO s'est dotée d'un organe consultatif en matière de prospective depuis 1999 (Le Conseil du Futur) ainsi que l'organisation des *Entretiens et Dialogues du XXIe siècle* lui permettant d'assurer sa fonction de veille qui fait partie intégrante de son mandat de coopération intellectuelle[13].

Dans le secteur privé et semi-privé (particulièrement en France), malgré une existence encore marginale, des cellules et services dédiés à la prospective ont été créés afin d'en tenir compte dans la planification stratégique des grandes entreprises (EDF, ELF, SNCF, etc.)[14].

Dans une vision de stratégie globale de l'entreprise, Michel Godet et Marc Giget établissent le pont entre la démarche prospective et la planification stratégique de l'entreprise par le biais d'une approche intégrée comprenant les outils d'évaluation « classiques » (tels que l'arbre des compétences, le diagnostic stratégique, l'analyse SWOT[15], etc.) et les outils de prospective (analyse structurelle, méthode Mactor, analyse morphologique, les impacts croisés probabilistes, etc.)[16].

---

13. UNESCO (1999), *Un monde nouveau*, Éditions de l'Unesco / Éditions Odile Jacob. UNESCO (2000), *Les clés du XXIe siècle*, Éditions du Seuil / Éditions de l'Unesco. UNESCO (2004), *Où sont les valeurs ?*, Éditions Albin Michel / Éditions de l'Unesco.

14. GODET, Michel et F. ROUBELAT (1994), *Prospective de la prospective d'entreprise*, Revue française de gestion, n° 100, septembre.

15. SWOT – Strenght, Weakness, Opportunities, Threats (forces, faiblesses, opportunités et menaces).

16. GODET, Michel (2001), *De la rigueur pour une indiscipline intellectuelle*, Prospective stratégique d'entreprise, Dunod, 2e édition.

2. L'ÉTUDE CRITIQUE DES TENDANCES

La démarche prospective vise, nous l'avons dit, à « éprouver » à travers le prisme de la contingence humaine, les résultats obtenus par les méthodes prévisionnelles. Il s'agit d'identifier et de qualifier les éléments qui auront un impact positif ou négatif pour le phénomène étudié en s'inspirant de l'environnement systémique pour y arriver. Bien qu'il existe plusieurs façons d'identifier et de qualifier les variables d'un système et leur relation dans le cadre d'une analyse prospective, nous présenterons dans cette section une démarche simplifiée qui permettra au lecteur de pouvoir rapidement et systématiquement structurer sa réflexion sur l'avenir.

2.1. LA DÉMARCHE DE L'ANALYSE PROSPECTIVE

Dans la section 4 du chapitre 1 de ce livre, nous avons présenté les différentes étapes de la prévision-prospective. Parmi ces étapes, la cinquième consiste en l'analyse prospective elle-même, c'est-à-dire l'identification de facteurs structurants et déstructurants spécifiques au problème traité et vise à déterminer lesquels sont et seront dominants dans les prochaines années. Cette étape s'appuie sur deux principales phases sous-jacentes à la démarche :

- comprendre de façon critique la complexité du présent (les éléments dominants qui l'influence) ;
- analyser de façon détaillée les contraintes que peut révéler l'avenir, les ruptures qui peuvent remettre en cause les idées reçues ou éclairer les tendances actuelles.

Par l'analyse prospective, on cherche à identifier dans un système ses éléments constitutifs d'une part et, d'autre part, les relations dialectiques (dynamiques) qui existent entre ces éléments. La complexité du présent peut difficilement se saisir à partir de l'analyse statistique seule. La société humaine relève en effet d'un niveau de complexité qui dépasse largement le caractère homogène et la relation de nature linéaire utilisée par les méthodes quantitatives. L'approche systémique permet d'aborder des problématiques qui réunissent une grande diversité d'éléments évoluant chacun selon leur rythme, qui dépend lui-même de la relation avec les autres éléments. La démarche prospective s'appuie donc sur le système comme environnement méthodologique et sur le structuralisme pour l'analyse de ce système.

La notion de système tire son origine de Ludwig Von Bertallanfy qui la formalisa le premier en 1968. On peu présenter de façon simplifiée un système comme étant composé des éléments suivants :

- une série de variables, qui peuvent être matérielles (arrivées de touristes, nuitées, etc.) ou abstraites (institutions, nouvelles orientations d'une politique sectorielle, valeurs, etc.) ou prendre la forme d'événements (crises économique, sociale ou politique, etc.). Ces variables peuvent être conjoncturelles (variables dominantes dans le court terme), tendancielles (variables dominantes dans le moyen terme comme la production industrielle) ou structurelles (variables dominantes dans le long terme comme la démographie) ;
- un ensemble de relations qui unissent et opposent ces variables.

Les variables qui composent un système peuvent donc être de nature quantitative ou qualitative, ce qui milite une fois de plus en faveur d'une complémentarité de la prévision et de la prospective. Puisque le système est par définition un environnement dynamique, complexe et global, les relations entre les éléments d'un système se traduiront par deux types d'effets :

- la modification de certaines caractéristiques quantitatives ;
- l'apparition ou la disparition de caractéristiques qualitatives.

Comme le pose Guy Poquet : « la complexité apparaît donc comme l'incapacité de décrire tout le système et de déduire son fonctionnement à partir de la connaissance de ses éléments puisque, non seulement le tout est différent de la somme des éléments, mais aussi l'évolution de chaque élément dépend du fonctionnement de l'ensemble. »[17] Ces conditions nous montrent qu'un élément n'existe ou ne se définit que par les relations qu'il entretient avec les autres. On comprend donc que chaque variable d'un système peut se définir de plusieurs façons et résulte de la construction intellectuelle d'un observateur qui considère un ensemble d'éléments et les organise en système, c'est-à-dire qu'il les met en interaction, en fonction de sa subjectivité. Le système apparaît donc comme un outil que le chercheur se donne pour regarder et comprendre la réalité.

---

17.   G. POQUET (1987), *Méthodes et outils de la prospective, Vers l'an 2000... et après ?*, supplément aux Cahiers Français, n° 232, juillet-septembre.

Les grandes organisations telles que l'OCDE ont recours à l'analyse systémique dans leur analyse prospective. Ainsi, l'organisation affirme dans son rapport sur les risques émergents au XXIe siècle[18], que « la complexité du monde moderne impose une vision holistique des risques systémiques émergents, qui tente d'appréhender les interdépendances et interactions entre forces de changement, entre aléas, et entre systèmes, et qui reflète l'importance croissante de la dimension internationale dans la gestion des risques. »

2.2. LE CONTENU DE L'ANALYSE PROSPECTIVE

Si l'analyse prospective s'appuie sur la notion de système comme environnement méthodologique, elle utilise l'analyse structurelle pour en identifier le contenu, à partir des trois étapes successives suivantes[19] :

- identifier les composantes du système et les relations entre ces composantes ;
- exposer le fonctionnement du système et en déterminer les variables clés (tendances lourdes et variables de ruptures) ;
- esquisser les évolutions du système.

Cette démarche est inspirée des travaux de Jay Forester dans les années 1960 sur la modélisation de la dynamique industrielle, repris par Wanty et Federwish avec leurs modèles globaux d'économie d'entreprise qui portaient sur la survie à long terme des entreprises de transport aérien. À partir des années 1970 Michel Godet et Jean-Claude Duperrin poursuivront dans la foulée des travaux précédents pour développer le programme MICMAC (Matrice d'impacts croisés, Multiplication appliquée à un croisement) qui inspirera le plan influence/dépendance que nous appliquerons pour faire l'analyse structurelle d'un système.

Pour aller encore plus loin dans la compréhension des relations entre les composantes d'un système en s'intéressant aux jeux d'acteurs, le lecteur pourra utiliser le *tablier des pouvoirs* développé par Pierre-Frédéric Ténière-Buchot[20] et MACTOR, présentée par Michel Godet[21] au début des années 1990 comme des méthodes permettant de visualiser de façon

---

18.   OCDE (2003), *op. cit.*, OCDE.
19.   Voir : F. HATEM (1993), *op. cit.*, p. 252 et suivantes.
20.   P.-F. TÉNIÈRE-BUCHOT (1989), *L'ABC du Pouvoir*, Paris, Les Éditions d'Organisation.
21.   M. GODET (1991), *De l'anticipation à l'action. Manuel de prospective stratégique*, Paris, Dunod.

synthétique les convergences et divergences entre acteurs face à une série d'objectifs et révéler leurs rapports de force. Ces deux dernières méthodes ne seront pas abordées dans ce chapitre[22]. La boîte à outils de la prospective stratégique Michel Godet présente une synthèse des méthodes couramment utilisées dans le cadre de l'analyse prospective[23].

Dans notre perspective, la première étape de l'analyse prospective consiste à « comprendre le présent » et doit être abordée selon trois niveaux de lecture différents et complémentaires[24] :

- l'appréhension. Elle consiste à délimiter les frontières du système dans lequel s'insère le phénomène que l'on veut étudier (arrivées de touristes s'insèrent dans l'industrie touristique, qui s'insère dans l'évolution de l'économie et de la société en général). Pour faire la prospective d'un phénomène particulier, il est essentiel de considérer le système plus large auquel il appartient ;

- la compréhension. Elle permet de repérer la structure du système, c'est-à-dire déterminer toutes les variables qui caractérisent ce système et toutes les relations qui existent entre ces variables. Il s'agit d'identifier les tendances lourdes, les sous-tendances, les facteurs structurants, les faits prospectifs du présent, les facteurs déstructurants et les faits porteurs d'avenir ;

- l'explication. Elle vise à identifier parmi les variables retenues, celles qui sont motrices et celles qui sont dépendantes, afin de comprendre comment le système peut évoluer dans le temps. C'est l'interprétation des structures du système qui débouche sur l'élaboration de scénarios.

Anticiper le changement, et par là même compléter la problématique et la compréhension de la situation présente, consiste à identifier les tendances bien établies, appelées tendances lourdes, les tendances qui sont en émergence et les faits porteurs d'avenir (que l'on peut tous appeler des faits prospectifs). Cette identification faite, on tente de déterminer les cours plus ou moins probables, mais cependant possibles, de ces tendances et faits porteurs d'avenir.

---

22. Pour une synthèse de ces méthodes, voir : F. ROUBELAT (1993), « L'analyse des jeux d'acteurs », dans F. HATEM, *La prospective, pratique et méthodes*, Paris, Économica, p. 265-278.

23. M. GODET (2004), « La boîte à outils de la prospective stratégique », Cahier du LIPSOR, 5e édition, mise à jour, juin.

24. Voir : G. POQUET, *loc. cit.*

La tendance lourde

Une tendance lourde est un mouvement observable dans le long terme qui affecte un phénomène de telle manière que l'on puisse envisager avec une certitude raisonnable son évolution dans le temps. Ainsi, on peut dire qu'une tendance lourde représente le futur le plus probable... si rien ne vient la contrarier. Il s'agit, dans cette première étape, d'essayer de dégager des prévisions chiffrées quelle est (ou quelles sont) la tendance lourde de l'évolution du phénomène étudié. Les taux d'accroissement et les courbes de tendances permettent généralement de déduire la tendance principale de la série temporelle (voir les chapitres 2, 3 et 4). La projection de cette tendance dans le moyen et le long terme permet d'établir un diagnostic quantitatif sur l'évolution probable du phénomène. Il s'agit d'interpréter cette évolution en termes de croissance, de forme et de direction que prend cette tendance lourde.

L'Organisation de coopération et de développement économique (OCDE) est un organisme international dont le rôle est justement de réfléchir sur l'évolution de l'économie mondiale et d'anticiper son impact sur les pays membres. Son rapport intitulé *Le Monde en 2020. Vers une nouvelle ère mondiale*[25] présente des tendances, des variables clés structurantes et déstructurantes, en plus de mettre en place des objectifs qui se traduiront éventuellement en scénarios. L'identification de la tendance lourde dans ce contexte réside dans « l'acceptation de plus en plus répandue des institutions démocratiques et du développement économique fondé sur les mécanismes du marché[26]. » Ce double énoncé est quantifiable et correspond à une tendance mondiale qui s'est accélérée sur le plan économique au début des années 1980 avec l'arrivée au pouvoir de Ronald Reagan aux États-Unis et de Margaret Tatcher au Royaume-Uni. Cet énoncé répond donc à la définition que nous avons donnée à la tendance lourde. Le rapport de l'organisation sur *Les risques émergents au XXIe siècle. Vers un programme d'action*. Ce rapport ne remet pas en question les scénarios présentés dans le rapport *Le monde en 2020*, mais présente une analyse contrastée par le biais d'une vision globale des risques émergents qui pourraient bouleversés les tendances lourdes à moyen et long termes.

---

25. OCDE (1997), *Le Monde en 2020. Vers une nouvelle ère mondiale*, Paris.
26. *Ibid.*, p. 11.

Dans ce rapport, plusieurs tendances lourdes ont été identifiées :

1. l'évolution démographique qui se traduirait par un accroissement de la population mondiale de 50 % au cours du demi-siècle à venir ;

2. le réchauffement climatique devrait se poursuivre ;

3. les frontières de la science et de la technologie devraient continuer à reculer à une vitesse vertigineuse ;

4. la concurrence et le changement technique et technologique conduiront à une forte concentration et une augmentation des échelles de production dans certains secteurs de l'économie.

Ces 4 tendances lourdes viennent influencer la tendance principale qui est à l'étude dans le rapport, à savoir, *le changement graduel de la nature des risques systémiques majeurs qui semblent s'être accrus au cours des dernières décennies et la capacité des sociétés à y faire face*.

En tourisme, les méthodes prévisionnelle et prospective sont systématiquement utilisées par l'Organisation mondiale du tourisme (OMT). Dans son rapport *Tourism : 2020 Vision. Influences, Directional Flows and Key Trends*[27], l'OMT s'inscrit dans une démarche prospective qui répond à l'essentiel de ce que nous avons décrit précédemment. Le point de départ de son analyse réside dans la prévision de 1,6 milliard d'arrivées de touristes étrangers à travers le monde en 2020 qui dépenseraient un montant égal à 3 000 milliards de dollars américains. En tenant compte de la conjoncture économique et politique des dernières années, l'OMT maintient ses prévisions malgré la faiblesse de la croissance des arrivées au début de la décennie 2000. Toutefois, l'horizon 2020 est trop éloigné et le tourisme, un secteur trop fragile (le cas du SRAS au Canada a fait chuter de 12,6 % les arrivées touristiques internationales en Colombie-Britannique en 2003[28]) pour se fier aux strictes projections mécanistes qui, dans le cas du tourisme mondial du moins, ne peuvent mener qu'à une croissance continue des arrivées[29].

---

27. WORLD TOURISM ORGANIZATION (1997), *Tourism : 2020 Vision. Influences, Directional Flows and Key Trends*, Madrid.

28. Tourism Industry Monitor, annual 2003, BC Stats, Ministry of Management Services.

29. Au niveau mondial, la baisse des arrivées dans une région est généralement compensée par la hausse des arrivées dans une autre région. Pour d'autres exemples d'analyse prospective, voir notamment : M.-C. KOVACSHAZY (1998), *Le tourisme des seniors en 2010, Futuribles*, n° 233, juillet-août ; Groupe de prospective présidé par Jean VIARD (1998), *Réinventer les vacances. La nouvelle galaxie du tourisme*, La Documentation française, avril ; Tourisme Montréal (1999), *Le tourisme au 21e siècle : les principales tendances sociales et démographiques*, Direction de la recherche, 11 mars.

Les sous-tendances

Cette tendance est celle qu'on croit pouvoir discerner en raison d'un certain nombre de faits convergents. Elle n'est cependant pas bien établie, beaucoup de facteurs peuvent encore la faire avorter, c'est-à-dire que son degré de réalisation est beaucoup moins assuré que dans le cas d'une tendance lourde. Les sous-tendances sont les conséquences immédiates et spécifiques de l'évolution de la tendance lourde. Par exemple, si la tendance lourde correspond à un accroissement substantiel des touristes sur un site ou dans une région touristique comme l'OMT le présente pour l'Asie de l'Est, les sous-tendances (les effets) porteront sur :

- les capacités d'accueil ;
- l'hébergement ;
- la restauration ;
- les activités touristiques ;
- l'animation, etc.

Les sous-tendances tentent de dégager toutes les implications (quantitatives et qualitatives) de la tendance lourde. Chacune de ces implications doit aussi être évaluée en fonction des autres et selon le type d'impact qu'elle provoque sur le sujet étudié. Dans la perspective de l'OCDE, la démocratisation politique et la libéralisation des échanges économiques contribuent notamment « à une croissance économique soutenue, au relèvement du niveau de vie, à l'élimination de la pauvreté et à la viabilité écologique [sic][30]. » Ces éléments constituent autant de sous-tendances, de conséquences de la tendance lourde énoncée plus haut. Dans le rapport de 2003 sur les risques émergents, l'OCDE présente également plusieurs sous-tendances :

1. les réserves d'eau douce devraient faire l'objet de nouvelles dégradations et la biodiversité devrait se réduire du fait des activités humaines ;

2. les migrations pour des motifs économiques ou en raison de la dégradation de l'environnement pourraient s'intensifier ;

3. un surcroît global de précipitations et une hausse de la fréquence des conditions climatiques extrêmes dans de nombreuses régions du monde devraient se produire ;

4. la connectivité, due aux technologies émergentes et les progrès dans le commerce, le transport et la communication, devrait encore progresser ;

---

30. OCDE (1997), *op. cit.*, p. 11.

5. les inégalités de revenu devraient se maintenir et des poches de pauvreté pourraient persister même dans les pays riches ;

6. Les conditions de gouvernance seront radicalement modifiées par les expériences passées de privatisation et de déréglementation.

Les éléments structurants ou invariants

Les invariants sont des éléments ou des aspects de la tendance lourde qui ne changeront pas (ou peu) dans les prochaines années. On les appelle aussi des facteurs structurants. Ce sont les propriétés stables de la tendance qui vont permettre à celle-ci de se développer « sans surprise ». André-Clément Decouflé définit l'invariant comme « une grandeur, une relation ou propriété qui se conserve au sein d'une transformation de l'ensemble des paramètres constitutifs d'un phénomène donné[31]. » Les facteurs structurants peuvent être endogènes, c'est-à-dire être une partie intrinsèque de la tendance lourde, ou être exogènes, c'est-à-dire extérieurs à cette tendance. Dans ce dernier cas il s'agit de repérer et d'analyser les variables économiques, sociales et politiques qui vont dans le sens de la tendance principale.

Dans l'analyse de l'OCDE, « le développement économique rapide de plusieurs pays non membres, en particulier dans la région de l'Asie et du Pacifique ; l'émergence du Brésil, de la Chine, de l'Inde, de l'Indonésie et de la Russie (les " Cinq grands ") en tant qu'acteurs importants sur la scène mondiale dans les domaines économique, politique et environnemental ; les progrès technologiques rapides, notamment dans les domaines de l'information et des communications ; et l'expansion sans précédent des échanges et des investissements dans le monde entier[32] » sont autant d'éléments qui viennent soutenir et conforter la tendance lourde. Le travail du prospectiviste est de mesurer le degré d'invariance de ces facteurs structurants puisque ce degré d'invariance peut lui-même être « très variable ». Dans le rapport de l'OCDE sur les risques émergents, quelques éléments structurants sont indiqués, tels que :

- les pays en développement, en particulier en Afrique et en Asie, continueront de voir leur population croître à un rythme soutenu (respectivement + 1,2 milliard et 1,8 milliard dans les 50 prochaines années) ;

---

31. A.-C. DECOUFLÉ (1976), *Sociologie de la prévision*, Paris, Presses universitaires de France, p. 27.
32. OCDE (1997), *op. cit.*, p. 11.

- la production industrielle et agricole et les besoins en ressource continueront de croître également pour subvenir aux besoins de la population entraînant des effets proportionnellement élevés sur l'environnement (émission accrue des gaz à effet de serre, pollution et surexploitation des réserves d'eau, tarissement des ressources naturelles, etc.) ;

- les bénéfices découlant des avancées technologiques et techniques continueront d'être inégalement répartis au profit des pays développés et maintiendra les écarts du rythme de développement économique et social entre ces derniers et les pays en développement ;

- le climat de la planète change et continuera de changer, changement qui sera directement lié aux activités humaines.

Dans le domaine du tourisme, la géographie, l'espace et les diverses températures annuelles sont des invariants purs tandis que les revenus personnels disponibles ou certains modes de vie sont ce qu'on peut appeler des invariants plus légers. Il s'agit dans chaque cas de faire des hypothèses d'invariance et de démontrer le niveau ou le degré de stabilité de la variable considérée. Sur le plan global, l'OMT identifie dix déterminants majeurs qui influencent et influenceront les arrivées de touristes internationaux pour les 20 prochaines années. Ce sont les variables clés de l'analyse prospective qui peuvent influencer positivement ou négativement les arrivées[33] :

- l'économie : la croissance économique, l'inflation, le chômage, les taux d'intérêts et le taux de change ont un effet sur le taux de départ en vacances ;

- la technologie : le développement des technologies d'information et des technologies de transport influencent le choix des consommateurs ;

- la politique : la déréglementation, l'allègement des formalités de déplacement des personnes et la stabilité du pays hôte sont autant d'éléments qui ont un impact sur le tourisme ;

- la démographie : l'érosion de la famille traditionnelle (deux parents mariés et deux enfants) dans les pays occidentaux et le vieillissement de la population modifient la demande en tourisme ;

---

33. OMT (1997), *op. cit.*, p. 6-7.

- la globalisation : l'influence croissante des forces du marché sur les sphères politique et sociale contribue à réduire le rôle de l'État ;
- la localisation : les conflits, dans les pays du Sud, entre identité et modernité sont une des conséquences du tourisme ;
- la sensibilité socioenvironnementale : le rôle des médias sur les enjeux environnementaux contribue à influencer la demande en tourisme ;
- l'environnement de travail et les conditions de vie : la réduction de l'espace vital dans les grandes villes du Nord et du Sud ;
- la transformation d'une « économie de services » à une « économie d'expériences » : la préoccupation en tourisme est maintenant d'offrir au consommateur une expérience unique qui le rejoint personnellement ;
- le marketing : l'utilisation des nouvelles technologies pour identifier et communiquer directement avec la clientèle cible.

D'autres variables clés vont également influencer les arrivées des touristes internationaux :

- la restructuration de l'industrie du voyage, en particulier, au sein des transporteurs aériens et de grossistes de voyage avec un accroissement des concentrations entre les différents fournisseurs (influences sur les prix des titres de transport et sur l'offre) ;
- le comportement des touristes internationaux et le choix des destinations sont de plus en plus influencés, voir conditionnés, par le contexte international (instabilité politique, guerre, terrorisme, etc.)
- l'extension du temps de loisir ou le réaménagement des temps de vacances au sein de certains pays émetteurs.

Les faits prospectifs du présent

Les faits prospectifs du présent sont des événements ou des situations appelés à prendre une grande importance dans l'avenir. Ce sont les problèmes actuels qui vont soit conforter la tendance lourde, soit diminuer ou empêcher son développement[34]. Ils doivent avoir un certain lien avec le phénomène étudié (la tendance). Ils peuvent être recherchés au niveau

---

34. Voir à ce sujet : A. TIANO (1974), *La méthode prospective*, Paris, Dunod, p. 18-24.

économique, sociologique ou politique. Ces problèmes contemporains doivent être sélectionnés et hiérarchisés en fonction de la problématique générale de la recherche prévisionnelle et de l'incidence qu'ils peuvent avoir sur les résultats, les conclusions de cette recherche.

Facteurs déstructurants

Un facteur déstructurant correspond à une ou des failles dans la tendance lourde. C'est un élément qui pourra réduire ou changer complètement la tendance de longue durée. Toutes les sortes de crises sont des facteurs déstructurants qui prennent une forme spécifique. La crise se définit comme : « [...] une régression des déterminismes, des stabilités, et des contraintes internes au sein d'un système, toujours donc une progression des désordres, des instabilités, et des aléas. Cela entraîne une progression des incertitudes : la régression des déterminismes entraîne une régression de la prédiction[35]. » Les crises sont multiples[36] et ont un effet multiplicatif. Elles sont dès lors des freins importants au développement « naturel » de la tendance lourde. Les crises sont aussi des signes révélateurs d'une rupture prochaine de cette tendance.

La rupture est une coupure nette de l'évolution « normale » d'une tendance lourde, c'est une soudaine discontinuité dans la lecture d'une évolution : « La rupture est donc à la fois changement de référent et changement de durée, elle se produit dans un " temps " très court, mesuré dans l'ancien temps propre du système considéré[37]. » Cette cassure débouche sur des hypothèses de scénarios radicalement différentes de celles de l'évolution « probable » et « naturelle ». Le travail du prospectiviste consistera, dans cette étape, à faire émerger les crises possibles dans le système et à imaginer, même d'une façon symbolique, une rupture dans l'évolution des phénomènes étudiés. Habituellement la force des facteurs déstructurants laisse présager des contre-tendances déstabilisantes pour la tendance lourde.

Pour l'OCDE, ces possibilités de ruptures sont autant de défis à relever dans la mise en place d'une « Nouvelle ère mondiale » s'appuyant sur la réalisation à long terme de la tendance lourde. Ces défis sont les suivants :

---

35.   E. MORIN (1976), « Pour une crisologie », *Communications*, n° 25, p. 156.
36.   Voir notamment : J.-L. DUFOUR (1996), *Les crises internationales de Pékin – 1900 à Sarajevo – 1995*, Paris, Éditions Complexe.
37.   A. GRAS (1979), *Sociologie des ruptures*, Paris, Presses universitaires de France, p. 163.

- les réactions de rejet face à la libéralisation des échanges (la mondialisation) qu'on accuse d'entretenir le chômage, l'inégalité des revenus et la désindustrialisation ;

- la dénonciation des coûts économiques et sociaux de l'ajustement structurel dans plusieurs pays du Sud qui craignent l'ouverture de leur marché[38] ;

- la pollution et l'utilisation des ressources liées à l'accroissement de l'activité économique.

Dans le cadre du rapport de l'OCDE sur les risques émergents, quelques facteurs déstructurants sont présentés, tels que :

- de fortes oppositions exprimées par différents groupes de pression ou groupes d'intérêt (privés ou publics) aux technologies de nouvelle génération qui touchent directement les êtres humains ou son environnement (clonage, xénotransplantation, produits OGM, etc.)

- les coûts économiques et sociaux trop importants liés à l'exploitation des sources d'énergie « propres » pour répondre efficacement aux besoins de la population mondiale ;

- la volonté politique de certains pays qui se sont engagés dans des réformes réglementaires et des ajustements d'envergure en faveur de la protection de l'environnement.

Les faits porteurs d'avenir

La définition des faits porteurs d'avenir, dans notre approche, est la conclusion de l'analyse prospective. Selon André Tiano : « Les " faits porteurs d'avenir " (FPA) sont ceux qui auront des suites durables et de grande portée sur le problème envisagé. Tous ne sont pas techniques ou scientifiques quand bien même on pensera d'abord à cette catégorie. D'autres sont institutionnels. D'autres enfin se situent au niveau du comportement ou des doctrines[39]. » Les faits porteurs d'avenir sont le résultat du jeu des forces en présence dans l'analyse prospective elle-même. Par exemple si les invariants sont nombreux et bien structurés, si les facteurs déstructurants sont faibles et si les faits prospectifs du présent sont neutres ou inexistants, il y a de très bonnes chances que les faits porteurs d'avenir

---

38. Voir à ce sujet : B. SARRASIN (1999), *Ajustement structurel et lutte contre la pauvreté en Afrique. La Banque mondiale face à la critique*, Paris, L'Harmattan.

39. *Op. cit.*, p. 25.

soient le juste reflet de la tendance lourde et des sous-tendances. Dans le cas contraire, il y a laminage ou rupture plus ou moins drastique de la tendance lourde comme conclusion de l'analyse prospective. Une fois les conclusions bien établies, il faut élaborer des hypothèses qui serviront de base aux différents scénarios. Dans le cas du tourisme, il faut dégager les conséquences immédiates des faits porteurs d'avenir sur ce secteur de l'économie. Nous appellerons ces conséquences des « faits porteurs d'avenir touristique » (FPAT). Par exemple il faut déduire, des faits porteurs d'avenir dans le domaine du transport et de l'énergie, les impacts sur l'industrie touristique. L'étude de ces impacts spécifiques doit être faite par des spécialistes du tourisme.

2.3. LES ÉTAPES DE L'ANALYSE PROSPECTIVE

Pour procéder de façon systématique, l'analyse structurelle d'un système dans le but d'identifier les éléments que nous venons d'aborder, se traduit par :

- un recensement des variables ;
- l'identification des relations entre ces variables ;
- l'isolement des variables clés.

Pour y arriver, le prospectiviste peut consulter des experts du phénomène étudié et constituer ainsi une liste de variables pertinentes. L'utilisation d'experts (connue aussi sous le nom de méthode Delphi) constitue une méthode en soi que nous n'aborderons pas dans ce chapitre. (Pour une application pratique de la méthode Delphi, nous vous invitons à consulter la série d'entrevues *Entretiens et Dialogues du XXIe siècle* menée par l'UNESCO[40]). La liste des variables se traduit le plus souvent comme le résultat d'un *brainstorming*. Il s'agit ensuite d'estimer le niveau de relation entre ces variables, à partir d'une matrice à double entrée qui prend la forme représentée au tableau 8.3.

La relation entre chacune des composantes (variables) du système est exprimée sur une échelle variant de 0 (impact nul) à 4 (impact très fort). Entre ces deux extrêmes, l'impact d'une variable sur une autre sera considéré comme étant très faible (1), faible (2) ou fort (3). Le tableau 8.3 exprime donc une très faible influence de la variable A sur la variable C, une faible influence de la variable B sur la variable A, en plus d'une très

---

40. J. BINDÉ et F.H. SAMPSON (2004), « La prospective : le futur au présent », *Newsletter SHS* (Sciences sociales et humaines), Unesco.

Tableau 8.3

LA MATRICE DES RELATIONS ENTRE LES VARIABLES D'UN SYSTÈME

Relation entre variables	A	B	C	SCORE
A		0	1	1
B	2		0	2
C	1	4		5
SCORE	3	4	1	

Source : Adapté de F. ROUBELAT (1993), « L'analyse structurelle », dans F. HATEM, *La prospective. Pratiques et méthodes*, Paris, Économica, p. 256.

faible influence de C sur A et une influence très forte de C sur B. Pour résumer le caractère influence/dépendance de chaque variable, on pourra construire un indice ou un « score » en ligne (pour le caractère d'influence) et en colonne (pour le caractère de dépendance). Pour les trois variables du tableau 8.3, le score évoluera entre 0 et 8, la variable étant pertinente avec seulement deux variables sur trois. La variable A aura donc un score d'influence de 1 ; B aura un score de 2 et C aura un score de 5. On pourra donc affirmer que la variable motrice de cette matrice est vraisemblablement C puisqu'elle possède le score d'influence le plus élevé. De la même façon, le caractère de dépendance de chacune des variables se lirait comme suit (score par colonne) : 3 pour A ; 4 pour B et 1 pour C. Cette lecture nous permet d'affirmer que c'est la variable B qui possède le caractère de dépendance le plus important.

On comprend que le nombre d'éléments qui composent ce système multipliera le nombre de relations possibles entre eux. Il est clair que l'intensité du lien relève de l'arbitraire du chercheur duquel l'analyse prospective peut difficilement se soustraire. C'est pourquoi il importe, en plus d'identifier l'intensité du lien entre deux variables, de classer les composantes en fonction du rôle qu'elles jouent dans le système, tel que présenté au tableau 8.4.

C'est la qualification des variables qui permettra véritablement de définir le contenu et la structure du système dans lequel s'insère le phénomène étudié et déterminer dans quelle mesure il constitue un environnement stable ou non. C'est notamment à partir des variables motrices que le prospectiviste pourra construire une image plus ou moins claire de l'avenir. À l'opposé, les variables « exclues » constituent autant de faux problèmes qui occultent les véritables enjeux. Ce type d'élément, résultat le plus souvent de campagnes médiatiques, constitue un facteur d'instabilité

Tableau 8.4

LA TYPOLOGIE DES VARIABLES D'UN SYSTÈME

Variables	*Fonction*	*Potentialités*	*Temporalité*
Motrices	Entrée	Forces	Passé
Enjeux	Relais	Menaces-opportunités	Présent
Résultats	Sortie	Faiblesses	Futur
Exclues	Faux problèmes	Sans importance	Instant

Source : Adapté de F. ROUBELAT (1993), « L'analyse structurelle », dans F. HATEM, *La prospective. Pratiques et méthodes*, Paris, Économica, p. 256.

du système, tout comme les variables enjeux d'ailleurs. Le premier est cependant un leurre pour le gestionnaire, dans la mesure où il ne permet pas de clarifier la problématique, au contraire. Le second représente un élément structurant ou déstructurant de la tendance lourde telle que nous l'avons définie précédemment et permet de mieux saisir l'évolution du système dans l'avenir. Enfin, les variables résultats présentent autant de futurs possibles qui prendront éventuellement la forme de scénarios. La représentation graphique du système en fonction du tableau 8.4 prendra la forme suivante :

Figure 8.1

LES VARIABLES SELON L'AXE INFLUENCE/DÉPENDANCE

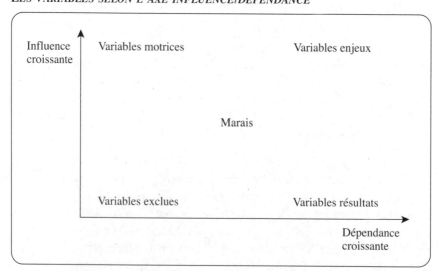

Tiré de F. HATEM, B. CAZES et F. ROUBELAT (1993), *La prospective. Pratiques et méthodes*, Paris, Économica, p. 258.

La stabilité du système dépendra du regroupement des variables autour de leur caractère moteur et des résultats conséquents. L'instabilité proviendra d'une concentration de variables exclues et enjeux, de sorte qu'il devient très difficile de déterminer par la suite son évolution.

3. LA MÉTHODE DES SCÉNARIOS PROSPECTIFS

Une fois l'analyse prospective complétée, l'étape suivante vise à dégager des FPAT des hypothèses (ou une hypothèse) qui serviront de point de départ pour la construction des scénarios. Le scénario peut être défini comme une « combinaison de séquences d'événements ou de phénomènes anticipés ordinairement situées les unes par rapport aux autres dans un double système de relations diachronique et causale, en vue de mettre en évidence les caractères probables d'une évolution donnée à partir d'un certain nombre d'hypothèses relatives aux tendances lourdes de cette évolution[41]. » Les scénarios fournissent une image claire d'un futur probable et des principales étapes pour y parvenir. Dans ces conditions, la construction de scénarios répond à des objectifs assez précis[42] :

- il faut déterminer les éléments déterminants du système à partir de la base des scénarios que constitue l'analyse prospective ;

- il faut aussi tenter d'isoler les acteurs du jeu sociétal, comprendre leurs stratégies et les forces qu'ils utilisent pour faire avancer leurs intérêts particuliers ;

- enfin l'objectif principal de la méthode des scénarios est de construire les scénarios eux-mêmes, c'est-à-dire d'établir les différentes phases pratiques de la réalisation de (ou des) l'hypothèse d'évolution définie au départ.

Le tourisme étant fortement influencé par des variables macroéconomiques, la méthode des scénarios s'applique assez bien à l'étude des multiples facettes de son développement[43]. Par exemple, Markus Schwaniger montre l'interrelation des macrovariables (socioculturelle, économique, politique, écologique et technologique) qui conditionnent

---

41. A.-C. DECOUFLÉ, *op. cit.*, p. 30.
42. M. GODET (1985), *op. cit.*, p. 54.
43. Voir à ce sujet : J.-M. THUROT (1982), « La technique des scénarios appliquée au tourisme : aspects méthodologiques », *Les Cahiers du Tourisme*, série C, n° 65, Centre des Hautes Études Touristiques, Aix-en-Provence, février.

l'évolution de l'industrie touristique[44]. La construction de scénarios demeure une tâche assez complexe et la validité de ceux-ci laisse souvent à désirer. Malgré ses défauts, dont le plus évident est son caractère littéraire, la méthode des scénarios appliquée au tourisme, selon Joseph Van Doom, permet[45] :

- de créer une vision normative du futur ;
- de générer des politiques touristiques « alternatives » ;
- d'avoir une large audience et de faire participer les gens ;
- de créer des liens entre les acteurs du milieu touristique, les chercheurs et les décideurs politiques ;
- et enfin de servir de base à une évaluation globale du tourisme.

Les scénarios, en s'appuyant sur l'analyse prospective préalable, permettent de faire la synthèse des éléments qui conduisent un système dans une direction et présentent une image de cette situation. La construction d'un scénario repose donc sur quatre principaux éléments dont les trois premiers relèvent directement des étapes de l'analyse prospective que nous avons présentée à la section précédente[46] :

- **La base.** Elle est constituée de l'analyse de la situation et de la réalité actuelle, de telle manière qu'on puisse la projeter dans l'avenir. Les éléments du système et leurs relations, qui correspondent à l'objet de l'analyse prospective (sont en rapport direct avec la problématique étudiée), forment donc la base d'un scénario. Ces éléments présentent une synthèse des éléments pertinents à la problématique étudiée et sont rendus dynamiques par le choix d'un élément comme « moteur » du futur.

- **Le contexte extérieur.** Il fait partie de l'analyse prospective par l'appréhension de l'environnement dans lequel baigne le sous-système étudié. On parle ici du contexte économique, social, politique, réglementaire, national et international.

- **Le cheminement.** Celui-ci est en quelque sorte basé sur une « simulation historique » qui découle à la fois de la base du

---

44. M. SCHWANIGER (1984), « Forecasting leisure and tourism. Scenario projections for 2000-2010 », *Tourism Management*, vol. 5, n° 4.

45. J. VAN DOORN (1984), « An Unexplored Forecasting Area in Tourism : Scenario Writing », *Problemy Turystyki*, Institut Turystyki, Warszawa, n° 3.

46. Voir : M. GODET (1997), *op. cit.* ; G. POQUET (1987), *loc. cit.*

scénario et du contexte extérieur, qui ont mis en relief les éléments du système et leurs relations. C'est l'aboutissement de
l'analyse prospective.

- **Les images.** Elles offrent une coupe instantanée du système
  étudié et débouchent sur l'élaboration des scénarios proprement
  dits, des futurs possibles, envisageables, désirables ou à éviter.

Typologie des scénarios prospectifs

Dans notre perspective, l'élaboration des scénarios fait donc partie
intégrante de l'analyse prospective et débouche sur deux grands types
d'images de l'avenir :

les scénarios exploratoires qui partent des tendances passées et
présentes et conduisent à un futur logique ;

les scénarios d'anticipation qui s'appuient sur la définition préalable d'images du futur qu'on voudra atteindre ou éviter. Pour ce
type de scénario, le point de départ relève davantage de l'image d'un
futur possible et des objectifs fixés dans le présent pour le réaliser.

Malgré leur objectif commun, ces deux grands types de scénarios
s'inscrivent à l'intérieur de deux modes de pensée différent. Le premier
proposera donc une image qualitative de la continuité d'une tendance
lourde quantifiable dans le passé. C'est de la projection. Le second con-
duit véritablement à des images alternatives de l'avenir, qu'elles soient
souhaitées ou redoutées. C'est de l'anticipation. Pour chaque type de
scénario on trouve deux principales variations : les scénarios tendanciels
et d'encadrement sont de type exploratoire ; les scénarios normatifs et
contrastés sont de type anticipation.

Le scénario tendanciel représente la continuité de la tendance
actuelle et permet d'analyser les conséquences dans l'avenir de la pour-
suite de ces tendances. Ce type de scénario s'appuie donc uniquement
sur la force d'inertie du système qui se traduit par la permanence et la
prédominance des tendances lourdes.

Le scénario d'encadrement s'appuie sur la tendance actuelle pour
formuler des hypothèses, jumelées d'intervalles de confiance. C'est en
quelque sorte un scénario « parapluie » qui s'appuie sur la force du présent
pour infléchir l'avenir. Ainsi, l'entreprise en difficultés financières qui
doit choisir entre la relance, le *statu quo* ou la vente de l'entreprise,
s'inscrit dans l'élaboration de scénarios d'encadrement.

Le scénario normatif détermine tout d'abord un ensemble d'objectifs à réaliser, dont la synthèse produit une image d'un futur possible et souhaitable, puis il décrit un cheminement reliant le futur au présent. Ce type de scénario propose donc de se fixer une cible, des objectifs (à la hausse ou à la baisse) et d'agir en conséquence en définissant les moyens pour y arriver. Ce type de scénario est souvent le résultat d'une réaction à une situation négative ou de crise, dans lequel on se fixe un objectif de reprise.

Le scénario contrasté se construit sur une image extrême, souhaitée ou redoutée du futur. On tente ensuite d'en examiner la plausibilité ou la réalité par une démarche liant le futur au présent. Un scénario contrasté pourrait s'intéresser par exemple aux conséquences pour l'industrie touristique d'un pays arabe de la montée de l'intégrisme islamique[47].

Il n'est pas suffisant de faire de la simple exploration à l'aide de l'analyse prospective et de l'élaboration de scénarios. Il importe de lier, dans un processus évolutif et dynamique, les éléments constitutifs du système présent et leur comportement futur, envisagé par les scénarios. De plus, tout scénario résultant d'une analyse prospective devrait être capable de spécifier quelles variables doivent être considérées comme causes et quelles autres seront considérées comme effets (liens entre les éléments du système).

Des exemples de scénarios prospectifs

Dans son rapport *Le Monde en 2020. Vers une nouvelle ère mondiale*, l'OCDE présente deux perspectives de l'économie mondiale à l'horizon 2020 qui prennent la forme de scénarios. Le premier mise sur une réforme et un ajustement de l'économie selon un rythme lent et s'appuie sur le maintien de la tendance lourde que nous avons évoqué dans la section précédente. Il s'agit d'un scénario de type exploratoire tendanciel selon la perspective de l'OCDE qui identifie le rôle moteur des « Cinq grands » dans la réalisation de la tendance lourde, c'est-à-dire le binôme libéralisation politique et économique, présenté comme inéluctable par l'organisation internationale. Les cinq acteurs majeurs que sont la Russie, la Chine, l'Indonésie, l'Inde et le Brésil « [...] sont les seuls pays non membres [de l'OCDE] à avoir à la fois une population de plus de 100 millions d'habitants et un PIB supérieur à 100 milliards de dollars. Ils jouent également un rôle important dans de nombreux domaines comme les échanges,

---

47.   À ce sujet, voir : J. STAFFORD, C. BÉLANGER et B. SARRASIN (1996), *Développement et tourisme au Maroc*, Montréal, L'Harmattan.

l'investissement, l'agriculture, l'énergie (y compris nucléaire) et l'environnement mondial[48]. » Par leur intégration et leur contribution toujours plus importante à l'économie mondiale, ces acteurs jouent un rôle structurant majeur dans la réalisation de la tendance lourde à l'horizon 2020.

Le second scénario présenté par l'OCDE répond aux caractéristiques du type « anticipation normative » en fixant comme objectifs des « [...] performances élevées à l'échelle mondiale, dans lequel les gouvernements relèvent le défi de la réalisation d'une " Nouvelle ère mondiale[49] ". » Ce nouveau cadre normatif repose sur l'engagement des gouvernements à adopter la voie d'une libéralisation totale et accélérée des échanges et des mouvements de capitaux, en plus d'entreprendre des réformes structurelles qui contribueront au renforcement du système multilatéral actuel et à la réalisation de cet objectif à l'horizon 2020.

Pour son rapport sur les risques émergents, l'OCDE présente un scénario qui est également de type « anticipation normative » avec pour objectif la mise en place d'un programme d'action pour faire face aux risques systémiques majeurs émergents et en atténuer les effets négatifs.

Le programme d'action couvre notamment les objectifs suivants : adoption d'une nouvelle stratégie de gestion des risques, développement des effets de synergie entre secteur public et secteur privé, information et association des parties prenantes et du grand public, resserrement de la coopération internationale et exploitation plus efficace du potentiel technologique.

En tourisme, le rapport du Groupe de prospective présidé par Jean Viard intitulé *Réinventer les vacances. La nouvelle galaxie du tourisme* présente des scénarios qui s'appuient sur l'évolution différente des variables clés identifiées comme déterminantes du tourisme français à l'horizon 2010. Basée sur l'analyse morphologique développée par Michel Godet, cette méthode a permis d'identifier plusieurs situations possibles et permet d'orienter l'évolution du tourisme en France dans un sens qui paraît souhaitable. Trois scénarios ont été élaborés : un optimiste, un intermédiaire et un pessimiste. Chacun de ces scénarios s'appuie sur le contenu des sept thèmes suivants retenus dans l'analyse prospective préalable : environnement international et croissance économique, démographie, emploi-revenus-conditions de travail, valeurs-consommation, évolution des territoires.

---

48.   OCDE (1997), *op. cit.*, p. 13.
49.   *Ibid*, p. 12.

Le scénario optimiste, dit de « l'embellie », repose globalement sur les éléments moteurs suivants : l'intégration européenne permettra aux pays de l'Europe de l'Est d'atteindre une croissance économique annuelle de 4 % à 5 % d'ici l'an 2010, ce qui contribuera à l'augmentation de leurs revenus ; un effet limité des fluctuations du dollar américain sur l'économie européenne ; une reprise de la natalité française et européenne soutenue par une conjoncture économique favorable à la création d'emplois et à l'amélioration des conditions de travail. Ces conditions contribuent à structurer la hausse du tourisme en France dans toutes ses dimensions, c'est-à-dire la durée des séjours, le nombre de séjours et le volume de dépenses des touristes français et, plus généralement, des touristes européens.

Le scénario intermédiaire, dit de « l'enlisement », s'appuie sur le poids de plusieurs éléments déstructurants dont la variable clé relève de la difficulté de réaliser l'union monétaire européenne, de maintenir un niveau élevé de croissance économique, de juguler le chômage et de contrôler l'inflation. Les populations française et européenne vieillissantes contribueraient aussi à l'alourdissement du coût social assumé par les plus jeunes générations. Sur le plan international, le maintien d'un monde multipolaire autour des États-Unis, du Japon et de l'Europe ne révèle pas de véritable « régulateur » international et contribue à augmenter le risque d'explosions sociales internes et la multiplication de conflits régionaux ou locaux. Quelles seraient les conséquences pour le tourisme ? La plupart des indicateurs (taux de départ, nombre de séjours, etc.) seraient, en 2010, pratiquement identiques à leur niveau de la fin des années 1990, sauf les séjours longs qui seraient en progression principalement à cause de l'importance des personnes âgées et de la baisse du temps de travail.

Le dernier scénario, celui de la « déchirure », anticipe un blocage quasi complet du processus d'intégration européen. Cela suppose qu'en dix ans, les conditions économiques des pays de cette région se sont dégradées ou ont stagné, l'euro n'ayant pas livré les résultats escomptés. La menace de chocs pétroliers et de krachs boursiers garde dans l'angoisse les citoyens des différents pays européens. Les politiques monétaires et économiques ont exacerbé l'écart entre le revenu des riches et celui des pauvres, mais aussi entre celui des actifs et des non-actifs. La politique de réduction du temps de travail n'a pas mené à la création d'emplois qu'elle devait permettre. L'évolution négative de ces différents facteurs socioéconomiques a profondément modifié le secteur touristique et le taux de départ a baissé de façon importante, passant de 80 % en 2000 à près de 60 % en 2010. « Les vacances deviennent de moins en moins un séjour de " découverte " mais bien davantage l'occasion de fuir un environnement quotidien que l'on juge hostile et contraignant. La concurrence entre les pays de l'Union européenne est exacerbée par la recherche de produits très bon marché par les consommateurs[50]. » Ces conditions s'appuient sur le maintien et le développement des freins majeurs à la croissance du tourisme en France, particulièrement celui des Français. Ces trois scénarios présentent donc autant d'images de l'avenir qui peuvent se réaliser en totalité ou en partie. En ce sens, les scénarios ne sont pas considérés comme étant mutuellement exclusifs et on pourra « glisser » d'une image à l'autre en fonction de l'effet des actions envisagées dans le présent pour construire l'avenir[51].

4. UN EXEMPLE D'APPLICATION : LES TOURISTES JAPONAIS EN COLOMBIE-BRITANNIQUE

Cette section présente un exemple d'application de la démarche prospective appliquée aux arrivées de touristes japonais au Canada, via la Colombie-Britannique. Les voyages des Japonais constituent un élément important du secteur touristique pour cette région, lequel a une incidence significative sur l'économie de la province, particulièrement sur le plan de l'emploi et des retombées économiques. Au niveau canadien, les activités touristiques ont assuré plus d'un demi-million d'emploi en 2002 (les données les plus récentes indiquent que pour le premier trimestre 2004, il y a eu une augmentation de 0,5 % par rapport au quatrième trimestre 2003[52].) Le Japon constitue un des plus importants marchés étrangers au Canada sur le plan des recettes touristiques en rapportant 632 millions de dollars en 2002. Cette même année, le nombre de visites de plus d'une journée de Japonais au Canada a atteint 453 000. Les Japonais comptent parmi les touristes étrangers qui dépensent le plus par voyage au Canada en se situant en quatrième place après Taiwan, la Suisse et les Pays-Bas avec des dépenses moyennes entre 1 122 $ et 1 409 $ par séjour[53] en 2002. Les recettes

---

50. Jean VIARD *et al., op. cit.,* p. 296.

51. Pour d'autres exemples d'utilisation des scénarios, voir : L. STEINMANN (2000), « Quatre scénarios pour réinventer le dialogue social », *L'expansion,* n° 616, 2-16 mars, p. 60-62.

52. Statistique Canada, Tab. 387-0003 et 387-0004 & « Indicateurs nationaux du tourisme », *Le Quotidien,* Statistique Canada, 2e trimestre 2004 <www.statcan.ca/Daily/Français/ 040928/q040928a.htm>.

53. Tourisme Montréal, *Les marchés géographiques internationaux et les grandes villes du Canada,* 2002. <http://www.tourisme-montreal.org/Download/outremer2002.pdf>.

potentielles découlant du marché japonais du voyage sont donc importantes, chaque part de marché supplémentaire de 1 % correspond à des
recettes de plus de 80 millions de dollars pour le Canada[54].

Pour la Colombie-Britannique, le marché japonais est un marché
émetteur qui se classe en deuxième position après le Royaume-Uni en
termes de marché des arrivées touristiques outre-mer. Le tourisme a généré
plus de 8 millions de dollars pour la province et a créé des emplois dans
les secteurs clés de l'industrie touristique (en moyenne +5,6 % pour
l'année 2003[55].) Finalement, le nombre d'arrivées touristiques japonaises
demeure relativement stable depuis 1998 pour la Colombie-Britannique
malgré une conjoncture défavorable qui perdure depuis 2001.

Par ailleurs, des entreprises japonaises investissent dans le secteur
touristique canadien, dans des hôtels et lieux de villégiature situés un
peu partout au Canada, notamment à Vancouver, Whistler et à Victoria.
Les principales agences de voyages japonaises ont ouvert des bureaux de
liaison en Colombie-Britannique, consolidant la promotion à long terme
du Canada comme destination de voyages pour les Japonais. Mais
quel avenir peut-on attendre de cette clientèle au Canada pour les dix
prochaines années ?

Avant d'aborder la partie prospective, nous avons cherché à connaître la tendance des arrivées touristiques de la clientèle japonaise en
Colombie-Britannique en utilisant les méthodes des modèles prévisionnels abordées dans le chapitre 4 afin d'identifier celui qui caractériserait
le mieux cette clientèle. La série chronologique étudiée porte sur une
période de vingt ans (1983 à 2003).

L'analyse des différentes tendances a identifié que le meilleur modèle
prévisionnel serait la tendance double-logarithmique[56]. Les arrivées des
touristes japonais devraient donc croître de manière exponentielle à moyen
terme. Bien que les résultats soient valables mathématiquement (validés
par les tests statistiques), ce modèle prévisionnel dévoile deux faiblesses
qui peuvent influencer les prévisions à long terme. Les faiblesses sont :

- la présence d'autocorrélation positive (DW = 0,296 à 0,05 de niveau
  de signification) indique qu'une ou plusieurs variables explicatives importantes ne sont pas prises en compte par le modèle ;

---

54.   Ministère des Affaires étrangères – MAECI, 2000 <www.dfait-maeci.gc.ca>.
55.   Tourism Industry Monitor, annual 2003, BC Stats, Ministry of Management Services.
56.   Tests statistiques de la lourdeur   R : 0,849 ; R^2 : 0721 ; F : 0,0000 ;
      double-logarithmique :   t : a = 0,000 et b = 0,000 ;   DW : 0,296

• les intervalles de confiance très élevés affectent la fiabilité des prévisions à long terme.

Les lacunes du modèle prévisionnel nécessitent de faire appel à l'analyse prospective pour tenter de déterminer l'avenir de cette clientèle au Canada pour la prochaine décennie.

La démarche prospective, telle que nous l'avons présentée, permet d'aller au-delà de l'évolution historique des arrivées en identifiant les variables et leurs relations qui permettent de les organiser en système. Le tableau 8.5 présente certaines d'entre elles (dans la mesure où nous ne prétendons pas à l'exhaustivité), en plus du niveau de relation avec les autres variables qui leur est associé[57]. Chaque lettre correspond à une variable dont l'identification et le classement quant à son rôle dans le système et son effet sur les arrivées de Japonais en Colombie-Britannique, apparaît au tableau 8.6. Par ailleurs, il est important de noter qu'un des objectifs de la matrice est également de permettre la neutralisation de certaines variables qui constitueraient des faux problèmes dans le cadre de l'analyse prospective.

La lecture du tableau 8.5 peut se lire de trois façons. D'abord chaque ligne montre l'effet de chacune des variables sur les autres. Ainsi, on remarque que « le redressement de l'économie » (N) peut avoir un fort impact sur « l'augmentation des touristes japonais en Colombie-Britannique » (A) et sur « les investissements continus des Japonais dans le secteur touristique canadien » (C). C'est la lecture de l'influence. Ensuite, chaque colonne révèle l'effet des autres variables du système sur la variable étudiée. À titre d'exemple, « l'augmentation des touristes japonais en Colombie-Britannique » (A) dépend fortement, entre autres, des « investissements continus des Japonais dans le secteur touristique canadien » (C), de la « croissance des autres segments du tourisme japonais » (F), du « soutien continu des autorités fédérales et provinciales pour la promotion du Canada et des provinces comme destinations touristiques pour les Japonais » (L) et du « redressement de l'économie japonaise » (N).

La troisième information du tableau 8.5 concerne les scores d'influence / dépendance. Ainsi, le total du pointage en ligne de chacune des variables révèle son caractère moteur pour le système et son niveau global d'influence sur les autres variables. Puisque nous présentons une liste de 16 variables, le score d'influence sera situé entre 0 (aucune

---

57. 0 = nul ; 1 = très faible ; 2 = faible ; 3 = fort ; 4 = très fort. Voir la section 2.3 de ce chapitre.

influence dans le système) et 64[58] (très forte influence). Bien que le niveau d'influence soit fixé arbitrairement par le chercheur en fonction de ses connaissances et de l'information disponible, le score global permet d'apprécier l'impact général d'une variable sur les autres. Il faut cependant résister à la tentation de prendre les scores comme des « réalités » et de se laisser berner par la valeur quantitative qu'ils représentent. Pour résumer, nous pourrions exprimer que les variables dont le score d'influence se situe entre 0 et 20 ont, dans l'ensemble, peu d'effet dans le système. Les variables au score de 21 à 44 auraient un effet moyen et les scores de 45 à 64 témoigneraient d'un effet important.

Au tableau 8.5, les scores d'influence les plus élevés concernent le « redressement de l'économie japonaise » (N, avec 21) ; la « croissance des autres segments du tourisme japonais » (F, avec 19) ; « l'augmentation des prix des billets d'avion » (Q, avec 17) ; « les réformes et les plans stratégiques en tourisme mis en œuvre par les autorités japonaises (P) » (P, avec 16) et le « changement au sein de la demande japonaise » (D, avec 15). Le niveau de ces scores révèle un effet faible à moyen pour l'ensemble du système. Ce sont les variables motrices du système, c'est-à-dire celles qui peuvent orienter son évolution dans l'avenir. La même

*F**igure 8.2***

Le positionnement des variables du système selon l'axe influence/dépendance

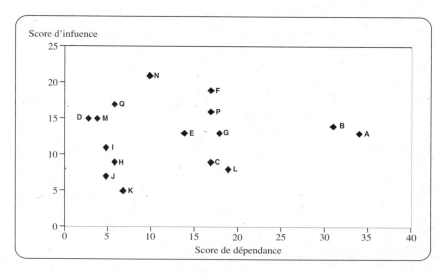

58. 17×4 (valeur la plus élevée) = 64.

*T*ableau 8.5

LA MATRICE DES RELATIONS ENTRE LES VARIABLES DU SYSTÈME

	A	B	C	D	E	F	G	H	I	J	K	L	M	N	O	P	Q	SI Total
A		4	4	0	0	0	0	0	0	0	1	3	0	0	0	1	0	13
B	4		2	1	0	1	0	0	0	0	2	3	0	0	0	1	0	14
C	3	2		0	0	1	0	0	0	0	1	2	0	0	0	0	0	9
D	2	0	0		3	2	2	0	1	1	0	2	0	1	0	1	0	15
E	2	1	0	0		3	2	0	0	0	1	2	0	0	0	2	0	13
F	3	1	2	0	3		3	1	0	0	1	2	0	1	0	2	0	19
G	1	1	1	0	1	2		1	0	0	1	1	0	1	0	2	1	13
H	1	1	0	0	0	1	2		2	1	0	0	0	1	0	0	0	9
I	1	2	1	0	0	1	2	2		0	0	1	0	0	0	1	0	11
J	1	1	0	0	0	1	1	0	0		0	0	1	2	0	0	0	7
K	2	3	0	0	0	0	0	0	0	0		0	0	0	0	0	0	5
L	3	3	0	0	0	1	0	0	0	0	0		0	0	0	1	0	8
M	2	2	2	0	0	0	1	0	0	1	0	1		3	0	1	2	15
N	3	3	3	2	1	1	0	2	0	2	0	0	3		0	1	0	21
O	1	1	0	0	1	0	1	0	0	0	0	1	0	0		2	1	8
P	2	3	1	0	2	1	2	0	2	0	0	0	0	1	0		2	16
Q	3	3	1	0	3	2	3	0	0	0	0	1	0	0	0	2		17
SD Total	34	31	17	3	14	17	14	6	5	5	7	19	4	10	0	17	6	

SD = Score de dépendance   Échelle utilisée: 0 (impact nul) à 4 (impact très fort)
SI = Score d'influence

lecture peut se faire pour évaluer le caractère de dépendance de chacune des variables en faisant le total par colonne. On constate que c'est l'augmentation des touristes japonais en Colombie-Britannique qui constitue la variable la plus dépendante (A, avec 34) et pour cause, c'est la problématique ! Ce calcul du score de dépendance permet d'identifier les variables « résultats », telles que nous les avons présentées au tableau 8.4 de ce chapitre. Le graphique 8.2 illustre le positionnement des variables selon l'axe d'influence et de dépendance.

Une fois les éléments constitutifs du système identifiés (phases d'appréhension et de compréhension présentées à la section 2), il importe d'analyser chacun de ces éléments en fonction de son caractère d'influence / dépendance afin de comprendre comment le système peut évoluer dans le temps. C'est l'interprétation des structures du système qui débouche sur l'élaboration de scénarios. Dans cet esprit, et pour les besoins de ce chapitre, nous commenterons brièvement chacun des éléments apparaissant au tableau 8.6. Dans le cadre de cet exemple, nous avons décidé de garder toutes les variables. Par ailleurs, il est important de noter qu'un des objectifs de la matrice est également de permettre la neutralisation de certaines variables qui constitueraient des faux problèmes dans le cadre de l'analyse prospective.

Tableau 8.6

LE CLASSEMENT DES VARIABLES EN FONCTION DE L'ANALYSE PROSPECTIVE

Tendance lourde
• Augmentation des touristes japonais en Colombie-Britannique (A)

Sous-tendances
• Augmentation des arrivées hivernales de touristes japonais (B)
• Les entreprises japonaises continuent de soutenir les investissements dans le secteur touristique canadien (C)

Éléments structurants
• Changement au sein de la demande japonaise (D)
• Comportement des touristes japonais qui privilégient la diversité et la nature (E)
• Croissance des autres segments du tourisme japonais (F)
• Augmentation des voyages individuels (G)
• Restructuration du temps de travail au Japon (H)
• Aménagement des jours fériés et du temps de vacances au Japon (I)
• Stabilité de la consommation privée (J)

Faits prospectifs du présent
• Dotation en infrastructures d'accueil et touristiques pour les Jeux d'hiver 2010 en Colombie-Britannique (K)
• Soutien continu des autorités fédérales et provinciales pour la promotion du Canada et des provinces comme destinations touristiques pour les Japonais (L)
• Taux de change pour le Japon et le Canada (M)
• Redressement de l'économie japonaise (N)

Éléments déstructurants
• Appréhension des maladies contagieuses et des actes terroristes (0)
• Les réformes et les plans stratégiques en tourisme mis en œuvre par les autorités japonaises (P)
• Augmentation des prix des billets d'avion (Q)

Faits porteurs d'avenir
• La tendance lourde se maintiendra à moyen et long terme

4.1. TENDANCE LOURDE

Augmentation des touristes japonais en Colombie-Britannique (A)

L'OMT maintient sa prévision à long terme sur l'évolution des arrivées touristiques en Amérique du Nord d'ici 2020 malgré l'évolution irrégulière de ces dernières années avec une croissance annuelle moyenne de 3,9 %. Selon l'OMT, la situation de crise qui prévalait depuis 2001 et qui semble s'assainir en 2004 n'influencera que marginalement les prévisions annoncées pour 2020, c'est-à-dire une croissance de 45 % des arrivées de touristes internationaux (1,18 milliard d'individus) et une croissance de 41 % pour l'Amérique du Nord (60 millions de touristes annuellement)[59]. Compte tenu de l'importance du marché émetteur asiatique, la Colombie-Britannique profitera directement de cette prévision optimiste de l'OMT sachant que depuis les années 1980, les arrivées touristiques provenant de cette région du monde ont progressé de plus de 552 % pour la province. En 2003, sur les 21,9 millions de visiteurs accueillis par la province, 31 % étaient des touristes internationaux. De cette proportion, les arrivées touristiques japonaises représentaient 19 % du total des arrivées internationales et 35 % du total des arrivées en provenance du marché asiatique[60].

Ces constats montrent le poids régional du Japon, qui, conjugué à un historique économique marqué par les efforts du gouvernement pour sortir le pays de la crise, nous laissent croire que les taux d'accroissement annuel moyens reprendront le rythme qu'ils ont connu au cours des années 1994 (4,61 %), 1989 (7,86 %) et enfin 1984 (14,28 %). Le niveau des arrivées d'ici 2008 devrait alors reprendre celui enregistré pendant la période 1994 à 1998 avec environ 300 000 visiteurs japonais. Ces résultats s'inscrivent en continuité avec la tendance lourde et le modèle prévisionnel des arrivées de touristes japonais au Canada via la Colombie-Britannique qui représentent une croissance moyenne variant entre 7 % et 9 % par année jusqu'en 2008. Ces ratios sont proches des pourcentages de croissance prévus pour les arrivées des touristes japonais au Canada (figure 8.3).

4.2. SOUS-TENDANCES

Augmentation des arrivées hivernales de touristes japonais (B)

Dans son rapport sur le marché émetteur de l'Asie / Pacifique, le Tourism British Columbia Canada (TBCC), indique qu'en 2002, l'agrément était le premier motif de voyage pour 87 % des visiteurs en provenance de cette

---

59. OMT, *Long-Term Prospects: Toursim 2020 Vision*, 1999.
60. Ministry of Management Services, BC Stats, Tourism Sector Monitor, février 2004.

*F*igure 8.3

CROISSANCE DES VOYAGES DE PLUS DE 24 HEURES AU CANADA –
CLIENTÈLE JAPONAISE

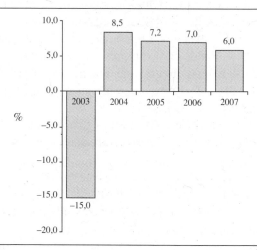

Source : CCT 2003

région. Le tourisme de plein air et la visite touristique des attraits naturels
constituent les principaux motifs de voyage pour plus de 40 % des Japonais.
Bien que le nombre d'arrivées des visiteurs japonais soit majoritairement
enregistré au printemps, celui de la saison d'hiver arrive en deuxième position avec 22 %. La clientèle hivernale japonaise connaît une croissance
soutenue depuis le début des années 1990 (environ 8 % à 12 % annuellement). En termes d'activité, la pratique du ski est particulièrement appréciée
des Japonais (cette activité est particulièrement onéreuse au Japon). La
reprise de la croissance des arrivées touristiques japonaises au Canada pour
les années à venir devrait donc influencer positivement le nombre des
arrivées durant la saison hivernale. Finalement, avec les Jeux olympiques
et paralympiques d'hiver qui se tiendront en Colombie-Britannique en 2010,
le TBCC prévoit une augmentation de plus de 35 % de cette clientèle[61].

Les entreprises japonaises continuent de soutenir les investissements dans le secteur touristique canadien (C)

Bien que la situation économique au Japon reste fragile, les prévisions de
l'OCDE sont plutôt optimistes avec un taux de croissance annuel de plus

---

61.   Ministry of Management Services – BC Stats, Tourism Sector Monitor, février 2004.

de 2,5 % d'ici 2007 (en 2003, le taux de croissance s'est stabilisé à 1,2 %). Après 10 années de marasme économique, les principaux indicateurs macroéconomiques du Japon montrent un redressement modeste mais soutenu. La stabilisation de l'investissement privé à l'étranger à partir de la fin de l'année 2004, la progression de la consommation privée (environ 1 %), la croissance du PIB estimé à 3,7 % jusqu'en 2007 et l'aménagement des jours de vacances au Japon depuis 2003, permettra aux entreprises japonaises de continuer à soutenir leurs politiques d'investissements à l'étranger[62]. Parmi ces investissements, les entreprises japonaises se sont concentrées dans le secteur touristique canadien, plus précisément dans les établissements d'accueil et les lieux de villégiature situés notamment sur la Vancouver Coast and Mountains et au sein de la région de Kootenay Rockies[63].

4.3. ÉLÉMENTS STRUCTURANTS

Changement au sein de la demande touristique japonaise (D)

Le Japon comptait près de 126 millions d'habitants en 1998. Ce nombre augmentera légèrement d'ici 2008 (128 millions habitants). La tendance du vieillissement de la population est particulièrement marquée au Japon avec la proportion de la population de moins de 15 ans qui a décliné de 15 % depuis 1960. Les « moins de 45 ans » qui constituaient 43,3 % de la population en 1998 n'en constitueront plus que 38,5 % en 2008. Les baby boomers (âgés de 45 à 54 ans) verront leur nombre décroître, de 28,0 % en 1998 à 26,1 % en 2008, mas ils restent toujours un segment important de la demande touristique japonaise. Seules les « têtes grises » (55 ans et plus) seront plus nombreuses. Alors qu'elles formaient 28,8 % de la population en 1998, elles en formeront 33,6 % en 2008[64]. Les segments de la population japonaise qui pourraient être intéressés à la Colombie-Britannique comme destination touristique sont les baby boomers et les « têtes grises » (55 ans et plus). Selon l'étude de la consommation japonaise en 2003, 67 % des répondants dans la catégorie d'âge 45-65 ans sont intéressés à visiter la Colombie-britannique dans les cinq prochaines années. Les aînés, la catégorie des « têtes grises » qui a plus que doublé en taille depuis 1995, ayant été généralement moins touchés par le marasme économique du Japon, n'ont pas reporté leurs projets de voyage[65]. Le

---

62. OCDE, *Études économiques de l'OCDE*, Japon, vol. 2002, supplément n° 2, 2003.

63. Ministry of Small Business and Economic Development, BC, 2003.

64. OCDE, *Études économiques de l'OCDE*, Japon, vol. 2002, supplément n° 2, 2003.

65. Tourisme Québec, *Stratégie de marketing touristique (2003 à 2005)*, 2000 et Tourism British Columbia, *Market origin report : visitors to B.C from Asia / Pacific*, 2002.

marché potentiel sera influencé par les tendances démographiques et, à ce titre, ce sont les « têtes grises » qui offrent les meilleures perspectives de croissance. Ce segment de population connaîtra une hausse marquée. Ces personnes vivent le plus souvent dans l'aisance, ont l'habitude de voyager outre-mer et s'intéressent plus spécialement à la nature et à l'histoire[66].

Comportements des touristes japonais qui privilégient la diversité et la nature (E)

La Colombie-Britannique offre une gamme de produits touristiques diversifiés couvrant les différentes activités touristiques telles que le tourisme urbain, culturel, plein air, etc. La province s'est également dotée d'infrastructures d'accueil capables de répondre aux besoins et attentes de la clientèle japonaise. Bien que les touristes japonais pratiquent au moins trois activités touristiques et plus durant leur séjour, la visite des parcs naturels et la pratique des activités de plein air demeurent les principaux motifs de voyage de plus des deux tiers des touristes japonais qui ont visité la province en 2003.

Selon une étude de *Tourism British Columbia* en 2002, cette clientèle accorde une très grande importance à visiter un lieu qui est respectueux de l'environnement, sécuritaire, permettant de jouir d'un panorama naturel et accordant une sensation de relaxation et de retour aux sources. Finalement, cette clientèle apprécie également la possibilité d'apprendre et de découvrir de nouvelles cultures, us et coutumes. Une proportion relativement importante (49 %) des visiteurs interrogés comptent revenir en Colombie-Britannique dans les cinq prochaines années[67].

Croissance des autres segments de touristes japonais (F)

Mise à part la segmentation sur la base de la saisonnalité des arrivées touristiques qui est marquée par la domination des arrivées au printemps et à l'été (les arrivées en hiver connaissent également une croissance modeste mais régulière depuis cinq ans), d'autres segments de clientèle affichent également une certaine croissance depuis quelques années. La montée du tourisme gai (environ 300 000 individus au Japon) constitue un segment de clientèle aux caractéristiques prometteuses pour l'indus-

---

66. Ministry of Small Business and Economic Development – BC, 2003 et <http://www.fromallangles.com/country/profile/japan.htm>.
67. Tourism British Columbia, *Market origin report : visitors to B.C from Asia / Pacific*, 2002.
68. <http://www.aidsinfobbs.org/articles/wallstj/91/297>.

trie du voyage[68]. La clientèle familiale, tant pour les voyages d'agrément que lors des voyages d'affaires, est en hausse constante (croissance de 25 % depuis 1995) et devient un facteur incontournable dans l'organisation de l'offre. La part grandissante des femmes (croissance de 12,6 % depuis 1990) comme clientèle d'affaires et de congrès exerce déjà un impact sur l'adaptation des produits et services leur étant destinés. Les voyages d'étude et les programmes d'échange interuniversitaires gagnent également en importance parmi la clientèle japonaise. Bien que relativement onéreux, le Canada est très populaire et prévoit attirer près de 10 % de ce marché d'ici les cinq prochaines années[69].

Augmentation des voyages individuels (G)

En 2002, La majorité des touristes japonais (pour des motifs d'affaires ou d'agrément) qui visitent la Colombie-Britannique voyagent seuls (60 %) comparativement au 29 % des touristes qui voyagent en famille ou en groupe. Cette tendance marquant la croissance des voyages individuels au détriment des voyages de groupe perdure depuis le début des années 1990[70]. Pas ailleurs, l'OMT prévoit une augmentation des voyages individuels vers l'Amérique du Nord de l'ordre de 35 % d'ici 2010[71].

Restructuration du temps de travail au japon (H)

Les entreprises poursuivent leurs efforts de restructuration, mais la part du travail dans les facteurs de production reste élevée, ce qui témoigne d'une tendance à la rétention d'effectifs et d'une augmentation potentielle des coûts de main-d'œuvre. Depuis les années 1990, les rémunérations horaires en termes réels ont régulièrement augmenté sous l'effet de la réduction du temps de travail et du vieillissement de la population active. Le temps de travail a diminué de plus de 10 %, et la part des salariés âgés de plus de 50 ans est passée de 20,7 % à 26,1 %. Les heures supplémentaires dans l'ensemble des secteurs ont augmenté de 2 % (en taux annuel désaisonnalisé) en 2002, après avoir baissé de 4 % en 2001, et les nouvelles offres d'emploi ont également augmenté de 1,3 % (en taux annuel désaisonnalisé). La réduction du temps de travail effectif combinée au maintien des rémunérations relativement élevées auront des impacts positifs sur la propension à voyager de la population active japonaise.

---

69. Tourism British Columbia, *Market profile : Japan*, avril 2001.

70. Tourism British Columbia, Market *origin report : visitors to B.C from Asia / Pacific*, 2002.

71. OMT, World Tourism Barometer, vol. 1, n° 1, juin 2003.

Aménagement des jours fériés et du temps de vacances (I)

Le gouvernement japonais a mis en place depuis 2000 un certain nombre de mesures et de programmes pour accroître le nombre de jours consécutifs de congé et faire qu'une « mutation structurelle du mode de vie japonais » intervienne. En 2001, les Japonais ont pris pour voyager quelque neuf jours de congé en moyenne. La semaine de travail de cinq jours s'est généralisée au Japon, 95 % des salariés bénéficiant de ce système régulièrement ou périodiquement, et 57,6 % d'entre eux en ayant bénéficié systématiquement en 2001. Cette même année, les salariés japonais se sont vu accorder en moyenne 18 jours de congés payés par an, mais n'en ont utilisé que 8,9, soit 49,5 % de ces congés. Par ailleurs, au Japon, on compte 15 jours fériés par an. À partir de 2000, en vertu d'un amendement à la loi sur les jours fériés, la Journée de la majorité (15 janvier) et la Journée de l'éducation physique (10 octobre) sont respectivement fixées au deuxième lundi de janvier et d'octobre. Ainsi, la plupart des salariés japonais peuvent bénéficier d'un congé de trois jours consécutifs en janvier et en octobre. Selon une enquête menée par les principales agences de voyage, en 2001, les voyages à l'étranger ont augmenté de 21 % pendant la même période par rapport à l'année précédente. À partir de 2003, la Journée de l'océan (20 juillet) et la Journée du respect des personnes âgées (15 septembre) seront fixées au troisième lundi de juillet et de septembre, respectivement. Le rejaillissement de cet enchaînement de jours fériés sur l'économie japonaise représente, selon les estimations, entre 350 et 500 milliards de JPY (2,8 à 4 milliards USD) à chaque fois soit, au total, de 1 400 à 2 000 milliards de JPY (11,2 à 16 milliards USD) pour les quatre week-ends prolongés[72]. En outre, pour promouvoir les voyages en famille, il importe de mettre en place les conditions permettant aux enfants de s'absenter de l'école. Ces aménagements des jours fériés et du temps de vacances, instaurés de manière institutionnelle, vont favoriser les départs vers les destinations plus éloignées comme la Colombie-Britannique.

Stabilité de la consommation privée (J)

Depuis le début 2002, la consommation privée a été relativement stable. La confiance des consommateurs se raffermit progressivement. L'Enquête sur la confiance des consommateurs de juin 2002 confirme un redressement

---

72.   OCDE, *Études économiques de l'OCDE*, Japon, vol. 2002, supplément n° 2, 2003.

de la confiance des consommateurs pendant le deuxième trimestre d'affilée, ce qui reflète l'amélioration des perspectives d'emploi. Comme la croissance des revenus des ménages a été très faible, la stabilisation récente de la consommation implique nécessairement une propension plus forte à consommer. On peut estimer que la consommation est stimulée par l'augmentation des liquidités dont disposent les ménages. D'après l'enquête sur le comportement des consommateurs de la Banque du Japon (Seikatsu ishiki chosa) réalisée en 2002, si les conditions économiques continuent de s'améliorer, les consommateurs sont de moins en moins nombreux à hésiter à dépenser plus car leur préoccupation concernant la sécurité de leur emploi et la diminution éventuelle de leurs futures prestations de retraite sera amoindrie. La perspective d'une croissance économique induit généralement des perspectives de hausse des revenus des ménages, la consommation privée devrait donc s'accélérer dans les prochaines années. La propension à voyager des Japonais devrait donc être positivement influencée par cette évolution de la consommation privée.

4.4. FAITS PROSPECTIFS DU PRÉSENT

Dotation en infrastructures d'accueil et touristiques pour les Jeux d'hiver en 2010 (K)

La Colombie-Britannique accueillera les Jeux olympiques et paralympiques d'hiver en 2010. En vue de cet événement d'envergure pour la province, le gouvernement provincial s'est engagé à investir quelques 2,5 milliards de dollars canadiens dans le but de doter la province d'infrastructures d'accueil, touristiques et sportives d'envergure pour ces jeux d'hiver. De plus, le gouvernement s'est doté d'un programme de promotion agressif étalé sur cinq ans dénommé Spirit of 2010 Tourism Strategy dans le but d'attirer, entre autres, les touristes nationaux et internationaux ayant un pouvoir d'achat élevé (dont la clientèle japonaise). Le plan prévoit également un effort de positionnement particulier de la province comme étant une destination incontournable pour le tourisme d'affaires et de congrès. Par ailleurs, les Jeux de 2010 entraîneront la création de plus de 54 000 nouveaux emplois dans le secteur touristique[73].

---

73. Ministry of Small Business and Economic Development, Spirit of 2010 Tourism Strategy, BC, 2003.

Ces efforts promotionnels au sein des marchés émetteurs principaux tel le Japon et la dotation d'infrastructures d'envergure augmenteront l'attrait pour la région auprès de la clientèle touristique internationale.

Soutien continu des autorités canadiennes (fédérale et provinciales) pour la promotion du Canada et des provinces comme destinations touristiques pour les Japonais (L)

En plus des programmes mis en place par les autorités provinciales pour faire la promotion de la Colombie-Britannique auprès des principaux pays émetteurs de touristes internationaux, la Commission canadienne du tourisme (CCT) a également défini des plans d'action précis à l'égard du marché japonais. La campagne promotionnelle ayant pour thème *Enhance your life* (agrémenter votre vie) mise en œuvre en 2005 a pour objectifs de toucher les segments ciblés avec le concours des grandes agences de voyages, de travailler avec les agences de voyage pour inclure des produits « rafraîchis » dans les programmes, le tout soutenu par de la publicité dans les journaux, de mettre l'accent sur les promotions par marketing électronique, qui feront partie intégrante des campagnes multimédias, et enfin, de consentir plus d'efforts aux marchés des voyages individuels et des voyageurs acquis. Les segments ciblés sont les plus de 55 ans – couples et femmes effectuant des voyages collectifs, les femmes de carrière de 30 ans et plus, les voyages individuels et les étudiants (Shugaku Ryoko, programmes d'anglais langue seconde, Home Stay[74]). À cause du potentiel du marché japonais à long terme, les efforts promotionnels de la part des autorités fédérales et provinciales iront en augmentant pour les prochaines années.

Taux de change pour le Japon et le Canada (M)

Les conditions monétaires se sont quelque peu durcies avec le raffermissement du yen depuis 2002. Le taux de change s'appréciant d'environ 125 % durant la même période à une fourchette de 115 à 120 yens par dollar US. Sous l'effet des remous sur les marchés de capitaux mondiaux et de certaines faillites au Japon, les primes de risque ont augmenté sur le marché des obligations de sociétés et la valeur des obligations en cours est restée inchangée. L'appréciation du yen constaté en 2002 rejoint les prévisions posées en 1999 par suite de la réévaluation de la devise nippone

---

74. Commission Canadienne du Tourisme, *Occasions de partenariat en 2004 : le Japon*, 2003.

qui positionnait la devise à 115 yens pour 1 dollar US en 2005. Les indicateurs macro-économiques actuels du Japon laissent entrevoir une reprise économique et une croissance marquée pour les prochaines années et devraient ainsi contribuer à soutenir le raffermissement de la devise[75].

Pour la Canada, l'appréciation du dollar canadien depuis le 3e trimestre de 2004 a sensiblement fragilisé le secteur d'exportation du Canada, et par le fait même, celui de la Colombie-Britannique. La destination est donc devenue moins intéressante pour les touristes japonais qui sont très sensibles aux prix. Toutefois, cette appréciation du dollar canadien serait l'un des signes précurseurs d'une récession pour le Canada ce qui entraînerait à terme une réévaluation à la baisse de la valeur de la devise canadienne[76]. Aussi, dans l'ensemble, ces différentes perspectives concernant les taux de change devrait favoriser le Canada comme pays hôte avec l'hypothèse que la dévaluation du dollar canadien (et une appréciation du yen japonais) peut avoir un impact positif sur les arrivées de Japonais au Canada (le tourisme étant un secteur d'exportation).

Redressement de l'économie japonaise (N)

En dépit d'une déflation persistante et d'éléments de fragilité dans le secteur financier, l'économie japonaise s'est redressée à un rythme modéré depuis le début 2002, sous l'impulsion d'une vive croissance des exportations. La faiblesse du yen au début 2002 et le niveau déjà bas des stocks ont soutenu la croissance des exportations et l'augmentation de la production, ce qui a contribué à améliorer la confiance des entreprises et des marchés. L'activité économique intérieure est entrée, quoique modestement, dans une dynamique positive. Globalement, la croissance économique devrait être lente dans les années à venir, le processus de déflation se poursuivant pendant quelque temps. À plus long terme, tout dépendra des progrès de la mise en œuvre des réformes structurelles visant à améliorer la productivité et à stimuler la demande intérieure. La reprise économique s'appuie principalement sur la croissance des exportations et une augmentation rapide de la production dans le secteur des technologies de la communication et de l'information (TIC). Par ailleurs, les prévisions de croissance dans la zone de l'OCDE sont de 1,8 % en 2005, de 2,9 % en 2006 et de 2,6 % en 2007. Le revenu des ménages reste cependant relativement faible mais les perspectives optimistes affichées

---

75. OCDE, *Études économiques de l'OCDE*, Japon, vol. 2002, supplément n° 2, 2003.
76. Journal Métro, *Récession à l'horizon*, édition du lundi 15 novembre 2004, vol. 4, n° 178.

par les grands indicateurs économiques (croissance du PIB à 1,1 % ; taux de chômage stabilisé à 5 % ; croissance de la consommation privée à 1,2 %) laissent présager une amélioration de la situation pour les prochaines années[77]. Les perspectives de l'OCDE indiquent l'amorce d'une phase de redressement économique pour le Japon qui devrait influencer de manière positive la propension à voyager des Japonais.

4.5. ÉLÉMENTS DÉSTRUCTURANTS

Appréhension des maladies contagieuses et des actes terroristes (O)

La conjoncture internationale récente (guerre en Irak, instabilité politique en Moyen-Orient, recrudescence des actes extrémistes violents à travers le monde), les séquelles, encore présentes, des attentats terroristes du 11 septembre 2001 aux États-Unis et l'apparition des maladies contagieuses comme le SRAS (Syndrome respiratoire aigu sévère) ou l'ESB (communément appelée maladie de la vache folle) constituent des freins à l'expansion des départs des Japonais vers l'étranger. La clientèle japonaise est très sensible à la sécurité et à la santé. En effet, à la suite des attentats du 11 septembre, le nombre total de voyageurs japonais à l'étranger de septembre à décembre 2001, a chuté de 32,6 % comparativement à la même période l'année précédente[78]. On assiste au même phénomène lors de la crise du SRAS pendant laquelle les départs vers le Canada ont baissé de 28,5 % à la suite de la recommandation temporaire de l'OMS qui a suggéré à toutes les personnes prévoyant se rendre à Toronto, de différer tout voyage qui ne soit pas indispensable[79].

L'OCDE constate que les attentats du 11 septembre ont eu des effets relativement minimes à court terme. Cependant, à plus long terme, l'impact total des attentats pourrait être assez marqué. L'appréhension des voyages due aux attentats s'est traduite par de nombreuses annulations et une baisse des réservations, qui ont diminué dans le monde selon les estimations de 12 % à 15 % en octobre 2001 par rapport à l'année précédente qui, d'après l'OMT, n'avaient pas encore rattrapé leurs niveaux antérieurs au début de 2002. Bien que le tourisme soit appelé à se redresser

---

77. OCDE, *Études économiques de l'OCDE*, Japon, vol. 2002, supplément n° 2, 2003.
78. Travel & Tourism Analys, *The Impact of 9/11 : Caribbean*, London and NYC Case Studies, octobre 2002.
79. OMT, *Tourism after 9/11 : analysis, remedial actions & prospects*, Special Report No. 18, 2001.

à mesure que les consommateurs reviendront à une attitude normale à l'égard des voyages, le sentiment de risque aggravé pour certaines destinations devrait se révéler plus durable[80].

La clientèle touristique japonaise est devenue plus sensible aux risques émergents et leur comportement de voyage futur sera grandement influencé par la conjoncture internationale avec notamment une réticence plus marquée pour les longs voyages, un choix de destination qui privilégie le tourisme de proximité et un mode de transport autre que l'avion, une planification des voyages plus près du point de départ et d'une durée plus courte et enfin le recours plus marqué à la réservation de dernière minute[81].

Les réformes et les plans stratégiques en tourisme mis en œuvre par les autorités japonaises (P)

En 2001, la balance internationale des paiements du secteur des voyages du Japon accusait un déficit de 28,8 milliards de dollars US, le solde des recettes s'établissant à 5,6 milliards de dollars US alors que celui des dépenses pour les voyages à l'étranger était de 34,4 milliards de dollars US[82]. Les Japonais dépensaient nettement plus en tant que touristes à l'étranger que les étrangers visitant le Japon. En termes de volume, la même année, le nombre de Japonais ayant voyagé hors de leur pays a atteint 17,8 millions tandis que le nombre d'entrées de visiteurs étrangers au Japon n'a été que de 4,76 millions, soit un quart seulement des flux de sorties. Pour remédier à cette situation, le Japon a décidé de bâtir une stratégie à deux volets en menant un certain nombre de réformes et en mettant en œuvre des plans stratégiques pour attirer un volume plus important de touristes internationaux tout en incitant les Japonais à voyager et dépenser localement.

Dans un premier volet, en termes de réformes majeures, le gouvernement a tout d'abord procédé au regroupement de quatre organes gouvernementaux (dont l'Office national du tourisme du Japon – JNTO) et la création d'un nouveau ministère de l'Aménagement du territoire, des Infrastructures et des Transports (MLIT) en janvier 2001. Par la suite,

---

80. OCDE, Direction de la science, de la technologie et de l'industrie – Examens des politiques nationales du tourisme du Japon, juillet 2002.
81. WTO Barometer – Prospects for International Tourism, vol. 1, n° 1, juin 2003.
82. *Idem*, note 80.

le Japon a procédé à un réaménagement des temps de vacances et des jours fériés pour aller chercher une retombée économique évaluée à plus de 50 milliards de dollars US annuellement.

Dans un deuxième volet, deux plans étaient mis en œuvre : d'une part, le **Welcome Plan 21** dont l'objectif est de porter le nombre d'entrées de visiteurs à 8 millions en 2007 en facilitant l'entrée des visiteurs étrangers et, d'autre part, le plan **EAST** (East Asian Sphere for Tourism Plan), en collaboration avec la Corée, qui a pour objectif d'intensifier les échanges touristiques dans un contexte plus vaste en Asie de l'Est en multipliant par deux les flux touristiques bilatéraux qui devraient passer de 3 millions à 6 millions en 2006 tout en augmentant le nombre de visiteurs provenant de pays tiers, qui devrait passer de 6 à 10 millions dans les mêmes délais. Pour atteindre les objectifs fixés, le département du Tourisme dispose d'une enveloppe budgétaire de 30 millions de dollars US et le JNTO d'un budget de 29 millions de dollars US, dont 70 % seraient consacrés à la promotion du Japon auprès des principaux marchés émetteurs[83].

La mise en application de cette stratégie à deux volets conjuguée à la conjoncture internationale actuelle influencera négativement le volume des arrivées touristiques japonaises en Colombie-Britannique (et au Canada en général) à moyen terme.

Augmentation des prix des billets d'avion (Q)

Selon une étude de la Tourism British Columbia, 90 % des touristes en provenance de la région Asie – Pacifique (incluant le Japon) utiliseraient l'avion comme mode de transport, ce qui représente plus de 35 % du budget alloué pour le séjour[84]. Le prix des billets d'avion représente donc un facteur critique lors du choix de la destination pour la clientèle japonaise. Cependant, plusieurs éléments conjoncturels militeraient en faveur d'une augmentation des prix des billets d'avion à moyen terme et pourraient, de ce fait, menacer les arrivées touristiques japonaises en Colombie-Britannique.

Tout d'abord, les effets du programme de la privatisation et de la déréglementation, instauré depuis maintenant 15 ans, ont poussé les compagnies aériennes à une vague de restructuration afin d'éviter la

---

83.   OCDE, Direction de la Science, de la Technologie et de l'industrie, Examens des politiques nationales du tourisme du Japon, juillet 2002.
84.   Tourism British Columbia, *Market origin report: visitors to B.C from Asia / Pacific*, 2002.

faillite (Air Canada constitue un exemple marquant en se plaçant sous la loi de protection contre la faillite au début de l'année 2003). En Colombie-Britannique, l'industrie du transport aérien a dû se priver de plus de 23 % de sa main-d'œuvre qualifiée entre 1998 et 2002. Au cours de cette même période, le coût des billets d'avion a augmenté drastiquement de 134 % comparativement à la même période durant les années précédentes[85].

Par ailleurs, la tendance à la hausse du prix du baril de pétrole qui persiste depuis le troisième trimestre 2004 risque d'influencer négativement le prix du transport aérien à moyen terme.

Enfin, les coûts reliés à la mise en place des mesures de sécurité additionnelles aux points d'entrée de plusieurs pays (dont le Canada) après les attentats du 11 septembre 2001 et l'instabilité internationale liée à la menace terroriste ont été en partie répercutés sur les titres de transport aérien.

Si ces éléments conjoncturels persistent à moyen terme, la perspective d'une augmentation des prix du billet d'avion est plus que probable et aura comme conséquence d'orienter les Japonais vers des destinations moins éloignées que le Canada.

4.6. FAITS PORTEURS D'AVENIR

Compte tenu de l'identification et du rôle attribué aux variables qui influencent ou influenceront les arrivées de touristes japonais en Colombie-Britannique, il importe de répondre à la question suivante : quel avenir à long terme pour le marché japonais ? L'analyse prospective résumée par les tableaux 8.5 et 8.6 montre que les invariants sont nombreux et bien structurés et que les facteurs déstructurants ont un caractère plutôt moyen dans le système. Les faits prospectifs du présent, même s'ils n'ont pas tous un caractère moteur, vont généralement dans le sens de la tendance lourde. Il aurait été possible (et même souhaitable) d'approfondir l'identification et l'analyse de ces éléments, l'objectif de cette section n'étant pas d'être exhaustif, mais plutôt de présenter un exemple d'application de la démarche prospective dont ce chapitre fait l'objet. Nous pouvons cependant aborder la construction des scénarios en retenant que la tendance lourde, qui suppose une croissance des arrivées de touristes

---

85.   British Columbia Tourism Monitor, *Tourism Sector Monitor 2004, BC Stats, Ministry of Management Services*, vol. 4, n° 2, 2 mars 2004.

japonais au cours des dix prochaines années, peut se réaliser dans un contexte où « rien n'est égal par ailleurs » sur lequel s'appuie l'analyse prospective.

Scénario 1 : la continuité

Le premier scénario de notre exemple est de type exploratoire tendanciel (figure 8.4). Il suppose une augmentation de touristes japonais en Colombie-Britannique à partir d'un certain nombre de conditions favorables. Ce futur possible s'appuie sur l'amélioration de la conjoncture économique japonaise comme élément moteur. Le redressement économique devrait contribuer à maintenir la stabilité de la consommation privée des Japonais, à moyen terme elle devrait même augmenter. Le scénario s'appuie également sur le réaménagement des horaires de travail, des temps de vacances et des jours fériés au Japon ainsi que sur l'augmentation des voyages individuels.

Figure 8.4

CONTINUITÉ DE L'ACCROISSEMENT DES TOURISTES JAPONAIS EN COLOMBIE-BRITANNIQUE

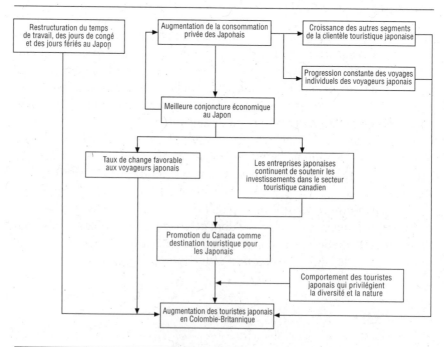

De plus, l'effet combiné des investissements japonais dans le secteur touristique canadien et du soutien continu des autorités fédérale et provinciales canadiennes dans le domaine de la promotion du Canada comme destination touristique aura une influence positive sur les arrivées touristiques japonaises. Ces éléments ont un caractère moteur dans l'évolution de l'avenir résumé par ce scénario qui nous semble le plus probable, compte tenu de la brève analyse que nous avons présentée.

Scénario 2 : le développement du tourisme hivernal

Ce deuxième scénario formule l'objectif de développer le potentiel des activités de plein air et des sports d'hiver (figure 8.5). Il répond donc aux caractéristiques du scénario d'anticipation normatif. Comme nous l'avons présenté, une grande majorité de la clientèle japonaise est très intéressée par les attraits naturels et l'offre touristique de l'Ouest canadien comme Whistler, Banff ou le Lac Louise. Par ailleurs, le segment de la clientèle hivernale continue de progresser à un rythme constant. Ces conditions sont favorisées notamment par le soutien continu des investissements des japonais dans les lieux de villégiature et les hôtels de l'Ouest canadien, mais également par la mise en œuvre d'un plan stratégique touristique ambitieux par le gouvernement provincial : le Spirit of 2010 Tourism Strategy contribuant à structurer la tendance lourde en particulier sur l'offre de produits « hiver ». La tendance des Japonais aux voyages individuels, la montée des autres segments de cette clientèle et la tenue des Jeux olympiques et paralympiques en 2010 en Colombie-Britannique fait de ce scénario un avenir non seulement souhaitable, mais aussi réalisable. Enfin, les efforts de promotion du gouvernement canadien contribuent aussi à réaliser l'objectif fixé par ce scénario.

Cet exemple d'application montre sommairement comment les arrivées de touristes japonais en Colombie-Britannique pourraient évoluer à l'horizon 2010. Si le premier scénario présente la possibilité que les démarches prévisionnelles et prospectives conduisent à des résultats similaires, l'élaboration d'un second scénario révèle dans quelle mesure il est possible de fixer des objectifs qui contribuent à « construire l'avenir ».

Figure 8.5

LE DÉVELOPPEMENT DU TOURISME HIVERNAL

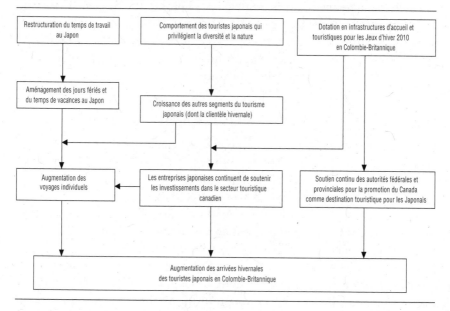

L'objectif de ce chapitre était de présenter la méthode prospective comme la continuité de la démarche prévisionnelle quantitative. Elle est aussi une étape essentielle dans la planification de l'avenir et l'identification des actions nécessaires pour y arriver. Nous avons montré dans quelle mesure le néologisme prévision-propsective prenait son sens dans la production d'outils nécessaires au gestionnaire pour passer du mode réactif au mode proactif, sinon préactif (au sens de Godet), de façon à pouvoir anticiper le changement plutôt que le subir.

Conclusion

Nous avons présenté, dans ce livre, un grand nombre de méthodes propres à la prévision-prospective : des méthodes empiriques de description, des méthodes exigeant une plus grande formalisation au plan mathématique ainsi que des méthodes qualitatives. À l'aide de ces méthodes, la connaissance de l'avenir va s'appuyer sur une démarche plus rigoureuse et plus systématique.

La « veille socioéconomique », qui devient une ardente obligation aujourd'hui pour les entreprises et les gouvernements, ne s'improvise pas ; elle demande, dans la recherche des tendances, une bonne connaissance des méthodes et la capacité d'interpréter correctement les résultats de cette recherche.

Toute approche méthodologique vise à construire la réalité à partir de certains postulats. Les méthodes prévisionnelles et prospectives ne font pas exception à cette règle. Le postulat principal de la méthode prévisionnelle est que l'évolution future va reproduire, avec de faibles variantes, les phénomènes passés et actuels (que ceux-ci soient positifs ou négatifs pour le système étudié). La méthode prospective tente de tenir compte de l'ensemble des possibilités de l'évolution d'une variable et d'évaluer la probabilité de réalisation de chacune de ces possibilités.

Dans son essai *Sur la stratégie prospective de l'économie sociale* rédigé en 1966, Bertrand de Jouvenel, un des « pères » de la prospective, montre bien que l'approche prévisionnelle et l'approche prospective sont complémentaires : « La première est la description anticipée d'une situation future qui paraît actuellement probable – et c'est là proprement prévision – l'autre est la recherche des moyens propres à optimiser la situation future – c'est là ce qui est ici appelé stratégie[1]. » On se rend compte, à la lecture de cette phrase de Bertrand de Jouvenel, que la prévision-prospective débouche sur autre chose : sur le faire, la volonté d'agir. À ce niveau il n'y a plus de règles très strictes mais la nécessité de présenter toutes les options. Nous n'avons pas tellement abordé cet aspect des choses car elles font appel à tant d'autres disciplines : histoire, science politique, sociologie, psychosociologie, sciences de la gestion. Il semble évident que la prévision n'est qu'une « mise à plat » de l'information recueillie et que par la suite, avec la démarche prospective, vient la lente quête du « sens » à donner aux prévisions chiffrées. Une quête qui n'est jamais close, ce qui est le lot de notre fragile humanité.

Bibliographie

ABRAHAM-FROIS, G. (1995), *Les fluctuations économiques*, Paris, Économica.

ANISON, G. (1988), *Économétrie pour l'entreprise*, Paris, Eyrolles.

ARCHER, B. (1976), *Demand Forecasting*, Bangor, University of Wales Press.

ARNOULD, D. (1989), *Analyse des crises économiques*, Paris, Dunod.

ARROUS, J. (1991), *Croissance et fluctuations*, Paris, Dalloz.

ATHIYAMAN, A. (1997), « Knowledge development in tourism : tourism demand research », *Tourism Management*, vol. 18, n° 4.

AYRES, R. (1972), *Prévision technologique et planification à long terme*, Paris, Éditions Hommes et Techniques.

BAILS, D. et PEPPERS (1993), *Business Fluctuations*, Englewood Cliffs, Prentice-Hall.

BAR-ON, R. (1975), *Seasonality in Tourism – A guide to the Analysis of Seasonality and Trends for Policy Making*, London, The Economist Intelligence Unit.

BAR-ON, R. (1984), « Forecasting Tourism and Travel Series », *Problemy Turystyki,* vol. 7, n° 3.

BAR-ON, R. (1984), « Tourism Terminology and Standards Definitions », *Revue de tourisme*, vol. 39, n° 1.

BAR-ON, R. (1989), *Travel and Tourism Data*, Phoenix, Oryx Press.

BAR-ON, R. (1991), « Improving the Reliability of International Tourism Statistics », *Revue de tourisme*, vol. 46, n° 2.

BÉCHU, T. et E. BERTRAND (1992), *L'analyse technique*, Paris, Économica.

BERGER, G. (1967), *Étapes de la prospective*, Paris, Presses universitaires de France.

BETBEZE, J.P. (1984), *La conjoncture économique*, Paris, Presses universitaires de France.

BLARD-LABORDERIE, J. (1994), *Initiation à la statistique descriptive*, Paris, Les Éditions d'Organisation.

BOLT, G. (1982), *Market and Sales Forecasting Manual*, Englewood Cliffs, Prentice-Hall.

BOURBONNAIS, R. (1993), *Économétrie*, Paris, Dunod.

BOWERMAN, B. et R. O'CONNELL (1979), *Times Series and Forecasting*, Belmont, Duxbury Press.

BRADFORD DE LONG, J. (1998), *Tendances mondiales : 1980-2015 et au delà*, Ottawa, Industrie Canada.

BRANDON, C., FRITZ, R. et J. ZANDER (1984), « Combining Time-Series and Econometric Forecast of Tourism Activity », *Annals of Tourism Research*, vol. 11, n° 2.

BRAUERS, W. (1995), *Prévisions économiques*, Paris, Économica.

BUIGHES, P.A. (1985), *Prospective et compétitivité*, Paris, McGraw-Hill.

BUTLER, R. (1994), « Seasonality in tourism : issues and problems », dans A. SEATON (et autres), *Tourism : State of the Art*, Chichester, Wiley and Sons.

BUTLER, R. et B. MAO (1997), « Seasonality in Tourism : Problem and Measurement », dans P. MURPHY (et autres), *Quality Management in Urban Tourism*, London, Wiley.

CANADIAN TOURISM RESEARCH INSTITUTE (1997), *Travel Forecast 2000 : Twenty-One Questions for the 21st Century*, Ottawa.

CASTELLANI, M. (1994), *Crise mondiale : théories et réalités*, Paris, Éditions Sirey.

CAZES, G. (1992), « Les exigences de la prospective touristique : une réflexion difficile mais indispensable », *Rapport au 42e Congrès de l'AIEST*, vol. 34, Paris, Éditions AIEST.

CHADWICK, R. (1994), « Concepts, Definitions and Measures Used in Travel and Tourism Research », dans J. BRENT-RITCHIE et C. GOELDNER, *Travel Tourism and Hospitality Research*, New York, John Wiley and Sons.

CHAMBERS, J., SATINDER, K. et D. MULLICK (1971), « How to chose the right forecasting technique », *Harvard Business Review*, n° 71403, juillet-août.

CHAN, Y. (1993), « Forecasting tourism : A sine wave time series regression approach », *Journal of Travel Research*, vol. XXXII, n° 2.

CHERON, E., PERRIEN, J. et M. ZINS (1983), *Recherche en Marketing*, Gaëtan Morin Éditeur, Chicoutimi.

CHOY, D. (1984), « Forecasting hotel industry performance », *Tourism Management*, vol. 6, n° 1.

CHU, F.L. (1998), « Forecasting Tourism : A Combined Approach », *Tourism Management*, vol. 19, n° 6.

CLEARY, J. et H. LEVENBACH (1982), *The Professional Forecaster*, Belmont, Lifetime Learning Publications.

CLING, J.P. (1990), *L'analyse de la conjoncture*, Paris, La Découverte.

COUTROT, B. et F. DOESBEKE (1984), *Les méthodes de prévision*, Paris, Presses universitaires de France.

CROUCH, G. (1995), « A meta-analysist of tourism demand », *Annals of Tourism Research*, vol. 22, n° 1.

D'HOERAENE, J. et Y. LEDOUX (1971), *La prévision dans l'entreprise par l'analyse des séries chronologiques*, Paris, Dunod.

DAUTEN, C. et L. VALENTINE (1983), *Business Cycles and Forecasting*, Cincinnati, South-Western Publishing.

DAVID, M. et J. MICHAUD (1989), *La prévision : approche empirique d'une méthode statistique*, Paris, Masson.

DECOUFLÉ, A.-C. (1976), *Sociologie de la prévision*, Paris, Presses universitaires de France.

DECOUFLÉ, A.-C. (et autres) (1978), *Traité élémentaire de prévision et de prospective*, Paris, Presses universitaires de France.

DOW, L. (1968), *Business Fluctuations in a Dynamic Economy*, Columbus, Charles E. Merrill Publishing.

DUFOUR, J.-L. (1996), *Les crises internationales – 1900 à Sarajevo – 1995*, Paris, Éditions Complexe.

DUPONT, C. (1971), *Prévision à long terme et stratégie*, Paris, Dunod.

EDWARDS, A. (1978), *Manuel sur les méthodes de prévision applicables au tourisme*, Madrid, Organisation mondiale du tourisme.

EDWARDS, A. et A. GRAHAM (1997), *International Tourism Forecast to 2010*, Travel and Tourism Intelligence, Londres.

En collaboration (1996), *Les sciences de la prévision*, Paris, Seuil.

FARNUM, N. et L. STANTON, *Quantitative Forecasting Methods*, Boston, PWS Publishing Company.

FAULKNER, B. et P. VALERIO (1995), « An integrative approach to tourism demand forecasting », *Tourism Management*, vol. 16, n° 1.

FAYOLLE, J. (1987), *Pratique contemporaine de l'analyse conjoncturelle*, Paris, Économica.

FLAMANT, M. (1985), *Les fluctuations économiques*, Paris, Presses universitaires de France.

FOUET, M. (1981), *Analyser la conjoncture*, Paris, Hatier.

FOURASTIÉ, J. et B. GRAIS (1984), *Les indices statistiques*, Paris, Masson.

FRECHTLING, D. (1996), *Practical Tourism Forecasting*, Oxford, Butterworth-Heinemann.

GAYNOR, P. et R. KIRKPATRICK (1994), *Time-Series Modeling and Forecasting in Business and Economics*, New York, McGraw-Hill.

GODET, M. (1977), *Crise de la prévision, essor de la prospective*, Paris, Presses universitaires de France.

GODET, M. (1985), *Prospective et planification stratégique*, Paris, Économica.

GODET, M. (1991), *De l'anticipation à l'action. Manuel de prospective stratégique*, Paris, Dunod.

GODET, M. (1991), *L'avenir autrement*, Paris, Armand Colin.

GODET, M. (1997), *Manuel de prospective stratégique. Une indiscipline intellectuelle*, tome I, Paris, Dunod.

GODET, M. (1998), *Manuel de prospective stratégique. L'art et la méthode*, tome II, Paris, Dunod.

GODET, M. (2001), « De la rigueur pour une indiscipline intellectuelle », *Prospective stratégique d'entreprise*, Dunod, 2e édition.

GODET, M. (2004), « La boîte à outils de la prospective stratégique », Cahier du LIPSOR, 5e édition, mise à jour, juin.

GODET, M. et F. ROUBELAT (1994), « Prospective de la prospective d'entreprise », *Revue Française de Gestion*, n° 100, septembre.

GOLDFARB, B. et C. PARDOUX, *Introduction à la méthode statistique*, Paris, Dunod.

GUIRAND, P. (1993), « Le tourisme international à l'horizon 2000 : quantité ou qualité ? », *Téoros*, vol. 13, n° 2.

GOURIEROUX, C. et A. MONTFORT (1983), *Cours de séries temporelles*, Paris, Économica.

GOUX, C. (1969), *L'horizon prévisionnel*, Paris, Éditions Cujas.

GRANELLE, J. (1977), *Fluctuations économiques et conjoncture*, Paris, Masson.

GRANGER, C. (1989), *Forecasting in Business and Economics*, Boston, Academic Press.

GUÉRIN, G. (1983), *Des séries chronologiques au système statistique canadien*, Chicoutimi, Gaëtan Morin Éditeur.

GUITTON, H. (1964), *Statistique et économétrie*, Paris, Dalloz.

GUITTON, H. (1971), *Les mouvements conjoncturels*, Paris, Dalloz.

GUJARATI, D. (1992), *Essentials of Econometrics*, New York, McGraw-Hill.

HANKE, J. et G. REITSCH (1998), *Business Forecasting*, Upper Saddle River, Prentice-Hall.

HANKE, J. et G. REITSCH (1981), *Business Forecasting*, Boston, Allyn and Bacon.

HARTWIG, J. (1993), « La méthode Delphi en question : tourisme en Suisse en l'an 2010 », *Téoros*, vol. 13, n° 2.

HATEM, F., B. CAZES et F. ROUBELAT (1993), *La prospective. Pratiques et méthodes*, Paris, Économica.

HU, THE-WEI (1982), *Econometrics*, Baltimore, University Park Press.

JANTSCH, E. (1967), *La prévision technologique*, Paris, O.C.D.E.

JANTSCH, E. (et autres) (1971), *Prospective et politique*, Paris, O.C.D.E.

JARRET, J. (1987), *Business Forecasting Methods*, Oxford, Basil Blackwell Ltd.

JAY-RAYON, J.-C. et B. MORNEAU (1993), « Prospective touristique locale et régionale, 1995-2010 : scénarios tendanciels et exploratoires », *Téoros*, vol. 13, n° 2.

JOHNSON, C. et S. BRISCOE (1995), *Measuring the Economy*, London, Penguin Books.

JOUVENEL, B. DE (1964), *L'art de la conjecture*, Paris, Éditions du Rocher.

JOUVENEL, B. DE (1968), *Arcadie. Essais sur le mieux vivre*, Paris, Futuribles.

JOUVENEL, H. DE (1999), « L'anticipation pour l'action », *Futuribles. Analyse et prospective*, Paris, hors série, janvier.

KAUFMAN, H. et J.L. GROBOILLOT (1968), *La prévision économique à court terme*, Paris, Dunod.

KEATING, G. (1985), *The Production and Use of Economic Forecasts*, London, Methuen.

KOLB, F. et V. BRIJATOFF (1969*), Planification et méthodes de prévision dans l'entreprise*, Paris, Entreprise Moderne d'Édition.

KOVACSHAZY, M.-C. (1998), « Le tourisme des seniors en 2010 », *Futuribles*, n° 233, juillet-août.

LEVENBACH, H. et J. CLEARY (1982), *The Beginning Forecaster*, Belmont, Lifetime Learning Publications.

LÉVY, M. (1975), *L'information statistique*, Paris, Seuil.

LEWANDOWSKI, R. (1979), *La prévision à court terme*, Paris, Dunod.

LAZATO-GIOTART, J.-P. (1993), « Activités et foyers touristiques en Méditerranée : scénarios pour un proche futur », *Téoros*, vol. 13, n° 2.

MARCHON, M. (1994), *Prévoir l'économie pour mieux gérer*, Montréal, Québec/Amérique.

MARICOURT, R. DE (1985), *La prévision des ventes*, Paris, Presses universitaires de France.

MARIS, B. et A. COURET (1991), *Les politiques économiques conjoncturelles*, Paris, Presses universitaires de France.

MATOS, Rafael (2003), «Le tourisme a-t-il encore un avenir ? Laissons notre imagination prendre le large !», *PLS Point Ligne Surface*, vol 11, p 10-15.

MC ELROY, J. et K. DE ALBUQERQUE (1998), « Tourism Penetration Index in Small Caribbean Islands », *Annals of Tourism*, vol. 25, n° 1.

MÉLARD, G. (1990), *Méthodes de prévision à court terme*, Bruxelles, Éditions de l'Université de Bruxelles.

MILLER, J., J. McCAHON, S. CYNTHIA et J. MILLER (1991), « Foodservice forecasting using simple mathematical models », *Hospitality Research Journal*, vol. 15, n° 1.

MONTGOMERY, D. et L. JOHNSON (1976), *Forecasting and Time Series Analysis*, New York, McGraw-Hill.

MOORE, G. (1983), *Business Cycles, Inflation and Forecasting*, Cambridge, Ballinger Publishing Company.

MORIN, E. (1976), « Pour une crisologie », *Communications*, n° 25, Seuil.

MORUCCI, B. (1993), « Prospective touristique : essai méthodologique », *Téoros*, vol. 12, n° 2.

MUET, P.A. (1993*), Croissance et cycles*, Paris, Économica.

OBERT, R. (1991), *Les prévisions dans l'entreprise*, Paris, Dunod.

OCDE (1997), *Le monde en 2020. Vers une nouvelle ère mondiale*, Paris.

OCDE (2003), *Les risques émergents au XXIe siècle*, Paris.

OMT (2001), *The impact of the attacks in the United States on international Tourism : an initial analysis.*

OSTROM, C. (1989), *Time Series Analysis Regression Techniques*, Newbury Park, Sage Publications.

PÉPIN, C. (1988), *La prospective et le décideur*, Outremont, Éditions Clermont Pépin.

PETEL, F. et O. BOUISSOU (1974), *Initiation à la conjoncture*, Paris, Cujas.

POQUET, G. (1997), « Méthodes et outils de la prospective », *Cahiers Français*, n° 232, juillet-septembre, Paris, La Documentation française.

PY, B. (1987), *Statistique descriptive*, Paris, Économica.

ROSIER, B. (1987), *Les théories des crises économiques*, Paris, Éditions La Découverte.

ROSIER, B. et P. DOCKÈS (1983), *Rythmes économiques. Crises et changement social : une perspective historique*, Paris, Éditions La Découverte.

ROSSI, J. (1975), *Les statistiques du tourisme international : méthodologie de rassemblement, de traitement et de prévision des séries statistiques*, Genève, Giral.

ROUBELAT, F. (1993), « La prospective : méthode et outils », *Téoros*, vol. 13, n° 2.

RYAN, C. (1991), *Recreational Tourism*, Routledge, London.

SALOMON, M. et G. NAHON (1977*), L'élaboration des prévisions de marché*, Paris, Dunod.

SALVATORE, D. (1985), *Économétrie et statistique appliquées*, Paris, McGraw-Hill.

SARRASIN, B. (1999), *Ajustement structurel et lutte contre la pauvreté en Afrique. La Banque Mondiale face à la critique*, Paris, L'Harmattan.

SARRASIN, B. et J. STAFFORD (1999), « L'économie politique du prochain siècle : pour en finir avec la mondialisation », *Téoros*, vol. 18, n° 3.

SCHLACTHER, D. (1980), *De l'analyse à la prévision*, Montréal, Études vivantes.

SCHWANIGER, M. (1984), «Forecasting leisure and tourism. Scenario projections for 2000-2010», *Tourism Management*, vol. 5, n° 4.

SHAO, S. (1967), *Statistics for Business and Economics*, Columbus, Charles E. Merrill Publishing.

SHELDON, P. (1993), «Forecasting Tourism : Expenditures versus arrivals», *Journal of Travel Research*, vol. XXII, n° 1.

SMITH, S. (1989), *Tourism Analysis*, Longman, London.

STAFFORD, J. (1996), «La demande touristique dans les Laurentides : bilan de santé», *Téoros*, vol. 15, n° 1.

STAFFORD, J. et B. SARRASIN (1997), «Les Français au Québec : un marché d'avenir ?», *Téoros*, vol. 16, n° 3.

STAFFORD, J. (1979), «*Pour une rythmanalyse des différentes durées sociales*», Montréal, Institut de recherches politiques.

STAFFORD, J. (1982), «*Crise et prévisibilité sociale*», dans la revue *Critère*, n° 34.

STAFFORD, J. (1991), «Bilan de santé et prévisions de l'hôtellerie à Montréal, 1977-1995», *Téoros*, vol. 10, n° 3.

STAFFORD, J. (1993), «La prévision de la demande touristique : une analyse critique», *Téoros*, vol. 12, n° 2.

STAFFORD, J. et B. SARRASIN (1997), «Du cliché à la réalité. Quel avenir pour les marchés nord-américains ?», *Les Cahiers Espaces*, n° 51, juin.

STAFFORD, J. et B. SARRASIN (1997), «Les Américains au Québec : le géant endormi», *Téoros*, vol. 16, n° 2.

STAFFORD, J. et B. SARRASIN (1998), «La pression de l'offre hôtelière au Québec», *Téoros*, vol. 17, n° 3.

STAFFORD, J. et B. SARRASIN (1998), «Les Allemands au Québec. Un marché de niches ?», *Téoros*, vol. 17, n° 2, Montréal.

STAFFORD, J. et B. SARRASIN (1998), «Les Britanniques au Québec. Quel tourisme ?», *Téoros*, vol. 17, n° 1.

STAFFORD, J. et B. SARRASIN (1998), «Quel avenir pour l'offre et la demande touristique dans Charlevoix ? Une analyse prévisionnelle et prospective», *Téoros*, vol. 17, n° 1.

STAFFORD, J. et B. SARRASIN (1999), «La saisonnalité dans les hôtels du Québec», *Téoros*, vol. 18, n° 1.

STAFFORD, J. et B. SARRASIN (1999), « La saisonnalité dans les hôtels du Québec : vers un classement de la performance régionale », *Téoros*, vol. 18, n° 2.

STAFFORD, J. et M. SAMSON (1983), « *L'impossible civilisation des loisirs* », dans la revue *Critère*, n° 35.

STAFFORD, J., C. BÉLANGER et B. SARRASIN (1996), *Développement et tourisme au Maroc*, Paris, L'Harmattan.

STAFFORD, J., C.-E. BÉLANGER et B. MAHEU (1996), « L'évolution du tourisme d'affaires à l'échelle mondiale, portrait de quelques pays », *Téoros*, vol. 15, n° 3.

STAFFORD, R. et D. WASSENAR (1991), « The Lodging Index : An Economic Indicator for the Hotel/motel Industry », *Journal of Travel Research*, vol. XXX, n° 1.

STATISTIQUE CANADA (2004), Tab. 387-0003 et 387-0004 & « Indicateurs nationaux du tourisme », *Le Quotidien*, 2ᵉ trimestre (www.statcan.ca/Daily/Français/040928/q040928a.htm).

STUTELY, R. (1997), *Guide to Economic Indicators*, London, The Economist Newspaper Ltd.

TARDIEU, C. et J.F. REGNARD (1993), *La prévision c'est simple !*, Paris, Top Éditions.

TOURISME MONTRÉAL, (2002), *Les marchés géographiques internationaux et les grandes villes du Canada* (http://www.tourisme-montreal.org/Download/outremer2002.pdf).

TREMBLAY, V. (1987), *Construction d'un indice touristique au Québec. Aspects méthodologiques et opérationnels*, Ville Mont-Royal, Statplus.

TÉNIÈRE-BUCHOT, P.-F. (1989), *L'ABC du pouvoir*, Paris, Les Éditions d'Organisation.

THUROT, J.-M. (1982), « La technique des scénarios appliquée au tourisme : aspect méthodologiques », *Les Cahiers du Tourisme*, série C, n° 65, Aix-en-Provence, Centre des Hautes Études touristiques.

TIANO, A. (1974), *La méthode prospective*, Paris, Dunod.

TOURISME MONTRÉAL (1999), « Le tourisme au 21ᵉ siècle : les principales tendances sociales et démographiques », *Orientations stratégiques 2000-2005*, Montréal, O.C.T.G.M.

UNESCO (1999), *Un monde nouveau*, Éditions de l'Unesco / Éditions Odile Jacob.

UNESCO (2000), *Les clés du XXIe siècle*, Édition du Seuil / Éditions de l'Unesco.

UNESCO (2004), *Où sont les valeurs ?*, Édition Albin Michel / Éditions de l'Unesco.

UNESCO (2004), « La prospective : le futur au présent », Jérôme Bindé & Frédéric Sampson, Newsletter SHS (Sciences sociales et humaines UNESCO), janvier-mars.

USUNIER, J.C. et R. BOURBONNAIS, *Pratique de la prévision à court terme*, Paris, Dunod.

VAN DOORN, J. (1984), « An Unexplored Forecasting Area in Tourism : Scenario Writing », *Problemy Turystyki*, n° 3.

VAN HOVE, N. (1980), « Forecasting in Tourism », *Revue de tourisme*, vol. 35, n° 3.

VATÉ, M. (1993), *Statistique chronologique et prévision*, Paris, Économica.

VIARD, J. (et autres) (1998), *Réinventer les vacances. La nouvelle galaxie du tourisme*, Paris, La Documentation française.

WEBER, S. (1991), « Problem Areas and Sources of Errors in Tourism Demand Research », *Revue de tourisme*, vol. 46, n° 2.

WHEELWRIGHT, S. et S. MARKRIDAKIS (1983), *Méthodes de prévision pour la gestion*, Paris, Les Éditions d'Organisation.

WILTON, D. et T. WIRJANTO (1998), *Analyse de variations saisonnières dans les Indicateurs Nationaux du Tourisme*, Ottawa, Commission canadienne du tourisme.

WITT, S. et C. WITT (1992), *Modeling and Forecasting Demand in Tourism*, London, Academic Press.

WITT, S. et C. WITT (1995), « Forecasting tourism demand : A review of empirical research », *International Journal of Forecasting*, vol. 11, n° 3.

WITT, S., C. WITT et N. WILSON (1994), « Forecasting international tourist flows », *Annals of Tourism Research*, vol. 21, n° 3.

WORLD TOURISM ORGANIZATION (1997), *Tourism : 2020 Vision, Influences, Directional Flows and Keys Trends*, Madrid.

YACOUNIS, J. (1980), « Tackling Seasonality », *International Journal of Tourism Management*, vol. 1, n° 2.

ZAJDENWEBER, D. (1969), *La prévision à court terme*, Paris, Dunod.

ZALATAN, A. (1994), *Forecasting Methods In Sports & Recreation*, Toronto, Thomson Educational Publishing.

Liste de sites Internet

QUÉBEC-CANADA

Caisse de dépôt et de placement du Québec	www.lacaisse.com
Revue *Téoros*	www.unites.uqam.ca/teoros
La Chaire du tourisme de l'Université du Québec à Montréal	www.unites.uqam.ca/tourisme

INTERNATIONAL ET PAYS

Organismes	Adresses électroniques
Organisation mondiale du tourisme	www.world-tourism.org
Bureau international du tourisme social	www.bits-int.org
World Travel Tourism Council	www.wttc.org
Travel and Tourism Statistics on the Web	www.tourism.statistics.com
Economic Impacts of Recreation and Tourism	www.msu.edu/course/prr/840/ecoimpact
Commission économique européenne	www.europa.ev.int/comm/eurostat
Banque mondiale	www.wordsbank.org
Fonds monétaire international	www.imf.org
Organisation mondiale du commerce	www.wto.org
OCDE	www.oecd.org
Observatoire National du Tourisme de France	www.tourisme.ont.asso.fr
Direction de la statistique du Royaume du Maroc	www.statictic.gov.ma

Annexe

Tableau A

TABLE DE LA LOI DE STUDENT

v	P = 0,90	0,80	0,70	0,60	0,50	0,40	0,30	0,20	0,10	0,05	0,02	0,01
1	0,158	0,325	0,510	0,727	1,000	1,376	1,963	3,078	6.314	12,706	31,821	63,657
2	0,142	0,289	0,445	0,617	0,816	1,061	1,386	1,886	2,920	4,303	6,965	9,925
3	0,137	0,277	0,424	0,584	0,765	0,978	1,250	1,638	2,353	3,182	4,541	5,841
4	0,134	0,271	0,414	0,569	0,741	0,941	1,190	1,533	2,132	2,776	3,747	4,604
5	0,132	0,267	0,408	0,559	0,727	0,920	1,156	1,476	2,015	2,571	3,365	4,032
6	0,131	0,265	0,404	0,553	0,718	0,906	1,134	1,440	1,943	2,447	3,143	3,707
7	0,130	0,263	0,402	0,549	0,711	0,896	1,119	1,415	1,895	2,365	2,998	3,499
8	0,130	0,262	0,399	0,546	0,706	0,889	1,108	1,397	1,860	2,306	2,896	3,355
9	0,129	0,261	0,398	0,543	0,703	0,883	1,100	1,383	1,833	2,262	2,821	3,250
10	0129	0,260	0,397	0,542	0,700	0,879	1,093	1,372	1,812	2,228	2,764	3,169
11	0,129	0,260	0,396	0,540	0,697	0,876	1,088	1,363	1,796	2,201	2,718	3,106
12	0,128	0,259	0,395	0,539	0,695	0,873	1,083	1,356	1,782	2,179	2,681	3,055
13	0,128	0,259	0,394	0,538	0,694	0,870	1,079	1,350	1,771	2,160	2,650	3,012
14	0,128	0,258	0,393	0,537	0,692	0,868	1,076	1,345	1,761	2,145	2,624	2,977
15	0,128	0,258	0,393	0,536	0,691	0,866	1,074	1,341	1,753	2,131	2,602	2,947
16	0,128	0,258	0,392	0,535	0,690	9,865	1,071	1,337	1,746	2,120	2,583	2,921
17	0,128	0,257	0,392	0,534	0,689	0,863	1,069	1,333	1,740	2,110	2,567	2,898
18	0,127	0,257	0,392	0,534	0,688	0,862	1,067	1,330	1,734	2,101	2,552	2,878
19	0,127	0,257	0,391	0,533	0,688	0,861	1,066	1,328	1,729	2,093	2,539	2,861
20	0,127	0,257	0,391	0,533	0,687	0,860	1,064	1,325	1,725	2,086	2,528	2,845
21	0,127	0,257	0,391	0,532	0,686	0,859	1,063	1,323	1,721	2,080	2,518	2,831
22	0,127	0,256	0,390	0,532	0,686	0,858	1,061	1,321	1,717	2,074	2,508	2,819
23	0,127	0,256	0,390	0,532	0,685	0,858	1,060	1,319	1,714	2,069	2,500	2,807
24	0,127	0,256	0,390	0,531	0,685	0,857	1,059	1,318	1,711	2,064	2,492	2,797
25	0,127	0,256	0,390	0,431	0,684	0,856	1,058	1,316	1,708	2,060	2,485	2,787
26	0,127	0,256	0,390	0,531	0,684	0,856	1,058	1,315	1,706	2,056	2,479	2,779
27	0,127	0,256	0,389	0,531	0,684	0,855	1,057	1,314	1,703	2,052	2,473	2,771
28	0,127	0,256	0,389	0,530	0,683	0,855	1,056	1,313	1,701	2,048	2,467	2,763
29	0,127	0,256	0,389	0,530	0,683	0,854	1,055	1,311	1,699	2,045	2,462	2,756
30	0,127	0,256	0,389	0,530	0,683	0,854	1,055	1,310	1,697	2,042	2,457	2,750
∞	0,12566	0,25225	0,38532	0,52440	0,67449	0,84162	1,03643	1,28155	1,64485	1,95996	2,32634	2,57582

Tableau B (1)

TABLE DE LA LOI DE FISHER

v_2	$v_1 = 1$		$v_1 = 2$		$v_1 = 3$		$v_1 = 4$		$v_1 = 5$	
	P=0,05	P=0,01	P=0,05	P=0,01	P=0,05	P=0,01	P=0,05	P=0,01	P=0,05	P=0,01
1	161,4	4052	199,5	4999	215,7	5403	224.6	5625	230,2	5764
2	18,51	98,49	19,00	99,00	19,16	99,17	19,25	99,25	19,30	99,30
3	10,13	34,12	9,55	30,81	9,28	29,46	9,12	28,71	9,01	28,24
4	7,71	21,20	6,94	18,00	6,59	16,69	6,39	15,98	6,26	15,52
5	6,61	16,26	5,79	13,27	5,41	12,06	5,19	11,39	5,05	10,97
6	5,99	13,74	5,14	10,91	4,76	9,78	4,53	9,15	4,39	8,75
7	5,59	12,25	4,74	9,55	4,35	8,45	4,12	7,85	3,97	7,45
8	5,32	11,26	4,46	8,65	4,07	7,59	3,84	7,01	3,69	6,63
9	5,12	10,56	4,26	8,02	3,86	6,99	3,63	6,42	3,48	6,06
10	4,96	10,04	4,10	7,56	3,71	6,55	3,48	5,99	3,33	5,64
11	4,84	9,65	3,98	7,20	3,59	6,22	3,36	5,67	3,20	5,32
12	4,75	9,33	3,88	6,93	3,49	5,95	3,26	5,41	3,11	5,06
13	4,67	9,07	3,80	6,70	3,41	5,74	3,18	5,20	3,02	4,86
14	4,60	8,86	3,74	6,51	3,34	5,56	3,11	5,03	2,96	4,69
15	4,54	8,68	3,68	6,36	3,29	5,42	3,06	4,89	2,90	4,56
16	4,49	8,53	3,63	6,23	3,24	5,29	3,01	4,77	2,85	4,44
17	4,45	8,40	3,59	6,11	3,20	5,18	2,96	4,67	2,81	4,34
18	4,41	8,28	3,55	6,01	3,16	5,09	2,93	4,58	2,77	4,25
19	4,38	8,18	3,52	5,93	3,13	5,01	2,90	4,50	2,74	4,17
20	4,35	8,10	3,49	5,85	3,10	4,94	2,87	4,43	2,71	4,10
21	4,32	8,02	3,47	5,78	3,07	4,87	2,84	4,37	2,68	4,04
22	4,30	7,94	3,44	5,72	3,05	4,82	2,82	4,31	2,66	3,99
23	4,28	7,88	3,42	4,66	3,03	4,76	2,80	4,26	2,64	3,94
24	4,26	7,82	3,40	5,61	3,01	4,72	2,78	4,22	2,62	3,90
25	4,24	7,77	3,38	5,57	2,99	4,68	2,76	4,18	2,60	3,86
26	4,22	7,72	3,37	5,53	2,98	4,64	2,74	4,14	2,59	3,82
27	4,21	7,68	3,35	5,49	2,96	4,60	2,73	4,11	2,57	3,78
28	4,20	7,64	3,34	5,45	2,95	4,57	2,71	4,07	2,56	3,75
29	4,18	7,60	3,33	5,42	2,93	4,54	2,70	4,04	2,54	3,73
30	4,17	7,56	3,32	5,39	2,92	4,51	2,69	4,02	2,53	3,70
40	4,08	7,31	3,23	5,18	2,84	4,31	2,61	3,83	2,45	3,51
60	4,00	7,08	3,15	4,98	2,76	4,13	2,52	3,65	2,37	3,34
120	3,92	6,85	3,07	4,79	2,68	3,95	2,45	3,48	2,29	3,17
∞	3,84	6,64	2,99	4,60	2,69	3,78	2,37	3,32	2,21	3,02

*T*ableau B (2)

TABLE DE LA LOI DE FISHER

v_2	$v_1 = 6$		$v_1 = 8$		$v_1 = 12$		$v_1 = 24$		$v = \infty$	
	$P = 0,05$	$P = 0,01$	$P = 0,05$	$P = 0,01$	$P = 0,05$	$P = 0,01$	$P = 0,05$	$P = 0,01$	$P = 0,05$	$P = 0,01$
1	234,0	5859	238,9	5981	243,9	6106	249,0	6234	254,3	6366
2	19,33	99,33	19,37	99,36	19,41	99,42	19,45	99,46	19,50	99,50
3	8,94	27,91	8,84	27,49	8,74	27,05	8,64	26,60	8,53	26,12
4	6,16	15,21	6,04	14,80	5,91	14,37	5,77	13,93	5,63	13,46
5	4,95	10,67	4,82	10,27	4,68	9,89	4,53	9,47	4,36	9,02
6	4,28	8,47	4,15	8,10	4,00	7,72	3,84	7,31	3,67	6,88
7	3,87	7,19	3,73	6,84	3,57	6,47	3,41	6,07	3,23	5,65
8	3,58	6,37	3,44	6,03	3,28	5,67	3,12	5,28	2,93	4,86
9	3,37	5,80	3,23	5,47	3,07	5,11	2,90	4,73	2,71	4,31
10	3,22	5,39	3,07	5,06	2,91	4,71	2,74	4,33	2,54	3,91
11	3,09	5,07	2,95	4,74	2,79	4,40	2,61	4,02	2,40	3,60
12	3,00	4,82	2,85	4,50	2,69	4,16	2,50	3,78	2,30	3,36
13	2,92	4,62	2,77	4,30	2,60	3,96	2,42	3,59	2,21	3,16
14	2,85	4,46	2,70	4,14	2,53	3,80	2,35	3,43	2,13	3,00
15	2,79	4,32	2,64	4,00	2,48	3,67	2,29	3,29	2,07	2,87
16	2,74	4,20	2,59	3,89	2,42	3,55	2,24	3,18	2,01	2,75
17	2,70	4,10	2,55	3,79	2,38	3,45	2,19	3,08	1,96	2,65
18	2,66	4,01	2,51	3,71	2,34	3,37	2,15	3,00	1,92	2,57
19	2,63	3,94	2,48	3,63	2,31	3,30	2,11	2,92	1,88	2,49
20	2,60	3,87	2,45	3,56	2,28	3,23	2,08	2,86	1,84	2,42
21	2,57	3,81	2,42	3,51	2,25	3,17	2,05	2,80	1,81	2,36
22	2,55	3,76	2,40	3,45	2,23	3,12	2,03	2,75	1,78	2,31
23	2,53	3,71	2,38	3,41	2,20	3,07	2,00	2,70	1,76	2,26
24	2,51	3,67	2,36	3,36	2,18	3,03	1,98	2,66	1,73	2,21
25	2,49	3,63	2,34	3,32	2,16	2,99	1,96	2,62	1,71	2,17
26	2,47	3,59	2,32	3,29	2,15	2,96	1,95	2,58	1,69	2,13
27	2,46	3,56	2,30	3,26	2,13	2,93	1,93	2,55	1,67	2,10
28	2,44	3,53	2,29	3,23	2,12	2,90	1,91	2,52	1,65	2,06
29	2,43	3,50	2,28	3,20	2,10	2,87	1,90	2,49	1,64	2,03
30	2,42	3,47	2,27	3,17	2,09	2,84	1,89	2,47	1,62	2,01
40	2,34	3,29	2,18	2,99	2,00	2,66	1,79	2,29	1,51	1,80
60	2,25	3,12	2,10	2,82	1,92	2,50	1,70	2,12	1,39	1,60
120	2,17	2,96	2,01	2,66	1,83	2,34	1,61	1,95	1,25	1,38
∞	2,09	2,80	1,94	2,51	1,75	2,18	1,52	1,79	1,00	1,00

*T*ableau C

TABLE DE DURBIN-WATSON *(niveau de signification de 0,05)*

T	k = 1		k = 2		k = 3		k = 4		k = 5	
	d_1	d_2	d_1	d_2	d_1	d_2	d_1	d_2	d_1	d_2
15	1,08	1,36	0,95	1,54	0,82	1,75	0,69	1,97	0,56	2,21
16	1,10	1,37	0,98	1,54	0,86	1,73	0,74	1,93	0,62	2,15
17	1,13	1,38	1,02	1,54	0,90	1,71	0,78	1,90	0,67	2,10
18	1,16	1,39	1,05	1,53	0,93	1,69	0,82	1,87	0,71	2,06
19	1,18	1,40	1,08	1,53	0,97	1,68	0,86	1,85	0,75	2,02
20	1,20	1,41	1,10	1,54	1,00	1,68	0,90	1,83	0,79	1,99
21	1,22	1,42	1,13	1,54	1,03	1,67	0,93	1,81	0,83	1,96
22	1,24	1,43	1,15	1,54	1,05	1,66	0,96	1,80	0,86	1,94
23	1,26	1,44	1,17	1,54	1,08	1,66	0,99	1,79	0,90	1,92
24	1,27	1,45	1,19	1,55	1,10	1,66	1,01	1,78	0,93	1,90
25	1,29	1,45	1,21	1,55	1,12	1,66	1,05	1,77	0,95	1,89
26	1,30	1,46	1,22	1,55	1,14	1,65	1,06	1,76	0,98	1,88
27	1,32	1,47	1,24	1,56	1,16	1,65	1,08	1,76	1,01	1,86
28	1,33	1,48	1,26	1,56	1,18	1,65	1,10	1,75	1,03	1,85
29	1,34	1,48	1,27	1,56	1,20	1,65	1,12	1,74	1,05	1,84
30	1,35	1,49	1,28	1,57	1,21	1,65	1,14	1,74	1,07	1,83
31	1,36	1,50	1,30	1,57	1,23	1,65	1,16	1,74	1,09	1,83
32	1,37	1,50	1,31	1,57	1,24	1,65	1,18	1,73	1,11	1,82
33	1,38	1,51	1,32	1,58	1,26	1,65	1,19	1,73	1,13	1,81
34	1,39	1,51	1,33	1,58	1,27	1,65	1,21	1,73	1,15	1,81
35	1,40	1,52	1,34	1,58	1,28	1,65	1,22	1,73	1,16	1,80
36	1,41	1,52	1,35	1,59	1,29	1,65	1,24	1,73	1,18	1,80
37	1,42	1,53	1,36	1,59	1,31	1,66	1,25	1,72	1,19	1,80
38	1,43	1,54	1,37	1,59	1,32	1,66	1,26	1,72	1,21	1,79
39	1,43	1,54	1,38	1,60	1,33	1,66	1,27	1,72	1,22	1,79
40	1,44	1,54	1,39	1,60	1,34	1,66	1,29	1,72	1,23	1,79
45	1,48	1,57	1,43	1,62	1,38	1,67	1,34	1,72	1,29	1,78
50	1,50	1,59	1,46	1,63	1,42	1,67	1,38	1,72	1,34	1,77
55	1,53	1,60	1,49	1,64	1,45	1,68	1,41	1,72	1,38	1,77
60	1,55	1,62	1,51	1,65	1,48	1,69	1,44	1,73	1,41	1,77
65	1,57	1,63	1,54	1,66	1,50	1,70	1,47	1,73	1,44	1,77
70	1,58	1,64	1,55	1,67	1,52	1,70	1,49	1,74	1,46	1,77
75	1,60	1,65	1,57	1,68	1,54	1,71	1,51	1,74	1,74	1,77
80	1,61	1,66	1,59	1,69	1,56	1,72	1,53	1,74	1,51	1,77
85	1,62	1,67	1,60	1,70	1,57	1,72	1,55	1,75	1,52	1,77
90	1,63	1,68	1,61	1,70	1,59	1,73	1,57	1,75	1,54	1,78
95	1,64	1,69	1,62	1,71	1,60	1,73	1,58	1,75	1,56	1,78
100	1,65	1,69	1,63	1,72	1,61	1,74	1,59	1,76	1,57	1,78

DANS LA MÊME COLLECTION

Recyclé
Contribue à l'utilisation responsable
des ressources forestières
www.fsc.org Cert no. SGS-COC-003153
© 1996 Forest Stewardship Council

Marquis imprimeur inc.

Québec, Canada

2008

Ce livre a été imprimé sur du papier contenant 100 %
de fibres recyclées postconsommation, certifié Éco-Logo
et Procédé sans chlore et fabriqué à partir d'énergie biogaz.